Como as guerras civis começam

Barbara F. Walter

Como as guerras civis começam

E como impedi-las

Tradução:
Berilo Vargas

Copyright © 2022 by Barbara F. Walter
Originalmente publicado por Crown, New York, em 2022.
Publicado mediante acordo com Sandra Dijkstra Literary Agency e Sandra
Bruna Agencia Literaria, SL

*Grafia atualizada segundo o Acordo Ortográfico da Língua Portuguesa de 1990,
que entrou em vigor no Brasil em 2009.*

Título original
How Civil Wars Start: And How to Stop Them

Capa
Bloco Gráfico

Imagem de capa
Desenho sujo, de Marcius Galan, 2020,
borracha sobre placa de corte e grafite, 22 × 30 × 4 cm

Preparação
Diogo Henriques

Índice remissivo
Probo Poletti

Revisão
Renata Lopes Del Nero
Julian F. Guimarães

Dados Internacionais de Catalogação na Publicação (CIP)
(Câmara Brasileira do Livro, SP, Brasil)

Walter, Barbara F.
    Como as guerras civis começam : E como impedi-las / Barbara F. Walter ;
tradução Berilo Vargas. — 1ª ed. — Rio de Janeiro : Zahar, 2022.

    Título original: How Civil Wars Start : And How to Stop Them.
    ISBN 978-65-5979-077-7

    1. Democratização 2. Guerra civil 3. Terrorismo I. Título.

22-114828   CDD: 303.64

Índice para catálogo sistemático:
1. Guerra civil : Sociologia   303.64

Eliete Marques da Silva – Bibliotecária – CRB-8 / 9380

[2022]
Todos os direitos desta edição reservados à
EDITORA SCHWARCZ S.A.
Praça Floriano, 19, sala 3001 — Cinelândia
20031-050 — Rio de Janeiro — RJ
Telefone: (21) 3993-7510
www.companhiadasletras.com.br
www.blogdacompanhia.com.br
facebook.com/editorazahar
instagram.com/editorazahar
twitter.com/editorazahar

Para Zoli e Lina

Sumário

Introdução 9

1. O perigo da anocracia 21

2. O avanço das facções 48

3. As consequências sombrias da perda de status 81

4. Quando a esperança morre 103

5. O acelerador 129

6. Já estamos perto? 159

7. Como seria uma guerra 195

8. Como impedir uma nova guerra civil americana 232

Agradecimentos 269
Notas 273
Índice remissivo 306

Introdução

ADAM FOX LEVANTOU O TAPETE e abriu o alçapão que conduzia ao subsolo da loja Vac Shack Vacuums, em Grand Rapids, Michigan.[1] O homem de 37 anos passara a viver embaixo da loja com seus dois cães depois de ter sido expulso de casa pela namorada. O dono do estabelecimento, um amigo, lhe oferecera o espaço até que se recuperasse. O cômodo era um amontoado de armários, caixas para transporte de cachorros e peças de aspirador de pó. Fox era um homem frustrado — e não só por ser praticamente um sem-teto. Não era a primeira vez que passava por dificuldades. Depois de completar o ensino médio, tentara encontrar um rumo trabalhando como fornecedor para a Vac Shack, mal conseguindo pagar as contas. Vivia furioso com os líderes democratas por permitirem que isso acontecesse; para dar vazão à raiva, tuitava com frequência sobre Barack Obama e Nancy Pelosi. Nos últimos tempos, conseguira encontrar um ambiente de camaradagem ao ingressar numa milícia local, mas acabara expulso por suas lenga-lengas contra o governo e discussões violentas com outros membros.

A covid-19 se propagava. Tinha atingido Detroit e Grand Rapids com tanta violência que em 23 de março de 2020 a governadora do Michigan, Gretchen Whitmer, decretara um lockdown.[2] A ordem para as pessoas ficarem em casa estendia-se até as áreas rurais, onde havia poucos casos. No fim de abril — depois de outra série de restrições —, Fox pusera um boné de beisebol na cabeça e vestira um colete tático para se juntar a centenas de manifestantes, muitos deles armados, numa marcha até a sede do Legislativo em Lansing.[3] Do lado de fora, ouvira Mike Detmer, candidato republicano ao Congresso, condenar as restrições, que julgava antiamericanas. "Estamos numa guerra em defesa do coração, da alma, das tradições e da liberdade do nosso estado e do nosso país", declarara Detmer. "Cabe a nós acabar com esta paralisação."[4] Em seguida, quando os manifestantes forçaram a entrada no prédio do Legislativo para ocupar o plenário da Câmara dos Representantes, Fox foi junto.

Mas nada disso mudara coisa alguma, e com o passar das semanas Fox foi ficando inquieto. Naquele mês de junho, ele tinha feito uma transmissão ao vivo pelo Facebook na qual se queixava do fechamento recente das academias de ginástica e afirmara que Whitmer era uma "vaca tirana" que amava o poder.[5] "Não sei, não, rapazes. Precisamos fazer alguma coisa", disse ele, dirigindo-se à câmera. Logo depois, falou pelo Facebook com Joseph Morrison, líder de uma milícia local, a Wolverine Watchmen.[6] Morrison teria concordado em ajudá-lo a recrutar, treinar e armar um novo grupo paramilitar. Fox não demorou a atrair outros homens para a sua causa. Um dos que aderiram foi um fuzileiro naval aposentado que recebera a Medalha de Serviço Humanitário, a Medalha Expedicionária da Guerra Global contra o Terrorismo e a Medalha de Boa Conduta do Corpo dos Fuzileiros Navais. Outro tinha iniciado um treinamento básico com a Guarda Nacional do Michigan, mas sem ir até o fim. Outro era filiado ao grupo miliciano

Introdução 11

Three Percenters; outro apoiava o QAnon; outro era seguidor dos Proud Boys nas redes sociais.

Eram catorze, ao todo. Vários, como Fox, haviam participado de comícios contra o *lockdown*. Eles começaram a se reunir no porão da Vac Shack, onde Fox confiscava celulares para que ninguém gravasse as conversas. Reuniam-se também numa propriedade rural de 4 mil metros quadrados pertencente a Morrison, para treinamento tático e prática de tiro. Nas tardes de domingo, disparavam centenas de tiros e aprendiam a fabricar explosivos.

Pensaram na possibilidade de invadir a sede do Legislativo estadual — podiam tomar os legisladores como reféns e executá-los ao longo dos dias seguintes. Também pensaram em trancar as portas do prédio e atear fogo com todo mundo dentro. Por fim, levando em conta que o capitólio era muito bem protegido, mudaram de plano: sequestrariam Whitmer em sua casa de veraneio no norte do Michigan em algum momento antes da eleição de novembro de 2020.[7] Depois a levariam para um lugar secreto em Wisconsin, a julgariam por traição e a matariam.

Ao longo dos meses de agosto e setembro, os homens vigiaram a casa da governadora, à procura de uma ponte próxima que pudessem detonar para desviar a atenção dos policiais enquanto executavam seu plano.[8] Mas o FBI já estava atrás deles. Após descobrirem a atividade do grupo nas redes sociais, no começo de 2020, agentes tinham se infiltrado no grupo on-line e recrutado informantes, que concordaram em usar escutas ou passar informações. Em setembro, apesar das precauções de Fox, o FBI tinha juntado mais de 13 mil páginas de mensagens de texto codificadas, bem como fotos, vídeos e mais de cem horas de áudio como prova de conspiração. Na noite de 7 de outubro de 2020, os agentes federais prepararam uma armadilha: quando alguns dos conspiradores se reuniram para o que supunham ser uma compra de armas, acabaram presos. O FBI invadiu o porão da Vac Shack e executou mandados de busca e apreensão em mais de dez lugares. Os catorze homens, incluindo Fox, foram acusados de terrorismo, conspiração e posse de armas.[9] O dono da Vac Shack não conseguia acreditar. "Eu sabia que ele fazia parte de uma milícia", disse aos jornalistas, "mas há muita gente nas milícias que não conspira para sequestrar a governadora. Quer dizer, é uma loucura..."[10]

No rastro das prisões, o noticiário concentrou-se nos verdadeiros objetivos dos aspirantes a sequestradores. Ainda que líderes políticos do Michigan, tanto democratas como republicanos, tenham condenado o complô, o presidente Donald Trump criticou Whitmer, dizendo num tuíte que ela tinha "feito um péssimo trabalho" como governadora.[11] O próprio Fox, no entanto, não deixou dúvida sobre a motivação do grupo. O julgamento e a execução de Whitmer, explicou ele em conversas gravadas pelo FBI, serviriam para inspirar outras pessoas a fazerem ataques parecidos. Tinha chegado a hora da revolução, e ele e seus homens provocariam um colapso social. "Eu só quero ver o mundo ardendo, cara", disse ele ao informante. "É o que vai ser preciso fazer para tomá-lo de volta."[12]

QUANDO LI PELA PRIMEIRA VEZ sobre o complô para sequestrar Whitmer no outono de 2020, fiquei assustada, mas nem um pouco surpresa. Era compatível com um padrão sobre o qual eu vinha escrevendo e pensando havia décadas. Centenas

Introdução 13

de guerras civis aconteceram nos últimos 75 anos, e muitas começaram de forma estranhamente parecida. Como acadêmica e especialista em guerras civis, entrevistei membros do Hamas na Cisjordânia, ex-membros do Sinn Féin na Irlanda do Norte e ex-membros das Farc na Colômbia. Estive no alto das Colinas do Golã olhando para a Síria no auge da guerra civil no país. Viajei de carro pelo Zimbábue enquanto os militares planejavam o golpe contra Robert Mugabe. Fui seguida e interrogada por membros da junta de Myanmar. Estive na mira da metralhadora de um soldado israelense.

Comecei a estudar guerras civis em 1990, e naquela época havia poucos dados com os quais trabalhar. Podia-se ler um monte de livros de especialistas sobre guerras civis na Espanha, na Grécia, na Nigéria e até mesmo nos Estados Unidos do século xix, mas quase não havia estudos sobre os elementos comuns, que se repetiam em todos os países e ao longo do tempo. Cada um achava que sua guerra civil era única, e por isso ninguém via os fatores de risco que emergiam reiteradamente em qualquer lugar onde a guerra surgisse.

Mas em poucos anos nosso conhecimento ampliou-se. A Guerra Fria terminou, e em todas as partes do globo guerras civis passaram a estourar. Especialistas no mundo inteiro começaram a coletar dados — montanhas de dados — sobre vários aspectos desses conflitos. Hoje, o maior projeto de coleta de dados está sediado na Universidade de Uppsala, na Suécia. Foi montado em colaboração com o Peace Research Institute, de Oslo, na Noruega, e tem sido financiado ao longo dos anos pelo Conselho Sueco de Pesquisa, pela Fundação do Tricentenário do Banco da Suécia, pela Agência Sueca de Cooperação para o Desenvolvimento Internacional, pelo governo norueguês e pelo Banco Mundial. Pesquisadores meticulosamente treinados trabalham em conjunto com uma rede de especialistas em diferentes países para realizar a coleta de dados. Hoje, qualquer pessoa pode acessar dezenas de *datasets* de alta qualidade (os resultados são checados três vezes) sobre como as guerras civis começam, por quanto tempo se estendem, quantas pessoas morrem durante os conflitos e por que elas lutam. Os especialistas usam esses dados para descobrir padrões e fatores de risco que nos ajudem a prever onde e quando guerras civis têm maior probabilidade de surgir. O que esperar no futuro, levando em conta os padrões vistos no passado? É todo um novo mundo de entendimento.

Em 2010, um artigo publicado no *American Journal of Political Science* chamou minha atenção.[13] Escrito por uma equipe de acadêmicos, ele apresentava o trabalho da Força-Tarefa de Instabilidade Política, um grupo de pesquisadores formado por acadêmicos e analistas de dados a pedido do governo americano em 1994.[14] Os especialistas da força-tarefa tinham coletado dados sobre guerras civis no mundo inteiro a fim de construir um modelo que pudesse prever onde era mais provável que houvesse instabilidade política.

A ideia de que pesquisadores pudessem prever conflitos civis era revolucionária. Assim, em 2017, quando fui convidada a integrar o grupo, não hesitei. Quase todos os anos, desde então, tenho participado de reuniões e conferências com outros acadêmicos e analistas, nas quais estudamos a instabilidade política no mundo — o potencial colapso da Síria, o futuro de ditadores africanos — e pensamos em maneiras de refinar as possibilidades prognósticas dos dados de que dispomos. Nosso objetivo é tentar prever a violência e a instabilidade em outros

Introdução 15

países a fim de que os Estados Unidos possam se preparar melhor para responder a esses eventos.

Durante esse trabalho, porém, percebi algo desconcertante: os sinais de alerta de instabilidade que identificamos em outros lugares são os mesmos sinais que, na última década, comecei a identificar também nos Estados Unidos. Foi por isso que acompanhei o desenrolar dos acontecimentos em Lansing — e o ataque ao Capitólio em janeiro de 2021 — com tanta preocupação. Vi como as guerras civis começam e sei quais são os sinais que as pessoas ignoram. E posso ver esses sinais aparecendo nos Estados Unidos com uma velocidade surpreendente.

O complô de um grupo de milicianos brancos nacionalistas e antigovernistas no Michigan em 2020 é um desses sinais. A guerra civil no século XXI é nitidamente diferente das guerras civis do passado. Os grandes campos de batalha, os exércitos e as táticas convencionais ficaram para trás. Hoje os confrontos são travados basicamente por diferentes grupos étnicos e religiosos, por soldados e milicianos guerrilheiros, que muitas vezes têm como alvo os civis. Os problemas no Michigan, quando examinados com mais atenção, apresentam esses mesmos elementos. O estado está profundamente dividido por linhas raciais e geográficas: duas das suas maiores cidades, Detroit e Flint, são predominantemente afro-americanas, enquanto as áreas rurais são 95% brancas. O declínio econômico do estado criou profundos descontentamentos pessoais, sobretudo entre os moradores da zona rural, levando à raiva, ao ressentimento e à radicalização. O Michigan, além disso, tem uma forte cultura antigoverno, e um número de milicianos maior do que em qualquer outro estado, com unidades prontas para a violência.[15] Não surpreende que uma das primeiras tentativas de instigar uma guerra civil no país tenha acontecido ali.

Que uma tentativa de sequestro organizada por um grupo de extrema direita seja considerada um sinal de iminente guerra civil pode parecer ridículo. Mas as guerras civis modernas se iniciam exatamente com justiceiros desse tipo — militantes armados que levam a violência diretamente para o povo. As milícias são agora uma característica definidora de conflitos no mundo inteiro. Na Síria, os rebeldes antigoverno eram uma miscelânea de insurgentes e prisioneiros libertados, combatendo lado a lado com o violento grupo extremista Estado Islâmico. Até mesmo a maior facção rebelde do país — o Exército Livre da Síria — era uma mistura de centenas de pequenos grupos pouco coesos, em vez de uma organização com comando central.[16] A guerra civil ucraniana, agora simultânea ao conflito com a Rússia, é travada por bandidos, comandantes militares, empresas militares privadas, mercenários estrangeiros e insurgentes comuns. O mesmo acontece no Afeganistão e no Iêmen. Acabaram-se os tempos das forças de combate únicas, rigorosamente organizadas, hierárquicas, usando uniformes militares oficiais e armas convencionais.

Os grupos rebeldes de hoje recorrem à guerra de guerrilha e ao terror organizado: um atirador abrindo fogo de um telhado; uma bomba de fabricação caseira enviada pelo correio, detonada num caminhão ou escondida na beira da estrada. É mais provável que grupos tentem assassinar líderes de oposição, jornalistas ou policiais do que soldados do governo. Abu Musab al-Zarqawi, o líder da al-Qaeda no Iraque, organizava ataques a bomba suicidas para matar quem quer que cooperasse com o governo controlado pelos xiitas durante a guerra civil ira-

Introdução 17

quiana. Abu Bakr al-Baghdadi, o líder do Estado Islâmico, aprimorou o uso de imensos carros-bombas para atacar o mesmo governo. A principal tática do Hamas contra Israel tem sido atacar cidadãos israelenses comuns em suas atividades diárias. Os americanos, em sua grande maioria, não conseguem imaginar outra guerra civil no país. Partem do princípio de que a democracia americana é resistente demais, robusta demais para degenerar em conflito. Ou acham que o país é rico e avançado demais para se voltar contra si mesmo. Ou supõem que qualquer rebelião seria rapidamente contida pelo poderoso governo, que não daria chance alguma aos rebeldes. Eles veem o complô para sequestrar Whitmer, ou mesmo a invasão do Capitólio, como incidentes isolados: atos frustrados de um pequeno grupo de extremistas violentos. Mas pensam assim porque não sabem como as guerras civis começam.

PARA ENTENDER COMO OS ESTADOS UNIDOS estão perto de irromper num conflito, precisamos nos familiarizar com as condições que fazem surgir e que definem a guerra civil moderna. É o objetivo deste livro. As guerras civis explodem e se intensificam de maneira previsível; seguem um roteiro. Os mesmos padrões podem ser observados quer olhemos para a Bósnia, para a Ucrânia, para o Iraque, para a Síria, para a Irlanda do Norte ou para Israel. Esses padrões serão explorados nas páginas seguintes: veremos onde as guerras civis tendem a surgir, quem tende a começá-las e o que tende a funcionar como estopim.

Vamos estudar também como *deter* as guerras civis. Para que surja um conflito, é preciso que haja uma série de variáveis em que uma serve de base para a outra, como os ventos numa tempestade em formação. À medida que passei a ficar cada vez mais assustada com a possibilidade de uma segunda guerra civil nos Estados Unidos, comecei a investir pessoalmente mais tempo e esforço para descobrir o que nós, como cidadãos, podemos aprender com os especialistas sobre como desarmar essas ventanias e tempestades. Esses incidentes ofereceram uma lição a nós, americanos: acreditamos, talvez por tempo demais, que a paz sempre prevalecerá. Que nossas instituições são inabaláveis, que nosso país é excepcional. Aprendemos que não podemos achar que nossa democracia está garantida, que temos de entender nosso poder como cidadãos.

Alguns riscos parecem imediatos, como o ataque de 6 de janeiro ao Capitólio por extremistas de direita que pretendiam impossibilitar a presidência de Joe Biden, ou a politização do uso de máscaras no meio de uma pandemia global. Mas há forças mais profundas atuando, e precisamos estar dispostos a reconhecê-las. Nas últimas décadas, os Estados Unidos sofreram uma mudança sísmica em termos de poder econômico e cultural. Nossos dados demográficos mudaram. A desigualdade aumentou. Nossas instituições enfraqueceram, manipuladas para servir aos interesses de uns em detrimento de outros. Os cidadãos dos Estados Unidos estão cada vez mais cativos de demagogos, em suas telas ou em seu governo. Vemos coisas semelhantes acontecendo em outras democracias mundo afora.

E, enquanto estivemos ocupados com batalhas em torno de caravanas de imigrantes ou da "cultura do cancelamento", grupos extremistas violentos, sobretudo na direita radical, se fortaleceram. A partir de 2008, mais de 70% das mortes relacionadas a extremistas nos Estados Unidos foram causadas por pessoas

Introdução 19

ligadas a movimentos de extrema direita ou de supremacismo branco.[17] Esse crescimento talvez tenha sido imperceptível; os extremistas quase sempre se organizam de forma lenta e clandestina.[18] Os zapatistas do México levaram três anos para chegar a doze pessoas, e mais de seis anos se passaram para que um grupo de trinta adolescentes tâmeis formassem os Tigres Tâmeis do Sri Lanka.[19] Os líderes da al-Qaeda se abrigaram entre tribos no deserto do Mali durante anos, antes de aderirem à rebelião local. Mas agora, ao que parece, as provas estão em toda parte. Os americanos já não se surpreendem ao ver grupos paramilitares fazendo protestos conjuntos e homens armados em comícios. Tornou-se lugar-comum ver bandeiras confederadas à venda em lojas de conveniência na Pensilvânia, ou bandeiras americanas com uma fina linha azul* e as mais variadas insígnias. Começamos a perceber que certos adesivos de para-choque — como círculos de estrelas em torno do numeral romano III, o Valknut, e a cruz celta — não são inocentes. Na verdade, são símbolos de grupos militares americanos de extrema direita, os quais se tornam cada vez mais visíveis, explícitos e perigosos.

Os Estados Unidos são um país especial, mas quem estuda as centenas de guerras civis que surgiram desde o fim da Segunda Guerra Mundial, como eu estudei, compreende que não somos imunes ao conflito. Aqui também há raiva e ressentimento e o desejo de dominar rivais. Aqui também lutamos por poder político para proteger um estilo de vida. Aqui também com-

---

* Símbolo de apoio à Polícia, passou também a sinalizar oposição ao movimento Black Lives Matter e defesa da supremacia branca ou da causa Blue Lives Matter, assim chamada em alusão à cor do uniforme de policiais. (N. T.)

pramos armas quando nos sentimos ameaçados. Logo, nesses momentos em que eu preferiria desviar os olhos e buscar consolo na voz que diz "Não, isso jamais aconteceria aqui", penso em tudo que a ciência política me ensinou. Penso nos fatos que temos diante de nós.

E penso na época em que conheci Berina Kovac e compartilhamos histórias de violência política, comentando sobre como essa violência tende a se aproximar sorrateiramente das pessoas. Berina foi criada em Sarajevo. Enquanto milícias começavam a se organizar nas montanhas e nos subúrbios, e antigos colegas a agrediam cada vez mais com insultos étnicos, ela continuava a ir para o trabalho, a frequentar casamentos, a viajar nos fins de semana, tentando convencer a si mesma de que no final tudo ia dar certo. Até que, num fim de noite de março de 1992, quando estava em casa com o filho de poucas semanas de idade, a energia elétrica foi cortada. "E então, de repente", ela me disse, "começamos a ouvir as metralhadoras."[20]

1. O perigo da anocracia

NOOR CURSAVA O SEGUNDO ANO do ensino médio em Bagdá quando as forças americanas atacaram o Iraque pela primeira vez, em 19 de março de 2003. Com treze anos de idade, ela tinha visto o líder do país, Saddam Hussein, condenar o presidente George W. Bush na TV por ameaçar dar início a uma guerra e ouvira a família conversar, à mesa do jantar, sobre uma possível invasão americana. Noor era uma adolescente típica. Adorava Britney Spears, os Backstreet Boys e Christina Aguilera. Assistia aos programas de Oprah Winfrey e do Dr. Phil McGraw nas horas de folga, e um dos seus filmes favoritos era *Matrix*. Não conseguia imaginar soldados americanos em Bagdá — onde a vida, embora muitas vezes difícil, consistia em sair com os amigos, andar até o parque e visitar seus animais prediletos no zoológico. Para ela, parecia irreal.

Mas, duas semanas depois, soldados americanos chegaram à parte da cidade onde ela morava. Os primeiros sons que Noor ouviu foram de aviões e de explosões no fim da tarde. Ela subiu correndo ao telhado da casa, com a mãe e as irmãs, sem saber o que esperar. Olhando para o céu, viu veículos blindados descendo de paraquedas. "Parecia um filme", disse.[1] Poucos dias depois, soldados americanos passaram pela frente da sua casa, e Noor correu até a porta para olhar. Viu vizinhos também às portas de suas casas, rostos sorridentes. Os soldados sorriam também, ansiosos para falar com qualquer um. "Todo mundo estava tão feliz", disse Noor. "De repente, havia liberdade." Menos de uma semana depois, em 9 de abril, os iraquianos tomaram subitamente a praça Firdos, no centro de Bagdá, onde uma enorme estátua de Saddam Hussein foi laçada com uma corda e, com a ajuda de soldados americanos, derrubada. Noor pensou: "Até que a gente pode ter uma nova vida, uma vida melhor".

A vida nos tempos de Saddam tinha sido difícil. O pai de Noor era funcionário do governo, mas, como tantos outros iraquianos, a família tinha pouco dinheiro. A guerra malsucedida de Saddam contra o Irã nos anos 1980 deixara o Iraque pobre e endividado, e as coisas só pioraram quando, em 1990, ele invadiu o Kuwait e sanções econômicas foram impostas. A família de Noor, como muitas famílias iraquianas, lutava para sobreviver em meio à inflação galopante, a um sistema de saúde caindo aos pedaços e à falta de alimentos e remédios. Além disso, vivia com medo. Os iraquianos eram proibidos de falar sobre política e de criticar o governo. Achavam que as paredes tinham ouvidos, e que os serviços de segurança de Saddam estavam sempre vigiando. Saddam tinha sido brutal com inimigos e rivais durante o seu reinado de 24 anos. Os iraquianos que criticassem o presidente, seu entourage ou o Partido Baath podiam ser condenados à morte. Jornalistas eram executados ou obrigados a viver no exílio. Alguns dissidentes eram presos; outros simplesmente desapareciam. Circulavam histórias sobre torturas de prisioneiros — que tinham olhos arrancados e genitais eletrocutados antes de serem enforcados, decapitados ou executados por pelotões de fuzilamento.

Mas agora os americanos estavam lá, e, oito meses após a derrubada da estátua de Saddam, os soldados de Bush encon-

O perigo da anocracia 23

traram o temível ditador escondido num buraco de 2,5 metros de profundidade perto de Tikrit, sua cidade natal. Estava sujo e aturdido. Com os americanos no comando, a maioria dos iraquianos achava que o país renasceria e que eles teriam as mesmas liberdades e oportunidades de qualquer país ocidental. As famílias sonhavam em viver a verdadeira democracia. As Forças Armadas, e talvez o Judiciário, seriam reformados. A corrupção acabaria. A riqueza, incluindo os lucros do petróleo, seria distribuída de forma mais equitativa. Noor e sua família estavam animadas com a possibilidade de jornais independentes e TV por satélite. "Achávamos que iríamos respirar liberdade, que seríamos parecidos com a Europa", disse Najm al-Jabouri, antigo general do exército de Saddam.[2] Estavam todos errados.

Quando Saddam Hussein foi capturado, os pesquisadores que estudam a democratização não comemoraram. Sabíamos que a democratização, especialmente a democratização rápida num país com profundas divisões, pode ser altamente desestabilizadora. Na verdade, quanto mais radicais e rápidas as mudanças, maior a probabilidade de desestabilização. Os Estados Unidos e o Reino Unido acreditavam estar dando liberdade a uma população agradecida. Em vez disso, estavam a ponto de oferecer as condições perfeitas para uma guerra civil.

O Iraque era um país afligido por rivalidades políticas, tanto étnicas como religiosas. Os curdos, uma vasta minoria étnica no norte, há muito tempo combatiam Saddam para conseguir autonomia; queriam apenas poder governar a si mesmos. Os xiitas, que compunham mais de 60% da população do país, ressentiam-se de serem governados por Saddam Hussein, um sunita, e pelo Partido Baath, majoritariamente sunita. Durante décadas, Saddam tinha conseguido consolidar o poder do seu grupo minoritário preenchendo cargos no governo com sunitas, exigindo que todos os candidatos a emprego ingressassem no Partido Baath, independentemente de religião ou seita, e lançando suas brutais forças de segurança contra todos os demais.

Apenas dois meses e meio depois da invasão, os iraquianos se agruparam em facções sectárias rivais, em parte como resultado de duas decisões fatídicas do governo americano. Num esforço para introduzir rapidamente a democracia no país, Paul Bremer, o chefe do governo de transição dos Estados Unidos no Iraque, baniu o Partido Baath e ordenou que todos os membros do governo de Saddam Hussein, na grande maioria sunitas, fossem removidos permanentemente do poder. [3] Em seguida, dissolveu as Forças Armadas iraquianas, mandando para casa centenas de milhares de soldados sunitas.

De repente, antes que um novo governo pudesse ser formado, dezenas de milhares de burocratas baathistas foram alijados do poder.[4] Mais de 350 mil oficiais e soldados das Forças Armadas iraquianas perderam sua fonte de renda. Mais de 85 mil iraquianos comuns, incluindo professores que tinham ingressado no Partido Baath como precondição para trabalhar, ficaram desempregados. Noor, que é sunita, lembra do sentimento de choque no país inteiro.

Aqueles que haviam sido excluídos do poder no tempo de Saddam, no entanto, acharam que sua vez tinha chegado. Quase de imediato, começaram as disputas políticas entre figuras como Nouri al-Maliki, dissidente xiita que voltara do exílio, e Muqtada al-Sadr, clérigo xiita radical que queria implantar um regime islâmico no Iraque. Apesar de esperarem mediar

O perigo da anocracia 25

um acordo de divisão de poder entre sunitas, xiitas e curdos, os americanos logo cederam às demandas de Maliki, que desejava um governo majoritariamente xiita, como a população. Para Noor, o que resultou disso não foi uma democracia: foi o caos seguido de uma tentativa oportunística de tomar o poder.

Os iraquianos comuns, sobretudo os sunitas, começaram a ficar preocupados. Se os xiitas, mais numerosos, controlassem o governo, o que os impediria de voltar-se contra a minoria sunita? Que incentivos teriam para lhes conceder empregos, ou dividir com eles as vitais receitas do petróleo? O que os impediria de vingar-se de crimes passados de Saddam? Antigos líderes baathistas, funcionários da inteligência e oficiais do Exército iraquiano, além de chefes tribais sunitas, logo perceberam que, se quisessem reter algum poder na nova democracia, teriam que agir rápido. Organizações insurgentes começaram a se formar já no verão de 2003.[5] Não era difícil encontrar recrutas nas cidades sunitas e no interior sunita do Iraque, onde os cidadãos se sentiam cada vez mais afrontados política e economicamente. Como disse um cidadão sunita: "Estávamos no topo do sistema. Tínhamos sonhos. Agora estamos em desvantagem. Perdemos nossos cargos, nosso status, a segurança das nossas famílias, a estabilidade".[6]

De início, os insurgentes sunitas evitaram atacar as tropas americanas (eram bem armadas demais). Em vez disso, se concentraram em alvos mais fáceis: indivíduos e grupos que ajudavam os americanos. Isso incluía os xiitas que haviam se alistado nas novas forças de segurança iraquianas, políticos xiitas e organizações internacionais, como a ONU. O objetivo era reduzir ou eliminar o apoio à ocupação americana e isolar as Forças Armadas dos Estados Unidos. Só depois é que os insurgentes começaram a atacar as tropas de Bush, plantando bombas baratas mas altamente eficientes à beira de importantes rotas de suprimento. Quando Saddam Hussein foi capturado, em dezembro de 2003, a guerra de guerrilha já tinha começado.

A luta acirrou-se em abril de 2004, quando facções xiitas começaram a brigar pelo poder.[7] A mais notória era uma milícia encabeçada por Muqtada al-Sadr, que explorava a raiva dos nacionalistas xiitas contra a ocupação para conseguir apoio e, além disso, atacava aliados e soldados dos Estados Unidos para convencer os americanos a irem embora. Quando as primeiras eleições parlamentares do Iraque foram realizadas, em janeiro de 2005, estava claro que os sunitas desempenhariam, quando muito, um papel secundário no governo. Alguns esperavam que os americanos interviessem para fortalecer a Constituição, ou para conter Maliki. Mas os americanos já estavam preocupados com seu envolvimento de longo prazo no Iraque e pouco se intrometeram. À medida que os atos de violência contra as forças da coalizão se intensificavam, intensificava-se também a luta entre os iraquianos, que se fragmentaram em dezenas de milícias regionais e religiosas tentando assumir o controle do país. Muitas contavam com o apoio da população local e recebiam dinheiro e armas de rivais externos. "A Arábia Saudita apoiava as milícias sunitas, o Irã apoiava as milícias xiitas, e havia ainda Muqtada al-Sadr, que promovia a si mesmo", disse Noor. "Em toda parte, as pessoas tomavam partido."[8]

Em pouco tempo, tornou-se perigoso demais para Noor sair de casa ou andar até a mercearia. Milícias rivais disputavam território, e atiradores ficavam à espreita para atirar em qualquer pessoa nas ruas; bombas nas estradas e em postos

O *perigo da anocracia*

militares de controle tornaram-se um fato da vida cotidiana. No zoológico, onde Noor passara tantos fins de semana com os amigos, os animais morriam de fome, ou eram devorados por pessoas cada vez mais famintas.[9] Noor e a família não sabiam o que fazer. De início, fugiram para o bairro mais seguro onde morava um parente, e então, em 2007, deixaram Bagdá, onde já não se sentiam seguros em parte alguma. Pegaram o ônibus para Damasco, onde passaram a viver mais satisfeitos, pelo menos por um tempo. Não sabiam que o sangue e o caos da guerra civil também acabariam tomando conta das ruas da Síria.

As forças americanas levaram apenas alguns meses para tirar Saddam do poder e colocar o Iraque na rota da democracia. Mas, quase com a mesma rapidez, o país mergulhou numa guerra civil tão brutal que se estenderia por mais de uma década. Como a estátua tombada do ditador, todas as esperanças de Noor — de uma nova voz, de novos direitos, de novos sonhos — haviam sido despedaçadas.

Nos últimos cem anos, o mundo viveu a maior expansão de liberdade e de direitos políticos da história da humanidade. Em 1900 quase não havia democracias, mas em 1948 os líderes mundiais adotaram a Declaração Universal dos Direitos Humanos, assinada por quase todos os países-membros da onu.[10] O documento afirmava que toda pessoa tem direito a participar do governo, à liberdade de expressão, de religião e de reunião pacífica, e que esses direitos não dependiam de sexo, língua, raça, cor, religião, status de nascimento ou opiniões políticas. Hoje, quase 60% dos países do mundo são democracias.[11]

Os cidadãos das democracias liberais têm mais direitos políticos e civis do que os que vivem em não democracias. Participam mais da vida política de seus países, têm maiores proteções contra a discriminação e a repressão e recebem uma porcentagem maior dos recursos estatais. Além disso, são mais felizes, mais ricos, mais instruídos e em geral têm uma expectativa de vida maior do que as pessoas que vivem em ditaduras. É por isso que refugiados arriscam a vida para chegar à Europa, fugindo de países mais repressivos no Oriente Médio, na Ásia Central e na África. E é por isso que o presidente Bush, depois de invadir o Iraque, tinha certeza de que os Estados Unidos estabeleceriam "um Iraque livre no coração do Oriente Médio", inspirando assim uma "revolução democrática" global.[12]

A governança democrática tem outro grande benefício. As democracias plenas têm menos probabilidade de declarar guerra contra seus cidadãos e contra cidadãos de outras democracias. As pessoas podem discordar quanto à forma que a democracia assume. Podem se sentir frustradas com a necessidade que a democracia tem de buscar consenso e fazer concessões. Mas, tendo a chance de escolher entre democracia e ditadura, a maioria vai preferir, de bom grado, a democracia.[13]

No entanto, a *rota* para a democracia é perigosa. No começo dos anos 1990, quando começaram a coletar dados sobre guerras civis, especialistas do mundo inteiro perceberam uma correlação interessante: desde 1946, logo após o fim da Segunda Guerra Mundial, o número de democracias no mundo aumentou — assim como o número de guerras civis.[14] As duas coisas pareciam subir juntas. A primeira onda de democratização teve início em 1870, quando cidadãos dos Estados Unidos e de muitos países da América Central e da América do Sul come-

O perigo da anocracia 29

çaram a exigir reformas políticas. (Os negros não participaram da democracia americana de forma plena até os anos 1960, embora tenham conquistado temporariamente mais direitos durante a Reconstrução.) A onda seguinte surgiu logo após a Segunda Guerra Mundial, quando países recém-derrotados e Estados pós-coloniais tentavam construir seus próprios governos democráticos. A terceira onda percorreu o Leste da Ásia, a América Latina e a Europa meridional e oriental nas décadas de 1970, 1980 e 1990, quando mais de trinta países fizeram a transição para a democracia. A última onda começou a desenvolver-se com a invasão americana do Iraque em 2003 e pareceu ganhar força com a disseminação da Primavera Árabe pelo Oriente Médio e o Norte da África.

As guerras civis surgiram junto com as democracias.[15] Em 1870 praticamente nenhum país vivia uma guerra civil, mas em 1992 havia mais de cinquenta delas. Sérvios, croatas e bosníacos (muçulmanos bósnios) lutavam uns contra os outros numa Iugoslávia fraturada.[16] Grupos rebeldes islamistas se voltavam contra seu governo na Argélia. Líderes na Somália e no Congo de repente tiveram que enfrentar uma série de grupos armados que contestavam o seu governo, assim como os governos da Geórgia e do Tadjiquistão. Logo os hutus e os tútsis estariam massacrando uns aos outros em Ruanda e no Burundi. No começo dos anos 1990, o número de guerras civis no mundo atingira o seu ponto mais alto na história moderna.

Quer dizer, pelo menos até agora. Em 2019, atingimos um novo pico.[17]

Acontece que um dos melhores indicadores da probabilidade de um país viver uma guerra civil é o fato de estar se aproximando ou se afastando da democracia.[18] Sim, democracia.

Os países quase nunca passam da autocracia absoluta para a democracia plena sem uma transição acidentada. As tentativas de democratização muitas vezes incluem significativos reveses ou estagnações numa pseudoautocrática zona intermediária. E, mesmo que os cidadãos consigam conquistar a democracia plena, seus governos nem sempre ali permanecem. Aspirantes a déspotas podem reduzir ou eliminar direitos e liberdades e concentrar poder nas próprias mãos, provocando o declínio da democracia. A Hungria tornou-se uma democracia plena em 1990, até que o primeiro-ministro Viktor Orbán, de forma lenta e metódica, empurrasse o país de volta para a ditadura. É nesse limbo que a maioria das guerras civis ocorre.[19]

Os especialistas chamam países que estão nessa zona intermediária de "anocracias" — não são autocracias absolutas nem democracias plenas, mas alguma coisa no meio.[20] Ted Robert Gurr, professor da Universidade Northwestern, cunhou o termo em 1974, depois de coletar dados sobre as características democráticas e autocráticas de governos do mundo inteiro. Antes disso, ele e sua equipe tinham debatido sobre como chamar esses regimes híbridos, às vezes usando o termo "transicional", até chegarem a "anocracia". Os cidadãos recebem alguns elementos de governo democrático — talvez pleno direito ao voto —, mas vivem sob a autoridade de líderes com vastos poderes autoritários e poucos contrapesos.

Nós, especialistas, conhecemos há muito tempo as relações entre anocracia e guerra civil. Foi por isso que criticamos tanto a decisão do presidente Bush de catapultar o Iraque de uma autocracia para a democracia em 2003. Achávamos que o mais provável era que uma grande transição política no país provo-

O perigo da anocracia

casse uma guerra civil. Estudiosos viram esse padrão se repetir no mundo inteiro ao longo do último século. Os sérvios foram à guerra contra os croatas quase imediatamente depois que a Iugoslávia começou a se democratizar, em 1991. O mesmo aconteceu na Espanha dos anos 1930: os espanhóis provaram o primeiro gosto de democracia em junho de 1931, depois de suas primeiras eleições democráticas; cinco anos depois, insurgiram-se quando os militares deram um golpe para tentar assumir o controle do país.[21] E o plano de democratização de Ruanda estimulou o genocídio dos tútsis pelos hutus. Não é acaso que as maiores guerras civis de hoje — no Iraque, na Líbia, na Síria e no Iêmen — tenham nascido de tentativas de democratização.

Classificar países como democracias, autocracias ou anocracias é um trabalho penoso. Pesquisadores passaram décadas coletando informações minuciosas sobre os tipos de governo existentes no mundo e as mudanças que sofreram com o tempo. Dispomos de uma grande variedade de *datasets*, cada um deles medindo variáveis diferentes, mas quase todos os pesquisadores tendem a confiar no que foi compilado pelo Polity Project, do Center for Systemic Peace, uma organização sem fins lucrativos que apoia pesquisas e análises quantitativas sobre democracia e violência política. O projeto foi lançado por Ted Gurr, e é agora chefiado por seu antigo colega Monty Marshall. O *dataset* é útil em razão do vasto período histórico que abrange, do grande número de países que inclui e porque foi um dos primeiros a tentar quantificar o sistema de governança de um país por meio de análises estatísticas.[22] Uma das medições mais influentes do *dataset* é chamada de Polity Score, um índice que mede o grau de democracia ou autocracia de um país em determinado ano. Trata-se de uma escala de 21 pontos que vai de −10 (mais autocrático) a +10 (mais democrático). Os países são considerados democracias plenas se pontuam entre +6 e +10. Se recebem a nota +10, por exemplo, isso significa que suas eleições nacionais foram atestadas como "livres e justas", que nenhum grupo social importante foi deixado de fora do processo político e que os principais partidos políticos são estáveis e baseados em eleitorados nacionais. A Noruega, a Nova Zelândia, a Dinamarca e o Canadá — e, até recentemente, os Estados Unidos — são exemplos de países com nota +10.

No outro extremo das notas dadas a um sistema de governo estão as autocracias. Os países são considerados autocracias se recebem uma nota entre −6 e −10. Países com nota −10, como a Coreia do Norte, a Arábia Saudita ou o Bahrein, não oferecem aos cidadãos nenhum papel na escolha dos seus líderes e permitem que estes governem a bem dizer como quiserem.

As anocracias ficam no meio, recebendo notas entre −5 e +5. Nas anocracias, os cidadãos contam com alguns elementos de governo democrático — talvez eleições —, mas também têm presidentes com muitos poderes autoritários. Fareed Zakaria chama esses governos de "democracias iliberais".[23] Mas podemos pensar neles também como democracias parciais, falsas democracias ou regimes híbridos. A Turquia tornou-se uma anocracia em 2017, quando os cidadãos votaram para mudar a Constituição e dar poderes quase ilimitados ao presidente Recep Tayyip Erdoğan. O Zimbábue parecia estar no caminho da democracia após a renúncia do presidente Robert Mugabe em 2017, mas voltou a adotar antigos padrões de repressão política, especialmente com relação à violência ligada às eleições. O Iraque nunca chegou à plena democracia; também é uma anocracia.

O perigo da anocracia 33

A CIA descobriu a relação entre anocracia e violência em 1994.[24] O governo americano tinha pedido à agência que desenvolvesse um modelo para prever — com dois anos de antecipação — em que lugares no mundo era provável que houvesse instabilidade e conflitos armados. Quais eram os sinais de que um país caminhava para a violência? De posse dessas informações, o governo colocaria em uma lista de observação os países com mais sinais de alerta.

A Força-Tarefa de Instabilidade Política, à qual me juntei, produziu dezenas de variáveis sociais, econômicas e políticas — 38, para ser precisa, incluindo pobreza, diversidade étnica, tamanho da população, desigualdade e corrupção — e as inseriu num modelo prognóstico. Para surpresa de todos, descobriu-se que o melhor indicador de instabilidade futura não era, como se poderia imaginar, nem a desigualdade nem a pobreza, mas a pontuação do país no índice de democracia dos sistemas políticos, sendo a zona das anocracias o lugar mais perigoso. Nas anocracias, sobretudo naquelas com mais características democráticas do que autocráticas — o que a força-tarefa chamou de "democracias parciais" —, a probabilidade de instabilidade política ou de guerra civil era duas vezes maior do que nas autocracias, e três vezes maior do que nas democracias.[25]

Todas as coisas que os especialistas presumiam ser mais importantes para o início de uma guerra civil por alguma razão não eram. Não eram os países mais pobres que corriam mais risco de conflito, nem os mais desiguais, nem os mais heterogêneos do ponto de vista étnico e religioso, nem mesmo os mais repressivos. Viver numa democracia parcial é que tornava os cidadãos mais inclinados a pegar em armas e ir à luta. Saddam Hussein jamais enfrentou uma grande guerra civil durante os

24 anos em que esteve no poder. Só depois que seu governo foi desmontado e o poder passou a não ter dono — quando saiu de −9 para a zona intermediária —, foi que o Iraque mergulhou no confronto.

POR QUE A ANOCRACIA lança o país no perigo da guerra civil? Um exame mais atento dos governos e dos cidadãos que atravessam essa zona intermediária nos ajuda a entender a questão. As anocracias tendem a compartilhar certas características que podem atuar em conjunto para exacerbar o potencial de conflito.

Do ponto de vista político, institucional e militar, um governo em processo de democratização é fraco quando comparado ao regime que o precedeu. Diferentemente dos autocratas, os líderes de uma anocracia muitas vezes não são poderosos ou cruéis o suficiente para reprimir dissidências e assegurar lealdade. Além disso, o governo costuma ser desorganizado e enfraquecido por divisões internas, lutando para oferecer serviços essenciais ou até mesmo segurança. Líderes de oposição, ou mesmo dentro do partido governante, podem discordar do ritmo das reformas ou resistir a elas, enquanto novos líderes podem rapidamente conquistar a confiança dos cidadãos, de outros políticos e de generais do Exército. Na bagunça da transição, esses líderes quase sempre fracassam.

Quando perguntei a Noor sobre a transição no Iraque, ela se lembrou do nervosismo de muitos iraquianos com o novo governo. "Maliki chegou ao poder e o que fez?", disse. "Nada. Todo mundo começou a se queixar dele. As pessoas estavam desempregadas e não tinham dinheiro nem comida para alimentar a família. O que poderiam fazer?"[26]

O perigo da anocracia

Essas debilidades preparam o terreno para a guerra civil, porque cidadãos impacientes, oficiais de Exército insatisfeitos e qualquer um que tenha ambições políticas encontram motivos e oportunidades para organizar uma rebelião contra o novo governo. Antigos líderes rebeldes em Uganda, por exemplo, admitiram ter ficado mais dispostos a organizar atos de violência quando descobriram que os serviços de inteligência do governo eram incompetentes; eles podiam se rebelar na quase certeza de que seu plano não seria descoberto.[27] Foi o que ocorreu também na Geórgia, quando realizou suas primeiras eleições democráticas como país independente em 1991, após a dissolução da União Soviética. Embora um reformista chamado Zviad Gamsakhurdia tenha conquistado a presidência, desafios à sua autoridade surgiram quase de imediato, tanto de adversários que o acusavam de autoritarismo como de minorias étnicas — os ossétios e os abecásios — insatisfeitas com sua representação no governo.[28] No ano seguinte, apoiadores armados da oposição deram um golpe, derrubando Gamsakhurdia; em seis meses violentos conflitos étnicos haviam irrompido entre georgianos e abecásios. Em 1993, o jovem país estava afundado na guerra civil.

Um dos motivos básicos de revolta é que as transições democráticas criam novos vencedores e perdedores: quando o país se afasta da autocracia, cidadãos antes privados de direitos adquirem novo poder, enquanto aqueles que antes detinham privilégios perdem influência. Como o novo governo numa anocracia é quase sempre frágil, e o Estado de direito ainda está em fase de desenvolvimento, os perdedores — antigas elites, líderes de oposição, cidadãos que desfrutavam de vantagens — não têm como saber se a administração será justa, ou se serão protegidos. Isso pode gerar apreensões genuínas sobre o futuro: os perdedores talvez não estejam convencidos do compromisso desse ou daquele líder com a democracia; podem achar que suas necessidades e seus direitos estão em jogo. Foi essa a situação dos sunitas quando os Estados Unidos transferiram o poder no Iraque para Maliki. Eles compreenderam, e com toda a razão, que não tinham poder para obrigar a maioria xiita a fazer coisa alguma. Do seu ponto de vista, seria melhor lutar enquanto ainda eram relativamente fortes do que esperar que os rivais se firmassem.

E, como o governo é fraco, a situação pode facilmente fugir do controle. Foi o que aconteceu na Indonésia depois que o presidente Suharto, um autoritário, foi obrigado a renunciar em consequência da crise financeira asiática de 1997.[29] Poucas semanas após assumir, o sucessor de Suharto, o vice-presidente B. J. Habibie, introduziu rápidas reformas: permitiu que os partidos políticos se organizassem, acabou com a censura à imprensa, libertou prisioneiros políticos e fez planos para realizar eleições livres e justas, tanto para o Parlamento como para a presidência.[30] Além disso, anunciou por fim, em 27 de janeiro de 1999, a disposição de conceder independência à pequena ilha do Timor-Leste, alterando drasticamente a recusa anterior do governo.

Mas essa abertura provocou uma reação em cadeia, com outros grupos insatisfeitos aproveitando a oportunidade para reivindicar poder, também. Logo depois, os amboneses cristãos, um grupo étnico da província de Maluku que não aceitava a crescente islamização da Indonésia, declararam-se uma república independente.[31] Os papuas ocidentais, há muito impacientes com a dominação indonésia, expressaram seu de-

O perigo da anocracia 37

sejo de independência. Enquanto isso, na província de Achém, ativistas argumentavam que se o Timor-Leste conseguira a liberdade, "então não há razão para Achém não ser a próxima".[32] O governo de Habibie não conseguiu dar conta. Num esforço para manter o controle, interrompeu as negociações de independência em algumas províncias e permitiu a repressão em outras. Logo a Indonésia se viu numa guerra civil em múltiplas frentes: entre muçulmanos e cristãos em Maluku, entre timorenses e grupos paramilitares indonésios e entre separatistas de Achém e o governo indonésio.

Uma penosa realidade da democratização é que, quanto mais rápidos e ousados são os esforços de reforma, maior a chance de guerra civil. Rápidas mudanças de regime — uma flutuação de seis pontos ou mais na nota no sistema político de um país — quase sempre precedem a instabilidade, e é mais provável que guerras civis comecem nos dois primeiros anos após a tentativa de reforma.[33] A recente violência política e a intensificação da guerra civil na Etiópia, por exemplo, resultam de tentativas de democratização rápida.[34] Em 2018, os oromos — o maior grupo étnico da Etiópia — puderam realizar um velho desejo quando, depois de dois anos de protestos, o primeiro-ministro Hailemariam Desalegn concordou em transferir o poder para Abiy Ahmed Ali, um oromo. Abiy era o sonho de todo democrata, pelo menos na aparência. Prometeu eleições livres e justas, instituiu um sistema político mais legítimo e inclusivo e convidou oromos que viviam no exílio a voltar para casa. Suas reformas superavam, segundo um funcionário diplomático americano em Adis Abeba, "tudo que se pudesse imaginar".[35]

Mas os líderes oromos que voltaram do exílio constituíram uma nova elite pronta para a vingança. Com as instituições militares enfraquecidas, os ex-soldados tiveram mais facilidade para promover a agitação. Ao redistribuir o poder para as regiões administrativas da Etiópia, Abiy deu a grupos étnicos rivais fortes incentivos para disputar influência regional. Apenas cinco meses depois, a violência começou. Multidões de jovens oromos que saíram às ruas para comemorar o retorno dos exilados deflagraram a violência étnica, que acabou provocando dezenas de mortes e levando milhares a fugirem para o Quênia. Os observadores se surpreenderam com o conflito, pois, nas palavras de um analista etíope, havia "um nível notável de abertura democrática no país".[36] A abertura simplesmente chegara depressa demais. Hoje, uma guerra civil total é travada na região de Tigré, onde antigos funcionários do governo — expurgados por Abiy — se rebelaram, jurando reconquistar o poder e a influência perdidos.[37]

Mas a democratização é possível. Embora o caminho para a democracia seja traiçoeiro, o risco de guerra civil desaparece quando o país vai devagar, desenvolvendo aos poucos seu sistema político. O México enfrentou a democratização mais ou menos pacificamente.[38] Sua transição durou quase vinte anos, de 1982 a 2000, quando o Partido de Ação Nacional se tornou o primeiro grupo de oposição a vencer uma eleição presidencial desde 1929. O Estado continuou forte e funcional enquanto as instituições democráticas amadureciam. Reformas lentas reduzem as incertezas para os cidadãos de um país e são menos ameaçadoras para as elites estabelecidas, criando um ambiente conciliatório e dando a elas a oportunidade de cuidadosamente abrir mão do poder. O resultado, muitas vezes, é menos violência.

O perigo da anocracia
39

ATÉ RECENTEMENTE, a maioria dos países acabava indo parar na perigosa zona da anocracia quando ditaduras eram derrubadas, como ocorreu no Iraque, ou autocratas eram forçados a adotar reformas democráticas, como resultado de protestos em massa. Mas, após quase meio século de crescente democratização, os países, sobretudo democracias mais novas, começaram a se mover na direção oposta. Mesmo democracias liberais que já foram seguras, como a Bélgica e o Reino Unido, viram as notas dos seus regimes caírem.[39] A partir de 2000, líderes democráticos que chegaram ao poder pela via eleitoral começaram a consolidar governos autoritários. Os especialistas em guerra civil mais uma vez estão preocupados. Entendemos que retrocessos quase certamente significam que a zona intermediária vai se expandir.

Vimos isso na Polônia, onde o Partido Lei e Justiça venceu as eleições em 2015; o presidente, o primeiro-ministro e o vice-primeiro-ministro, desde então, têm sistematicamente assumido o controle dos tribunais, restringido a liberdade de expressão, atacando adversários políticos e enfraquecendo a comissão eleitoral.[40] Na Hungria, o primeiro-ministro Orbán vem firmemente transformando o país no primeiro membro não democrático da União Europeia. O governo controla a mídia, impõe regras kafkianas a partidos pró-democracia e toma vigorosas providências para silenciar vozes dissidentes.[41] Orbán e seu partido podem ter vencido a eleição nacional em 2018 (e também em 2022), mas monitores internacionais informaram que a oposição estava disputando a partida num campo muito desigual.[42] De acordo com o V-Dem Institute, outro instituto de pesquisa dedicado a rastrear a democracia no mundo,* 25 países estão sendo severamente afetados por uma onda internacional de autocratização, incluindo Brasil, Índia e Estados Unidos.[43]

Países democráticos que dão uma guinada para a anocracia fazem isso não porque seus líderes sejam inexperientes e fracos, como os que lutam para se organizar na esteira de uma ditadura, mas porque os líderes eleitos — muitos deles bastante populares — começam a ignorar as grades de segurança que protegem suas democracias.[44] Essas grades incluem restrições ao presidente, separação dos poderes, uma imprensa livre que cobre responsabilidades e competição política justa e aberta. Aspirantes a autocratas como Orbán, Erdoğan, Vladimir Putin e Jair Bolsonaro colocam seus objetivos políticos acima das necessidades de uma democracia saudável, conquistando apoio mediante a exploração de temores dos cidadãos relativos a emprego, imigração e segurança.

Eles convencem os cidadãos de que a democracia tal como existe resultará em mais corrupção, mais mentiras e mais incompetência em política econômica e social. Denunciam os

---

* Há três *datasets* amplamente utilizados na medição do sistema de governança de um país: Polity 5 Freedom House e V-Dem. Cada um se baseia numa definição própria de democracia e, portanto, a avalia à sua maneira. O Polity 5, por exemplo, tem um interesse particular pelos diferentes tipos de governo e suas instituições políticas, dando muita atenção às características democráticas e autocráticas de um país. O V-Dem (introduzido em 2014) empenha-se em revelar as muitas variedades de democracia no mundo e inclui cinco dimensões detalhadas desse sistema político (eleitoral, participativa, igualitária, deliberativa e liberal). O Freedom House concentra-se basicamente nas liberdades individuais e inclui medições minuciosas dos direitos políticos dos cidadãos e das liberdades civis. Apesar dessas diferenças, os especialistas desenvolveram um alto grau de confluência na maneira de codificar os países em cada *dataset* e altas intercorrelações entre as medições de democracia incluídas em cada um.

O *perigo da anocracia* 41

acordos entre líderes políticos como ineficazes e o governo como um fracasso. Entendem que, se conseguirem convencê-los de que "uma liderança forte" e "lei e ordem" são necessárias, os cidadãos voluntariamente os elegerão. As pessoas muitas vezes estão dispostas a sacrificar a liberdade se acham que isso lhes trará mais segurança. Então, uma vez no poder, esses líderes arrastam seus países para a anocracia, explorando pontos fracos da Constituição, do sistema eleitoral e do Judiciário. Como tipicamente usam métodos legais — nomeação de correligionários, decretos, votações parlamentares —, conseguem consolidar seu poder de um jeito que outros políticos não conseguem ou não querem impedir. Essa crescente autocratização coloca o país em risco de guerra civil.

O auge do perigo ocorre bem no meio da zona — entre −1 e +1. É nesse ponto que o governo talvez esteja mais fraco em termos de força institucional e legitimidade. O risco de guerra civil permanece relativamente baixo para as autocracias nos estágios iniciais da democratização; só surge quando elas estão perto de −1. O país pode começar com uma pontuação de −6 no índice de democracia dos sistemas políticos, ir subindo à medida que implementa reformas e então, exatamente na metade do caminho para a democracia, enfrentar uma guerra civil. Se conseguir sobreviver a esse período traiçoeiro e implementar reformas democráticas ainda maiores, então o risco de conflito se inverte drasticamente.

Numa democracia em declínio, o risco de guerra civil aumenta quase no instante em que ela se torna menos democrática.[45] E, conforme sua pontuação cai no índice de democracia dos sistemas políticos — como resultado de menos restrições ao Executivo, de um Estado de direito enfraquecido, do cer-

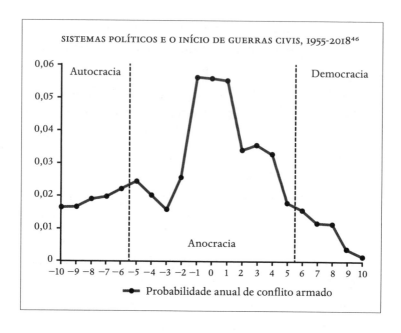

ceamento do direito ao voto —, o risco de conflito armado aumenta gradualmente. Esse risco chega ao auge quando a pontuação atinge um valor entre +1 e −1 — o ponto em que os cidadãos estão de fato diante da perspectiva de uma autocracia real. A chance de guerra civil despenca se o país atravessa esse momento tornando-se ainda mais autoritário, ou se muda de rumo e começa a reconstruir sua democracia.

O declínio das democracias liberais é um fenômeno novo, e nenhuma delas até agora mergulhou numa guerra civil total. Um caso que serve de advertência é o da Ucrânia, cujos cidadãos saíram às ruas em 2013 para protestar contra o governo cada vez mais autocrático de Viktor Ianukovitch.[47] Líder nacional do partido pró-Rússia, Ianukovitch fora eleito presidente em 2010, num pleito em segundo turno repleto de acusações de

O perigo da anocracia

fraude e intimidação de eleitores. Seu antecessor, um moderado pró-Europa e anticorrupção, estivera no cargo por mais de cinco anos, durante os quais a pontuação do regime ucraniano subiu para +7. Mas, quase imediatamente após assumir o cargo, Ianukovitch passou a tratar da consolidação de seu poder. Ele era contra "o Ocidente" — a ideia de laços mais fortes com a União Europeia — e em vez disso dava força aos eleitores russófonos em toda a Ucrânia, especialmente os do leste do país, que desejavam uma aproximação com a Rússia. Para muitos ucranianos de fala russa, suas tendências autocráticas eram o menor de dois males; eles preferiam um autoritário que estivesse do seu lado a um democrata que não estivesse. Ianukovitch mandava investigar adversários e jogava rivais na cadeia. Perseguiu jornalistas que criticavam sua administração. Preencheu cargos ministeriais com membros do partido e deu a apoiadores de sua região natal — o Donbass, no leste da Ucrânia — empregos na polícia, no fisco e nos tribunais.

Quando Ianukovitch anunciou sua intenção de fortalecer laços econômicos com a Rússia, e não com a União Europeia, os cidadãos — entre os quais muitos jovens da Ucrânia ocidental, pró-europeia — decidiram dar um basta. Uma série de manifestações que ficaram conhecidas como Euromaidan ("Euro" por causa do desejo de aproximação com a Europa, "maidan" em referência à principal praça pública de Kiev) começou na capital e se espalhou pelo resto do país. Os manifestantes derrubaram a estátua de Lênin em Kiev, entraram em choque com a polícia e exigiram novas eleições, liberdade de expressão e relações mais estreitas com a União Europeia. De início, tinha-se a impressão de que a democracia fora salva: depois de meses de agitação, incluindo um violento confronto entre forças paramilitares do governo e cidadãos, o parlamento ucraniano votou pela saída de Ianukovitch, que fugiu do país. Novas eleições foram realizadas em maio de 2014, levando ao poder Petro Porochenko, um empresário de etnia ucraniana favorável à integração com a Europa. "Sonhávamos com uma nova vida e tínhamos um incrível senso de solidariedade", disse o professor ucraniano pró-Ocidente Anton Melnik.[48]

Mas, assim como a anocracia gera perdedores em lugares que cambaleiam em direção à democracia, a exemplo dos sunitas no Iraque, há também perdedores em lugares que lutam para preservar a democracia. Na Ucrânia, havia pensionistas, aldeões e trabalhadores desqualificados do leste do país que foram beneficiados pelas ligações russas de Ianukovitch. Muitos tinham emigrado da Rússia no começo dos anos 1950 para trabalhar nas minas de carvão da região. Etnicamente eram russos, falavam russo, e seus empregos dependiam quase por completo do comércio com a Rússia. Com o pró-europeu Porochenko no comando, esses ucranianos do leste temiam que suas vozes e prioridades fossem ignoradas e, assim como os sunitas, resolveram garantir os próprios interesses antes que fosse tarde demais. Poucas semanas após a deposição de Ianukovitch, milícias separatistas declararam a autonomia de seus estados — as repúblicas populares de Lugansk e Donetsk — e rapidamente se apoderaram de estoques de armas para defender seu território.[49] A essa altura, a nota do sistema político da Ucrânia tinha caído para +4. O país aproximava-se da zona de perigo que leva à guerra civil.

O declínio da democracia na Ucrânia criara um governo fraco e fragmentado.[50] Manifestantes rejeitaram um líder antidemocrático, mas o presidente em exercício era fraco e o

O perigo da anocracia 45

parlamento ainda estava repleto de partidários de Ianukovitch. Em julho, a coalizão governante tinha entrado em colapso, deixando o primeiro-ministro com poucos votos para continuar a governar. Além disso, o parlamento estava tão dividido entre o leste e o oeste do país que não conseguia chegar a um acordo, deixando os servidores públicos — policiais, médicos, professores — sem salário. Legisladores de partidos rivais começaram a trocar murros no parlamento.

Mikhail Minakov, filósofo, especialista em política e historiador ucraniano, soube exatamente em que momento a democracia de seu país se tornou irreparável. Embora vivesse na Alemanha, vinha acompanhando, alarmado, a formação de milícias, e decidiu tomar um avião para a Ucrânia e ingressar no Exército. Lutaria em defesa de Porochenko e a favor da Ucrânia democrática. Quando chegou a Kiev, em 3 de março, e se dirigiu ao centro de recrutamento do Exército, deparou-se com quinhentos homens numa fila diante dos portões fechados.[51] Estavam ali havia horas. Esmurraram a porta, esperando que alguém aparecesse. Finalmente, às dez da manhã, um oficial subalterno saiu. Estava bêbado. "Sua pátria não precisa de vocês para porra nenhuma", disse, alto e bom som. E ordenou que fossem embora. De início, Minakov ficou chocado, até compreender melhor o sentido das palavras do oficial: o que ele estava dizendo era que deixassem de ser ingênuos. "Não havia governo. Não havia Estado. [...] A Constituição não valia nada, não havia partidos, não havia polícia", disse o historiador. "Houve uma implosão da autoridade local." Foi então que Minakov se deu conta de que o governo era fraco demais para funcionar.

Em 6 de abril, depois de semanas de protestos no leste da Ucrânia contra a renúncia forçada de Ianukovitch, ativistas pró-Rússia assumiram o controle dos serviços de segurança da região e começaram a armar-se com metralhadoras.[52] Iam defender sua reivindicação de independência, usando a força se necessário. No começo, o governo nada pôde fazer para conter os separatistas no leste; depois de duas décadas de corrupção e descaso, o Exército ucraniano estava uma bagunça. Mas logo voluntários ucranianos, como os que tinham aparecido no centro de recrutamento do Exército, formaram uma espécie de força paramilitar. Em junho, os choques se transformaram em batalhas convencionais, enquanto a Rússia rapidamente abastecia os separatistas com armas pesadas e tanques. "Foi muito, muito rápido", disse Minakov.

O CASO DE AMOR com a democratização que marcou o século XX e o início do século XXI é coisa do passado.[53] Terminou em 2006, quando o número de democracias no mundo atingiu seu ponto mais alto. Até mesmo democracias antes consideradas seguras, por exemplo a França e a Costa Rica, sofreram erosões, e também lugares como a Islândia, que não protegeu direitos e liberdades igualmente para todos os grupos sociais.

Apesar disso, nem todo país que se torna uma anocracia passa por uma guerra civil. Alguns lugares, como Singapura, são anocracias há anos e jamais degeneram em violência; encontram paz e estabilidade na zona intermediária. Outros, como a República Tcheca e a Lituânia, atravessam rapidamente a zona intermediária, indo da autocracia à democracia com poucas consequências. Algumas democracias que passaram a anocracias[54] têm resistido à guerra civil pela pura e simples repressão, como a de Nicolás Maduro na Venezuela: recorrendo às forças

O perigo da anocracia 47

de segurança, adiando eleições regionais, substituindo o Legislativo e reescrevendo a Constituição para ampliar seu poder Executivo.[55] Outras escaparam da guerra civil numa condução mais gradual, mais matreira, como Putin na Rússia e Orbán na Hungria. Esses líderes preservam disfarces da democracia — eleições e liberdades individuais limitadas — e consolidam sua popularidade por meio de uma propaganda eficaz, do controle da mídia e de um apelo frequente à xenofobia. Os cidadãos, em vez de se revoltarem, têm aceitado esses governos.

Por que alguns países transitam com segurança na estrada que passa pela zona da anocracia, enquanto outros ficam presos a ciclos de caos e violência? A história do Iraque mais uma vez nos dá uma pista. Quando pedi a Noor que descrevesse o que havia mudado antes de a guerra civil começar em seu país, ela ficou um momento olhando para mim. De fala mansa e reservada, irradiava a tranquila confiança de alguém que não se entrega facilmente. Seu rosto, no entanto, foi tomado por uma grande tristeza. "As pessoas começaram a perguntar se você era xiita ou sunita", disse.[56]

Antes de estourar a guerra, ninguém jamais lhe fizera essa pergunta, explicou. Em Bagdá, não havia bairros xiitas ou sunitas; nunca lhe disseram que ela não poderia se casar com alguém de um grupo étnico ou religioso diferente. Ela não tinha a sensação de pertencer a uma minoria, ou de que a religião fizesse alguma diferença; não sabia nem sequer dizer quem entre os seus amigos era xiita ou sunita. "Mas então as pessoas começaram a perguntar publicamente: Você é o quê? De onde você é? Qual é sua religião?"

Noor sacudiu a cabeça: "Eu respondia, sou iraquiana. Por que a pergunta?".

2. O avanço das facções

OS HOMENS EM UNIFORME MILITAR puxaram o caixão com cuidado para fora do trem azul como se ele contivesse a carga mais preciosa do mundo.[1] Quem estava lá dentro era Josip Tito, ex-presidente da Iugoslávia, morto no dia anterior. Essa viagem de trem era importante. Destinava-se a ajudar os cidadãos iugoslavos a prantearem seu amado líder; o trajeto de 480 quilômetros serpenteara através do pequeno país durante oito horas, para que todos pudessem prestar suas homenagens. Na montanhosa região de Zagorje, na fronteira da Croácia com a Eslovênia, onde Tito nasceu, havia gente dos dois lados dos trilhos, formando quatro filas, uma atrás da outra. Ao longo do trajeto, pessoas esperavam em pé na chuva para ver o trem passar. Um grupo de viúvas no campo, de preto, abaixou a cabeça, numa vênia.

Tito era conhecido pelo amor ao charuto, por seu impecável uniforme militar branco e pela determinação de unir a Iugoslávia com mão de ferro. Era adorado por ser um herói da Segunda Guerra Mundial que lutara contra alemães e italianos, e o primeiro comunista a desafiar Stálin com êxito. Tinha melhorado a vida de muitos iugoslavos, levando-os da pobreza para a classe média numa única geração. Enquanto o trem azul avançava rumo a Belgrado, na Sérvia, as pessoas repetiam um poema famoso: "Camarada Tito, do teu caminho não nos afastaremos!".

O avanço das facções 49

Quando o trem chegou a Belgrado, em 5 de maio de 1980, centenas de milhares de pessoas o esperavam. Elas se amontoavam, guarda-chuva ao lado de guarda-chuva, em todas as ruas. Os que levavam o caixão subiram cautelosamente a escadaria do elaborado prédio do parlamento, onde ele ficaria exposto à visitação pública. Os iugoslavos teriam vários dias para prantear, antes da realização de um dos maiores funerais de Estado da história. Margaret Thatcher estaria presente. Assim como Leonid Brejnev, Yasser Arafat e o vice-presidente americano Walter Mondale. Por ora, havia um silêncio generalizado. O choque e a tristeza no rosto das pessoas diziam tudo. Aquele homem, sozinho, tinha preservado, ainda que implacavelmente, a união de um dos países de maior diversidade étnica do planeta.

Quando Tito chegou ao poder, em 1953, a Iugoslávia era uma paisagem cultural desconcertante, uma mistura de oito povos, cinco línguas e três religiões. Sérvios e croatas falam a mesma língua, mas usam um alfabeto diferente, enquanto os eslovenos falam uma língua eslava totalmente diferente. Sérvios, croatas e eslovenos são cristãos, mas os sérvios são basicamente ortodoxos, enquanto os eslovenos e os croatas são católicos romanos; recebem orientação de diferentes líderes religiosos. Os muçulmanos bósnios são etnicamente iguais aos sérvios e aos croatas, mas se converteram ao islamismo, muitos sob ameaça de morte, durante a ocupação turca. Kosovo, província autônoma dentro da Sérvia, era quase inteiramente albanesa, enquanto Vojvodina, outra província autônoma, era uma miscelânea de húngaros, romanos, eslovacos e rutenos. John Reed, autor de *The War in Eastern Europe*, descreveu a Macedônia, antiga república iugoslava, como "a mais assustadora mescla de raças imaginável, [onde] turcos, albaneses, sérvios, romenos, gregos e búlgaros viviam [...] lado a lado, sem se misturar".[2]

Os povos da Iugoslávia nem sempre foram pacíficos. Durante a Segunda Guerra Mundial, uma organização ultranacionalista, fascista e terrorista — a Ustaša — ficou do lado dos alemães e, por causa disso, teve licença para governar a Croácia. O líder do Estado croata ustaše era Ante Pavelić, um nacionalista raivoso que tinha uma fórmula brutal para livrar a Croácia dos não cristãos: "Um terço nós mataremos, um terço será expulso da Croácia e um terço se converterá ao catolicismo".[3] No fim da guerra, os ustaše tinham matado de 500 mil a 700 mil sérvios, além de dezenas de milhares de judeus e ciganos.

Tito era filho de pai croata e mãe eslovena, e estava determinado a unir os povos díspares da Iugoslávia — a única maneira de o partido comunista manter o controle e consolidar o governo do próprio Tito. Ele sabia que precisava minar o poder político dos sérvios, o maior de todos os grupos. (A Sérvia tinha sido um Estado independente antes da guerra.) Sua solução foi dividir a Iugoslávia em seis repúblicas: Bósnia-Herzegovina, Croácia, Macedônia, Montenegro, Sérvia e Eslovênia. Cada grupo étnico teria sua própria base geográfica,[4] mas as fronteiras foram traçadas de tal modo que os sérvios, mais numerosos, se dispersassem pelas demais repúblicas, à exceção da Eslovênia. Em compensação, teriam mais poder político em nível nacional, em relação aos outros grupos. Qualquer manifestação de identidade étnica era implacavelmente esmagada por Tito, que pregava "a fraternidade e a união". Foi uma brilhante estratégia de dividir para governar. Mas agora, com Tito morto, o futuro do país era incerto.

O avanço das facções 51

As tensões irromperam quase de imediato.[5] Em 1981, estudantes albaneses no Kosovo fizeram um protesto, exigindo que a província se tornasse uma república, deixando de fazer parte da república sérvia. Sítios históricos sérvios na região foram profanados, a violência se espalhou, e centenas de albaneses morreram. Enquanto isso, a economia iugoslava entrava em colapso; o valor da moeda do país, o dinar, despencou, a taxa de desemprego subiu para quase 20%, e outros 20% da população viviam de subempregos. A deterioração das condições de vida e sinais cada vez mais óbvios de corrupção governamental corroeram a legitimidade da Liga dos Comunistas, então no governo do país. Esses fatos exacerbaram ressentimentos étnicos dos não sérvios contra a "classe dominante" sérvia, e da "pobre" república sérvia contra as mais abastadas repúblicas da Eslovênia e da Croácia.

Na Sérvia, um líder comunista chamado Slobodan Milošević decidiu fazer o próprio nome explorando essas divisões étnicas: enviado ao Kosovo por líderes do partido para ajudar a promover a paz, Milošević, para surpresa de todos, prometeu ajudar os sérvios que viviam na região a resistir ao domínio albanês. O Kosovo tinha sido o centro do reino sérvio durante a Idade Média e abrigava os mais importantes monumentos, mosteiros e igrejas dos cristãos. Os sérvios viam a província como sua amada terra natal.[6] Ao dar mais valor à identidade étnica do que à ideologia política, Milošević rapidamente conquistou o apoio desses cidadãos, mesmo dos que eram anticomunistas. Essa demonstração franca de nacionalismo era escandalosa — Tito jamais a teria permitido —, mas Milošević não se intimidou. Nos anos seguintes, dedicou-se a reafirmar os direitos sérvios: reescreveu a Constituição da Sérvia, para enfraquecer a autonomia do Kosovo, substituiu líderes na província sérvia por correligionários e assumiu o controle da polícia, dos tribunais e da mídia, a qual passou a usar para difundir uma mensagem de ressentimento e fortalecimento político sérvio.

Milošević imaginava uma Iugoslávia na qual os sérvios — afinal de contas, a maioria — finalmente teriam a representação e a influência que mereciam. Com partidários sérvios no governo das províncias, ele agora tinha mais voz em nível federal — quatro de oito votos representativos dos sérvios. Realizava "comícios da verdade" — mais de cem num ano, atingindo 5 milhões de pessoas — para espalhar ideias de nacionalismo e inspirar os sérvios de outras regiões da Iugoslávia a buscarem o poder. Em março de 1989, quando os albaneses fizeram manifestações no Kosovo para reivindicar seus direitos políticos, Milošević ordenou aos 15 mil soldados sérvios e tanques estacionados na região que reprimissem os protestos. Vinte e duas pessoas, que Milošević denunciou como "separatistas e nacionalistas", foram mortas. Em toda a Iugoslávia, os demais grupos étnicos observaram horrorizados enquanto os sérvios assumiam o controle da polícia, do Judiciário e das forças de segurança do Kosovo.

Naquele mesmo mês, uma onda revolucionária para acabar com o comunismo espalhou-se pela Europa Central e Oriental. Na Iugoslávia, líderes de outras regiões — Croácia, Eslovênia — começaram a propor que o país adotasse um sistema multipartidário e realizasse eleições. Milošević resistia à ideia. Em vez disso, em junho, no sexcentésimo aniversário de uma batalha histórica entre sérvios e otomanos — acontecimento fundamental na história sérvia —, fez um discurso no Kosovo para uma multidão de mais ou menos 1 milhão de sérvios de

O avanço das facções 53

toda a Iugoslávia.[7] Era obrigação dos sérvios, ele afirmou, "re-mover a desunião, para que possam se proteger de derrotas, fracassos e estagnação no futuro". Milošević jurou que os sér-vios jamais transigiriam ou seriam derrotados. Lembrando a seus ouvintes o conflito com os otomanos, disse: "Hoje, seis séculos depois, estamos novamente envolvidos em batalhas, e enfrentando batalhas. Não são batalhas armadas, embora isso ainda não possa ser excluído".

Para o restante do povo da Iugoslávia, a mensagem era ine-quívoca. A fraternidade e a união de Tito tinham oficialmente acabado. Os líderes nacionalistas sérvios estavam decididos a recuperar a qualquer custo o que julgavam ser deles por direito: o controle de todo o país. E o discurso de Milošević deixava claro que a possibilidade de uso das Forças Armadas não estava excluída. Dentro de dois anos, a outrora unida Iu-goslávia se desintegraria violentamente, e o mundo aprenderia o significado do termo "limpeza étnica".[8]

NO COMEÇO DO SÉCULO XX, quando as guerras civis surgiram como um problema cada vez mais persistente, a maioria delas era provocada por ideologia ou questões de classe. A Revolu-ção Mexicana, que teve início em 1910, girou em torno de uma série de confrontos armados entre abastados proprietários de terras que lutavam para preservar seu poder e uma coalizão de trabalhadores de classe média, camponeses e trabalhadores sin-dicalizados que pediam reformas. No mesmo tom, a Revolução Russa foi motivada por gritantes desigualdades políticas e eco-nômicas, que levaram operários, servos e soldados a se levantar contra a monarquia para criar o primeiro Estado socialista do mundo. Esse padrão repetiu-se na China em 1927, quando o partido comunista local, sob o comando de Mao Tsé-Tung, rebelou-se contra o corrupto e autoritário governo nacionalista de Chiang Kai-shek. Durante a Guerra Civil Grega, no fim dos anos 1940, famílias se voltaram umas contra as outras num confronto que apartava gerações e lançava pais — leais à monarquia — contra filhos — que lutavam para desmontá-la e instalar um governo comunista. Como os que vieram antes, tratava-se de um clássico confronto ideológico, com linhas divisórias traçadas nitidamente entre esquerda e direita.

A partir de meados do século XX, no entanto, um número cada vez maior de guerras civis passou a ser travado por diferentes grupos étnicos e religiosos, mais do que entre grupos políticos, cada qual tentando dominar os demais. Nos primeiros cinco anos após a Segunda Guerra Mundial, 53% das guerras civis foram travadas entre facções étnicas, de acordo com um *dataset* compilado por James Fearon e David Laitin, dois especialistas em guerra civil da Universidade Stanford.[9] Desde o fim da Guerra Fria, 75% das guerras civis têm sido travadas por facções desse tipo. Basta pensarmos nas guerras que viraram manchete nas últimas décadas: Síria, Iraque, Iêmen, Afeganistão, Ucrânia, Sudão, Etiópia, Ruanda, Myanmar, Líbano, Sri Lanka. Todas entre grupos divididos por linhas étnicas e religiosas, e com frequência pelas duas coisas.

Assim, quando começaram a estudar as guerras civis de maneira mais sistemática, os pesquisadores se concentraram na etnicidade como causa provável — ou pelo menos fonte subjacente — de violência.[10] Donald Horowitz, professor da Universidade Duke, publicou o primeiro grande estudo sobre o assunto, intitulado *Ethnic Groups in Conflict*. O livro apresen-

O avanço das facções

tava vários casos de diferentes grupos étnicos e religiosos em confronto uns contra os outros ao longo do século xx. Bastava observar o mundo em volta para ter a impressão de que a diversidade étnica de um país era um fator-chave na eclosão de guerras. A Iugoslávia era um exemplo típico.

Mas o alvorecer dos *datasets* lançou dúvidas sobre essa teoria.[11] Embora as guerras civis fossem cada vez mais travadas por facções étnicas, pesquisadores como Paul Collier e Anke Hoeffler, em Oxford, e Fearon e Laitin, em Stanford, descobriram que países etnicamente diversificados não são necessariamente mais propensos à guerra do que países etnicamente homogêneos. Foi uma descoberta desconcertante: se a diversidade não importava, então por que tantas guerras civis ocorriam por divisões étnicas ou religiosas?

Isso levou a Força-Tarefa de Instabilidade Política a incluir medições de etnicidade mais matizadas em seu modelo. Em vez de procurar o *número* de grupos étnicos e religiosos num país, ou os diferentes tipos de grupo, os pesquisadores passaram a indagar de que modo a etnicidade estava ligada ao poder: os partidos políticos de um país são formados por critérios étnicos, religiosos ou raciais? Tentam excluir-se uns aos outros do poder?

A força-tarefa vinha coletando e analisando dados havia anos quando descobriu um padrão notável. Uma característica particular dos países estava fortemente relacionada a instabilidade política e violência. Era uma forma aguda de polarização política que eles chamaram de "faccionalismo". Países que se faccionalizam possuem partidos políticos baseados em identidade étnica, religiosa ou racial, não em ideologia, e esses partidos buscam governar com a exclusão e à custa dos outros.

Os cidadãos da antiga Iugoslávia podiam ter se organizado em torno de suas convicções políticas — em torno do comunismo, como Tito os incentivara, ou do liberalismo, ou do corporativismo. Em vez disso, seus líderes preferiram ativar identidades étnicas e religiosas e, em seguida, buscar a dominação total.

Nos cinco anos seguintes a essa descoberta, a Força-Tarefa de Instabilidade Política avaliou e reavaliou a variável para ter certeza de que era válida. Monty Marshall, um dos líderes do grupo, juntamente com Benjamin Cole, estudou centenas de países e seu nível de faccionalismo ao longo de setenta anos. Os dois descobriram que o maior sinal de alerta de uma guerra civil, uma vez que o país entra na zona da anocracia, é o surgimento de uma facção. "Estudamos todas as situações de faccionalismo, e estou plenamente convencido de que [esta é] a variável mais forte, além da anocracia", disse Marshall.[12] Duas variáveis — anocracia e faccionalismo — indicavam melhor do que qualquer outra coisa onde era provável que irrompessem guerras civis.

Os países tidos como "faccionalizados" possuem partidos políticos com base identitária que costumam ser intransigentes e inflexíveis. Os limites entre eles são rígidos, levando a uma intensa competição e até mesmo a combates. Na verdade, é esse equilíbrio de poder entre os dois grupos que cria uma rivalidade tão acirrada; há muita coisa em jogo para quem ganha ou perde. Esses partidos também podem ser de natureza personalista, girando em torno de uma figura dominante que quase sempre apela para o nacionalismo religioso a fim de conquistar e preservar o poder. Quase nunca existe um programa político coerente.

Os especialistas avaliam o nível de faccionalismo de um país com base numa escala de cinco pontos que começa num

O avanço das facções 57

sistema político plenamente competitivo (5) e desce até um sistema plenamente repressivo (1). Sistemas faccionais recebem uma nota 3. (O grau de faccionalismo de um país caminha lado a lado com o índice de democracia de seu sistema político; quando se torna menos politicamente competitivo, o país também se torna menos democrático.) Sistemas plenamente competitivos são países com partidos políticos estáveis, não étnicos, que competem regularmente em eleições e voluntariamente transferem o poder quando perdem (Alemanha, Suíça, Dinamarca, Austrália, Canadá e França são todos classificados como sistemas políticos "competitivos"). No outro extremo, sistemas plenamente repressivos tendem a ser altamente autoritários: a competição é impossível e os cidadãos não são capazes de formar facções, ainda que o desejem. Se Milošević tivesse tentado formar um partido nacionalista sérvio na época de Tito, teria sido esmagado. Sistemas políticos faccionalizados ficam no meio. Nesses países, os cidadãos conseguem formar partidos políticos, mas pelo menos um deles se baseia exclusivamente em etnicidade ou religião, e quando conquista o poder favorece seu eleitorado em detrimento de todos os demais. O faccionalismo é uma política inflexível e gananciosa baseada em identidade, e quase sempre um precursor da guerra.

Basta pensarmos, por exemplo, nas centenas de grupos armados na Síria que lutaram entre si por conta de diferenças religiosas — xiitas, sunitas, alauitas, salafistas —, bem como nas facções que lutaram umas contra as outras na multifacetada guerra civil do Líbano, cujos membros também segregavam a si mesmos por questões de religião — sunitas, xiitas, cristãos maronitas, drusos. Todos buscavam o poder político em detrimento dos demais. Outros países foram empurrados para o conflito armado por grupos étnicos concorrentes, caso da Geórgia, onde populações georgianas, ossétias e abecásias disputaram o poder político, e da Rodésia, onde as populações xonas e ndebeles se esforçaram para depor o governo da minoria branca do país.

O faccionalismo, como descobriram os especialistas, tende a surgir de forma imprevisível, quando as elites e os partidários de determinado grupo percebem uma oportunidade — talvez um momento de fraqueza do regime, ou uma mudança demográfica que aguça os seus ressentimentos ou a sua sensação de vulnerabilidade. Eles então incentivam a lealdade, reunindo pessoas não em torno de questões políticas, mas usando palavras e símbolos ligados à identidade — frases religiosas, gritos de guerra históricos, imagens. (Foi o que Milošević fez no Kosovo quando invocou a lembrança da batalha otomana.) A retórica aos poucos vai reforçando a particularidade do grupo, criando tensão na sociedade, e a facção, se estiver no poder, quase sempre usará sua posição para suprimir facções rivais: corroendo a constitucionalidade e incentivando a militância declarada. Isso aumenta o medo e a desconfiança entre grupos rivais, o que faz crescer ainda mais a tensão, levando os grupos a pensarem na força como maneira de resolver suas diferenças.

Essa divisão passa a se expressar na arena política. Os partidos começam a se aglutinar em torno da identidade étnica, racial ou religiosa, e não de um conjunto particular de políticas — como aconteceu com hutus e tútsis em Ruanda, por exemplo, e com muitos partidos políticos na Etiópia. Trata-se de um jeito astucioso que os líderes encontraram para consolidar tanto seus seguidores como o próprio futuro. Partidos baseados em identidade tornam impossível que os eleitores mudem

O avanço das facções 59

de lado; eles não têm para onde ir quando sua identidade política está subjugada à sua identidade étnica ou religiosa.

Os políticos que contam com o apoio de uma facção cristalizada têm espaço para adotar uma agenda tribal em benefício próprio e de seus seguidores. Os partidos políticos e seus líderes se tornam predatórios, buscando governar com a exclusão e à custa de outros grupos. Evitam fazer concessões e configuram instituições, como os tribunais, para incentivar os cidadãos a continuarem agindo ou votando com base em sua identidade e não em convicções. A Iugoslávia não mergulhou numa guerra civil porque croatas, sérvios e bosníacos sentissem um ódio inato, primordial, uns contra os outros, mas porque líderes oportunistas exploraram seus temores e ressentimentos e depois lançaram pequenos grupos de delinquentes armados contra a população para conquistar poder.

Essa exploração política apenas acentua as divisões na sociedade. Os cidadãos, sentindo-se inseguros acerca do futuro e perdendo a confiança no governo para resolver conflitos ou servir à população, acabam por aderir aos partidos mais sectários — aqueles que prometem proteger sua vida, seus interesses, seu modo de viver e sua concepção de sociedade. A política, em vez de um sistema no qual os cidadãos cuidam do bem-estar do país em geral, torna-se um sistema no qual só existe a preocupação com o bem-estar do próprio grupo. Andreas Wimmer, sociólogo da Universidade Columbia, analisou dados de quase quinhentas guerras civis (484) nos últimos duzentos anos e descobriu que, quando partidos políticos desse tipo surgiam numa sociedade, a probabilidade de guerra civil praticamente dobrava.[13] E se o país fosse uma anocracia na época em questão, tinha uma probabilidade trinta vezes maior de tornar-se instável.[14]

A GUERRA É AINDA MAIS provável, como descobriram os especialistas, se pelo menos uma facção do país se torna uma *superfacção*: um grupo cujos membros compartilham não apenas a mesma identidade étnica ou racial, mas também a mesma religião, classe e localização geográfica.[15] A rigor, a probabilidade de guerra é quase doze vezes maior do que se o grupo fosse mais heterogêneo. As superfacções tendem a se formar porque os grupos étnicos muitas vezes se movem juntos e se estabelecem em regiões geográficas concentradas, onde as pessoas interagem exclusivamente com seus iguais. (Durante a Segunda Guerra Mundial, muitos sérvios que sobreviveram à Ustaša fugiram para a região predominantemente sérvia da Croácia ocidental ao longo da fronteira com a Sérvia.) Mas isso também acontece porque os recursos econômicos são distribuídos de maneira desigual e quase sempre em benefício do grupo no poder. Isso cria diferenças de classe que, então, se fundem com diferenças étnicas e religiosas.

Foi o que aconteceu no Sri Lanka, onde tâmeis e cingaleses a princípio se dividiram por conta de diferenças étnicas, e depois descobriram novas diferenças insuperáveis em termos de religião — hinduísmo versus budismo — e localização geográfica, com a minoria tâmil concentrando-se em regiões do norte e do leste do país. Os insurgentes tâmeis começaram a guerra em 1983, na esperança de criar um Estado independente. Os especialistas descobriram que os países mais instáveis são aqueles cujas sociedades estão divididas em *dois* grupos dominantes.[16] Muitas vezes, pelo menos um desses grupos é grande o suficiente para representar de 40% a 60% da população. Proporções como essa têm maior probabilidade de levar ao conflito armado.

O avanço das facções

Os sérvios constituíam cerca de 36% da população da Iugoslávia. Eram cristãos ortodoxos, usavam o alfabeto cirílico, concentravam-se geograficamente no interior e no geral eram mais pobres do que os croatas e os eslovenos. Já os croatas, que compunham cerca de 20% da população, eram católicos romanos, usavam o alfabeto latino e ficavam mais concentrados nas cidades ao longo da costa. Tito impedira a formação de superfacções na Iugoslávia ao reestruturar o governo, refazer fronteiras geográficas e reprimir a atividade política de instituições religiosas. Sua morte, no entanto, gerou competição e incerteza, não apenas quanto ao futuro do comunismo, mas também sobre quem controlaria os aparatos do Estado. Os cidadãos, diante de uma economia em declínio, buscaram segurança nas mesmas camadas de identidade — etnicidade, língua, alfabeto, classe, geografia — que Tito tentara destruir. Na década seguinte à sua morte, sérvios e croatas começaram a apoderar-se delas com intensidade cada vez maior, distinguindo-se não só pela etnicidade e pela geografia, como também pela religião, pela língua e pela situação econômica.

Isso ficou especialmente óbvio na esfera política. Cinco meses após o discurso de Milošević no Kosovo, o Muro de Berlim caiu, e logo depois a Liga dos Comunistas da Iugoslávia dissolveu-se como partido governante. As superfacções sérvias e croatas que lentamente se consolidavam de repente ganharam força. Enquanto Milošević reunia os sérvios apelando para questões de história, classe e religião, os croatas também exploravam ativamente o nacionalismo. Tinham formado partidos políticos com base em identidade étnica, com destaque para a étnico-nacionalista União Democrática Croata (HDZ), cujo líder, Franjo Tuđman, trocou um programa comunista por um programa que defendia valores croatas. Pregando uma "Grande Croácia", ele prometeu acabar com o domínio político sérvio declarando a independência dos croatas. Em 1990, quando pela primeira vez foram realizadas eleições multipartidárias livres em cada uma das repúblicas, cidadãos em toda a Iugoslávia rejeitaram os políticos comunistas e votaram maciçamente em seus candidatos nacionalistas. Na Sérvia, Milošević — que havia mudado de ideia sobre a realização de eleições — conquistou facilmente a presidência. O mesmo aconteceu com Tuđman na Croácia.

Tuđman e seu partido puseram-se imediatamente a trabalhar a fim de garantir poder para sua superfacção. Escreveram uma nova Constituição, que considerava como "povo constituinte" apenas as pessoas de etnia croata, rebaixando efetivamente todas as demais minorias locais à condição de cidadãos de segunda classe — inclusive a considerável população sérvia na região da Krajina. Tuđman e os líderes do HDZ restabeleceram a bandeira e o brasão croatas tradicionais, que incluíam símbolos usados durante a era da Ustaša, e começaram a demitir sérvios de cargos na administração pública e na polícia, afirmando que eles só haviam conseguido aqueles empregos por causa do tratamento preferencial dado por Tito.

Esse inequívoco apelo à identidade e as políticas predatórias que vieram em seguida provocaram o medo entre os sérvios que viviam na Croácia. Não só símbolos como o brasão croata despertavam lembranças da brutal Ustaša, como o preconceito de Tuđman parecia oferecer provas concretas de que o que Milošević vinha afirmando o tempo todo era verdade: os sérvios estavam ameaçados, e fazer concessões a outros grupos era perigoso. As identidades croata e sérvia — não mais iugoslavas,

O avanço das facções 63

mas separadas em linhagem, língua e crenças — eram agora irreconciliáveis. Houve confrontos violentos em Krajina, quando os rebeldes sérvios se armaram e, apoiados por Milošević, começaram a atacar unidades da polícia croata. Quando a Croácia declarou independência, um ano depois, em junho de 1991, os sérvios de Krajina anunciaram a intenção de se separar, para continuarem fazendo parte da Iugoslávia. O Exército Popular da Iugoslávia (JNA de Jugoslovenska Národná Armijo), cujas fileiras eram na maioria sérvias, imediatamente apoiaram a população sérvia da Croácia, e seus tanques rolaram para ocupar diferentes regiões do país, expulsando não sérvios. Duas superfacções estavam, portanto, entrincheiradas, cada uma se alimentando da outra. Era a guerra.

Talvez não haja imagem mais eloquente das profundas divisões entre as superfacções do que o ataque à cidade croata de Vukovar.[17] Uma abastada comunidade, abrigando um misto de croatas, sérvios e outros grupos — húngaros, eslovacos, rutenos —, Vukovar fica perto do Danúbio, ao longo da fronteira com a Sérvia. Seus habitantes viviam em harmonia desde a Segunda Guerra Mundial, mas, quando as trocas de tiros entre as milícias rivais começaram, croatas e sérvios voltaram-se uns contra os outros. Civis armados atearam fogo a fazendas e residências na região. A polícia croata confiscou a estação de rádio de Vukovar; milícias sérvias bloquearam rotas de transporte em todo o interior, isolando a cidade. No verão de 1991, o JNA intensificou sua ofensiva, sitiando a cidade por 87 dias. Até 12 mil foguetes e bombas eram lançados diariamente contra Vukovar, na batalha mais brutal que a Europa tinha visto desde o fim da Segunda Guerra.

O que se notabilizava nos ataques não era apenas a ferocidade da rivalidade étnica entre croatas e sérvios, mas o fato de que a batalha, em muitos sentidos, exemplificava um dos maiores rachas que tendem a surgir entre superfacções: a separação urbano-rural, que ficou mais profunda numa era de globalização e inovação tecnológica. As cidades são, cada vez mais, lugares de diversidade, ao contrário das zonas rurais. As áreas urbanas também ficam cada vez mais jovens, mais liberais, mais instruídas e menos religiosas. Essa separação tende a se agravar à medida que as indústrias mais lucrativas e dinâmicas — nos setores de finanças, tecnologia e entretenimento — se concentram cada vez mais nas cidades. Com o abandono do interior pelos jovens, essas comunidades rurais serão cada vez mais dominadas por trabalhadores braçais menos instruídos, que geralmente competem com os novos imigrantes e se sentem menosprezados pela elite urbana. Como escreveu Zlatko Dizdarević, de Sarajevo, em seu diário sobre a guerra na cidade: "Continuávamos contando piadas sobre [os sérvios],[18] que desciam das montanhas, arrastando-se uns atrás dos outros, odiando-nos porque conhecíamos sabão e água, porque sabíamos lavar os pés e usar meias limpas".

Cidadãos das áreas urbanas, portanto, tendem a aceitar as mudanças e o multiculturalismo; já os da zona rural dão mais valor à estabilidade e à tradição. A percepção de identidade difere ainda mais porque no interior costuma haver menos veículos de comunicação do que nas cidades; na Iugoslávia, o rádio controlado pelos sérvios era a principal fonte de notícias dos cidadãos da zona rural, e aqueles expostos a suas transmissões eram significativamente mais propensos a favorecer partidos nacionalistas radicais.[19]

Quando Vukovar finalmente caiu, em novembro de 1991, paramilitares sérvios já tinham expulsado pelo menos 20 mil não

O avanço das facções 65

sérvios de suas casas.[20] Essas milícias eram formadas por sérvios que viviam fora das cidades mais importantes. Foi, a rigor, uma batalha entre cidadãos interioranos e a elite cosmopolita — um violento assalto ao multiculturalismo urbano, segundo o antigo prefeito de Belgrado. E um assalto particularmente cruel: os paramilitares sérvios estupraram mulheres croatas e torturaram e mataram mais de duzentos civis, sepultando-os em valas comuns.

A Croácia sofreria mais quatro anos de guerra, durante os quais tanto sérvios como croatas procuraram limpar Krajina de indivíduos da outra facção mediante deportações em massa e assassinatos. Embora o termo "limpeza étnica" só viesse a se tornar moeda corrente na guerra civil bósnia, meses depois, esse expediente já era usado para controlar e mudar a composição demográfica e a identidade de regiões inteiras. Quando a Croácia venceu o confronto, cerca de 220 mil croatas e 300 mil sérvios tinham sido desterrados, e aproximadamente 20 mil pessoas estavam mortas. O padrão logo se repetiria, porém com ainda mais mortes, nas outras regiões da Iugoslávia.

O NACIONALISMO ÉTNICO, e sua expressão por meio de facções, não cria raízes num país por conta própria. Para que uma sociedade se fragmente por critérios de identidade, é preciso que haja porta-vozes — gente disposta a fazer apelos discriminatórios e a adotar políticas discriminatórias em nome deste ou daquele grupo. Quase sempre essas pessoas buscam cargos públicos ou tentam permanecer num cargo público. Elas provocam e exploram sentimentos de medo como uma maneira de atrair partidários que lhes sirvam de base na briga pelo poder.

Os especialistas possuem um termo para designar esses indivíduos: empreendedores étnicos.[21] O termo foi usado pela primeira vez nos anos 1990 para explicar figuras como Miloševié e Tuđman, mas é um fenômeno recorrente desde então, em todas as partes do mundo. Esses instigadores da guerra quase sempre correm um alto risco de perder o poder, ou acabaram de perdê-lo. Não vendo outra maneira de garantir o próprio futuro — talvez por serem ex-comunistas —, exploram cinicamente as divisões numa tentativa de recuperar o controle. Fomentam o nacionalismo de base identitária para semear a violência e o caos, usando uma estratégia que os estudiosos chamam de "aposta na ressurreição" — um esforço agressivo para provocar mudanças gigantescas, mesmo contra todas as probabilidades.[22]

Embora o catalisador do conflito, quase sempre, seja ostensivamente outra coisa — economia, imigração, liberdade religiosa —, os empreendedores étnicos transformam expressamente em motivo da luta a posição e o status do seu grupo na sociedade. Explorando o poder da mídia, a qual muitas vezes controlam, eles se esforçam para convencer os cidadãos de que estão sendo ameaçados por um grupo de fora e precisam se unir sob o comando do empreendedor para eliminar a ameaça. Trabalham também para persuadir os membros do seu grupo de que são superiores e "merecem" dominar, quase sempre numa linguagem inflamada. Foi assim que, num comício de 1992 na cidade ruandesa de Kabaya — dois anos antes da guerra civil no país —, o político hutu Léon Mugesera disse a seus partidários que os tútsis eram "baratas", acrescentando que "aquele cujo pescoço vocês não cortarem é que cortará o pescoço de vocês".[23] Em 2012, o

O avanço das facções 67

presidente sudanês Omar al-Bashir explorou a desconfiança entre árabes e africanos em seu país para descrever seus rivais políticos na mesma linguagem: "O principal objetivo deve ser nos libertarmos desses insetos e nos livrarmos deles de uma vez por todas, se Deus quiser".[24]

Num clima de instabilidade política — como durante uma transição política rumo à democracia, ou para longe dela —, múltiplos empreendedores étnicos se levantam ao mesmo tempo, provocando e gerando outros. Eles podem trabalhar juntos, como quando políticos e comentaristas da mídia adotam o mesmo extremismo, ou em oposição uns aos outros, usando as ações e opiniões dos adversários como alavanca para exacerbar as divisões. Quanto mais camadas de identidade houver para explorar, como no caso das superfacções, mais tensas se tornam essas divisões. O que muitas vezes começa como um movimento periférico vai ganhando impulso à medida que os empreendedores questionam a língua, a história, a geografia e a religião de uma facção rival: uma entrevista radiofônica leva a discursos, que por sua vez levam a postagens que viralizam nas redes sociais, que por sua vez levam a comícios, que por sua vez levam a confrontos de rua. A retórica de exploração do medo torna-se autossustentável e circular, com empreendedores usando palavras e ações dos rivais para confirmar e inflamar as convicções de seus partidários.

Curiosamente, os cidadãos comuns costumam ter uma lúcida compreensão dos empreendedores étnicos: sabem que esses indivíduos têm seus próprios motivos e metas e não contam toda a verdade. Havia muitos sérvios em Krajina que não gostavam de Milošević e tampouco confiavam nele, sabendo que tinha sido um comunista convicto poucos anos antes. Estava

68   *Como as guerras civis começam*

claro para eles que Milošević era mais um político com sede de poder do que um purista; que só começara a fazer discursos pró-sérvios ao perceber que o nacionalismo era um bom artifício para construir uma base política. Mas os cidadãos se dispõem a apoiar pessoas desse tipo se sentem uma ameaça crescente a sua vida, a seus empregos, a suas famílias ou a seu futuro — e a retórica de Milošević semeava dúvidas de maneira consistente. Depois de expurgar jornalistas desleais, Milošević e seu governo assumiram o controle da editora Politika, proprietária de mais de dez jornais e de estações de rádio e tv — o que lhe possibilitou servir a seu público mensagens constantes de medo e desconfiança.[25] Ele apelava para a grandeza histórica da Sérvia e relembrava a seus ouvintes atrocidades perpetradas contra os sérvios. Quando a Croácia declarou independência, a principal estação de tv de Belgrado dedicou sua cobertura aos sérvios de Krajina, agora indefesos contra os "impulsos sombrios e genocidas dos croatas".[26]

E apesar disso Milošević não teria conseguido convencer os sérvios de Krajina — particularmente em cidades pacíficas e multiétnicas como Vukovar — a lutar por ele se Tuđman não os tivesse ajudado a confirmar seus mais graves temores. Ao contrário de Milošević, Tuđman era um genuíno sectário: tornara-se um nacionalista croata uma década antes, quando tal condição ainda não era popular nem prática. Como professor de história na Universidade de Zagreb, Tuđman enaltecia as raízes medievais da nação croata, negando a severidade do Holocausto e falando sobre as "conquistas positivas" do regime ustaše. Nos anos 1980, após a morte de Tito, esteve nos Estados Unidos e no Canadá para angariar fundos junto a exilados e expatriados com simpatia pela Ustaša, a fim de formar um

O avanço das facções

partido político nacionalista na Croácia. Quando o HDZ foi finalmente constituído, adotou lemas como "Deus e os croatas" e estabeleceu a Agência Croata de Notícias para rivalizar com o crescente império midiático de Milošević, afirmando em suas transmissões radiofônicas que o povo precisava se libertar dos sérvios e dos sujos e escuros muçulmanos da Iugoslávia e unir-se à sua verdadeira casa, que era a Europa.

Se começam a achar que existe uma chance, por menor que seja, de que a oposição venha a destruí-los, os cidadãos se voltam para um líder que lhes ofereça proteção, por mais inescrupuloso que seja. Assim, quando Tuđman adotou o brasão croata e expurgou os sérvios de seu governo, os residentes sérvios de Krajina interpretaram a perda súbita como uma confirmação de que as advertências de Milošević eram verdadeiras. Da mesma forma, quando Milošević ordenou ao Exército iugoslavo, majoritariamente sérvio, que entrasse na Croácia, os croatas começaram a achar que seu estilo de vida, defendido por Tuđman, estava sendo atacado. As duas facções acabaram se convencendo de que a violência era o único jeito de salvarem a si mesmas e à sua cultura.

MAS NÃO SÃO APENAS os políticos que incitam a divisão com base na identidade. Existem também empreendedores étnicos menores: as elites empresariais (talvez buscando fidelidade a uma marca), os líderes religiosos (tentando ampliar a comunidade de fiéis) e figuras da mídia (procurando aumentar *sua* audiência e receitas). Essas elites também teriam a perder com mudanças na sociedade. E, na antiga Iugoslávia, foi essa rede secundária de interesses que ajudou a estender a guerra para além da Croácia.

Conforme a violência chegava a lugares como Vukovar, cidadãos que a tudo assistiam da vizinha Bósnia-Herzegovina estavam confiantes de que seriam poupados do conflito. A república tinha a mais alta porcentagem de habitantes que se declararam "iugoslavos" no recenseamento nacional.[27] A capital da Bósnia, Sarajevo, era uma cidade moderna e diversificada, onde croatas, sérvios e bosníacos conviviam pacificamente havia décadas. Os níveis de instrução eram altos, assim como os índices de casamentos mistos. Seis anos antes, em 1984, Sarajevo tinha sediado a Olimpíada de Inverno.[28]

"Eu tinha certeza de que o que estava acontecendo na Croácia não aconteceria conosco", afirmou Berina Kovac, que morava em Sarajevo.[29] Na época, ela tinha terminado a faculdade de administração, e seu marido Daris era advogado. Embora sérvios, croatas e bosníacos tivessem diferentes tradições religiosas, praticamente ninguém em Sarajevo era muito ligado a questões religiosas ou espirituais. Berina e Daris tinham um vasto círculo de amigos e empregos interessantes, e jamais haviam dado grande importância à identidade étnica de quem quer que fosse. Eram muçulmanos, mas todos na Bósnia falavam bósnio, e todos pareciam basicamente iguais. "Em termos culturais, somos muito, muito próximos", explicou Daris. "Buscar diferenças é quase ridículo. Somos etnicamente iguais. Não existe família na Bósnia sem um casamento misto."[30]

A ideia de identidades étnicas distintas e hostis precisava, portanto, ser desenvolvida — e um bando de empreendedores étnicos, dentro e fora da Bósnia, apareceu para desempenhar o seu papel, dominando os programas de rádio, as manchetes e os debates públicos. Em Sarajevo, Daris e Berina começaram a ouvir a mensagem de Milošević — de que os sérvios

O avanço das facções 71

precisavam viver juntos numa só Iugoslávia — repetida por Radovan Karadžić, um ex-psiquiatra que tinha fundado o Partido Democrático Sérvio na Bósnia e estava ansioso para ser o porta-voz de Milošević na região. Quando as eleições foram realizadas, em novembro de 1990, os cidadãos da Bósnia-Herzegovina se aglutinaram em torno de três partidos étnico-nacionalistas — muçulmano, croata e sérvio —, nenhum dos quais estava disposto a fazer concessões. "Os fatos começaram a ser distorcidos e rearranjados", disse Daris. "Havia muita desinformação."[31] Em 1991, a TV Pale, de controle sérvio, assumiu os transmissores de Sarajevo a fim de divulgar notícias nacionalistas para áreas sérvias da Bósnia-Herzegovina.[32] Os apresentadores faziam pouco das preces muçulmanas, pintavam o rosto de negro, zombavam das vítimas de estupro, empunhavam facas e espalhavam a falsa notícia de que crianças sérvias estavam sendo oferecidas como alimento no zoológico de Sarajevo.[33]

Não demorou para que os cidadãos da Bósnia-Herzegovina parassem de se identificar como bósnios: eles passaram a ser sérvios bósnios, croatas bósnios ou muçulmanos bósnios (bosníacos). Berina lembrou-se do momento em que se deu conta da mudança: foi no casamento de um amigo. A cerimônia ocorreu na cidade de Višegrad, e muitos amigos de escola, dela e de Daris, se reuniram para comemorar. "Em casamentos na Bósnia, costumamos entoar canções tradicionais chamadas sevdalinka, que são velhas histórias de amor dos tempos otomanos", disse ela. "Geralmente são músicas tristes, com uma grande carga emocional."[34] Mas quando Berina e os demais começaram a cantar, um amigo sérvio interrompeu.

"Chega!", disse ele. "Chega dessas músicas turcas!"

Só de recordar o momento, Berina se sentiu sufocada. "Veja bem, nós somos muçulmanos", disse. "Mas compartilhamos a mesma etnicidade de sérvios e croatas. Quando alguém quer realmente nos insultar, costuma dizer que somos turcos. Isso apaga nossa identidade e nossas raízes bósnias." Na retórica de Milošević e Karadžić, muçulmanos eram remanescentes da dominação otomana, durante a qual os sérvios eram tidos como socialmente inferiores e raramente tinham o direito de possuir terras. Depois do incidente no casamento, toda a sala emudeceu, e a cantoria acabou. Berina e Daris voltaram para casa naquela noite muito inquietos. "Sabíamos que as pessoas estavam mudando", disse ela.[35]

Cinco meses depois desse evento, em março de 1992, o presidente, um bosníaco, organizou um referendo sobre a independência da Bósnia. Políticos sérvios tanto na Sérvia como na Bósnia resistiram com veemência à votação; queriam que a Bósnia continuasse fazendo parte de uma Iugoslávia dominada pelos sérvios. Quando os resultados saíram, esmagadoramente favoráveis à independência, bombas e tiros começaram a ser trocados entre unidades sérvio-bósnias armadas na região e as forças governamentais majoritariamente bosníacas. Dentro de poucas semanas, os sérvios bósnios, apoiados pelo Exército Popular da Iugoslávia, controlavam quase 70% do território da região. Na esperança de capturar também a capital, milícias sérvias se entrincheiraram nos morros em volta de Sarajevo e, sob a liderança de Karadžić, agora convertido em líder militar, deram início a um cerco que duraria quatro anos.

Ainda assim, o trabalho dos empreendedores étnicos da Iugoslávia não estava terminado. Em maio de 1992, o político croata-bósnio Mate Boban e Karadžić — com o respaldo de

O avanço das facções 73

Tuđman e Milošević — concordaram em dividir a Bósnia em duas partes, uma croata e uma sérvia, excluindo totalmente os bosníacos.[36] ("Estamos unidos aos sérvios pela fraternidade em Cristo", disse Boban a título de justificativa, "mas absolutamente nada nos liga aos muçulmanos a não ser o fato de que durante cinco séculos eles violentaram nossas mães e nossas irmãs.")[37] Essa diferenciação predatória teria um efeito brutal: durante três anos, sérvios e croatas estupraram, massacraram e exilaram milhares de bosníacos. Em Višegrad, onde Daris e Berina tinham participado do casamento, mais de 1500 homens, mulheres e crianças muçulmanos foram detidos e assassinados, e em seguida jogados no rio Drina a partir da famosa ponte da cidade.[38] Outros foram queimados vivos em casa. (No começo da guerra, 63% da população de Višegrad era bosníaca. Hoje, é quase inteiramente sérvia.)[39]

Berina lembra-se do momento em que percebeu que a Bósnia tinha mergulhado na guerra civil. Estava em casa, de licença-maternidade após o nascimento do segundo filho, e acabara de contratar uma babá. Um dia, a babá, uma jovem de um subúrbio nas montanhas, anunciou, com a maior naturalidade, que tinha notado a presença de grupos paramilitares nos arredores de Sarajevo. "A gente vê as fogueiras quando eles preparam a comida", disse. [40] Mas eram apenas sentinelas, não militares, por isso ela não tinha medo.

Berina, no entanto, já conhecia a retórica de Karadžić. Sabia o que as milícias estavam procurando. Poucas semanas antes, numa festa para celebrar o nascimento do bebê, um colega de trabalho chamado Sasha a puxou de lado para uma conversa e disse que havia sido recrutado por membros do Partido Democrático Sérvio. Eles iam lhe dar armas. "Não acreditei no que ele me disse", lembrou-se Berina. "O melhor amigo dele era muçulmano. Ele tinha se casado com uma moça maravilhosa, com quem havia tido um bebê mais ou menos na mesma época em que tivemos o nosso." Berina balançou a cabeça. "Ele estava tentando me avisar que alguma coisa ia acontecer."[41]

Um mês depois da festinha, Sasha foi morto. Berina soube da notícia um dia quando conversava com uma amiga. Entristecida — por causa do amigo, da viúva dele, do filhinho recém-nascido —, ela chorou. A amiga olhou para ela com raiva. "Onde ele estava quando foi morto?", perguntou. Nas barricadas, respondeu Berina. "Sim, mas de que lado?", insistiu a amiga. Berina deu um suspiro. "Dos sérvios", acrescentou. "Você ficou maluca?", gritou a amiga. "Ele estava lá com uma arma que poderia ter matado seu marido!"

Foi então que Berina entendeu. "Eram eles ou nós", disse. E parou de chorar.

As SUPERFACÇÕES REPRESENTAM uma ameaça cada vez maior mesmo para democracias estáveis. Durante mais de cinco décadas, a Índia, a democracia mais populosa do mundo, teve sucesso, apesar da pobreza e do analfabetismo generalizados, da imensa diversidade étnica e de uma economia em dificuldade. Os hindus formam a vasta maioria da população do país — aproximadamente 80%. Os muçulmanos são cerca de 14%, enquanto cristãos, sikhs, jainistas, budistas e pessoas sem religião respondem, juntos, pelos 6% restantes. Um Estado rigorosamente laico, em que a liberdade religiosa é garantida pela Constituição, ajudou uma população diversificada a viver em relativa paz. Mas isso começou a mudar em 2014, quando uma agremiação política

O avanço das facções 75

nacionalista hindu de direita, o Partido Bharatiya Janata (BJP), chegou ao poder. Decepcionada com a economia e a corrupção do partido governante, conhecido como Partido do Congresso, a maioria esmagadora dos indianos tinha votado pela mudança.

A eleição de 2014 marcou a primeira vez em trinta anos em que um partido sozinho conquistou maioria no país. O líder do BJP era Narendra Modi, que foi nomeado primeiro-ministro. Modi, que na juventude serviu como soldado de infantaria da RSS — organização paramilitar que defende a ideia de que todos os indianos pertencem a uma raça hindu —, imediatamente adotou um programa político com base identitária e pôs em prática a visão linha-dura de seu partido sobre uma nação hindu segregacionista, distribuindo cargos importantes do governo para extremistas, como Yogi Adityanath, o ministro-chefe de Uttar Pradesh, o maior estado do país.[42] Trata-se do homem que chamou os muçulmanos de "um bando de animais de duas pernas". Modi concedeu ainda a extremistas o comando de instituições culturais e educacionais, e eles então mudaram nomes de lugares e passaram a controlar os currículos escolares, para todos os efeitos eliminando os muçulmanos da história cultural da Índia.[43] Em 2019, Modi rescindiu o status especial de Jammu e da Caxemira, a única região do país majoritariamente muçulmana.[44] Além disso, criou um roteiro para a cidadania indiana que excluía muçulmanos.

A Índia se encaixa num padrão que vem proliferando no mundo inteiro. Uma das grandes preocupações do século XXI não é apenas o declínio da democracia, mas o seu declínio em algumas das maiores democracias do mundo. Nesses lugares a política costumava girar basicamente em torno de diferentes visões de governança — na área de tributos, previdência social, saúde, educação —, mas os políticos e seus partidos cada vez mais se aglutinam em torno de questões identitárias: convicções religiosas, antecedentes raciais, valores urbanos e rurais. Líderes étnico-nacionalistas surgiram para afastar os cidadãos de ideais sociais laicos e aproximá-los de políticas de identidade. Em parte, eles fazem isso para explorar a tendência que os seres humanos têm de se juntar e proteger os seus em tempos de mudanças rápidas e incertezas. À medida que fatores como anocracia e faccionalização se intensificam — não mais apenas em antigas autocracias, mas também em democracias enfraquecidas —, aumenta igualmente o número de lugares onde as guerras civis podem eclodir.

Essa mudança nunca é mais óbvia nas democracias do que quando surgem partidos políticos predatórios. Na Índia, Modi tem governado a favor dos interesses hindus em detrimento do país em geral, aumentando o seu poder político com ataques a três componentes essenciais da democracia eleitoral da Índia: eleições livres e justas, liberdade de expressão e liberdade de associação. Tem usado poderes de Estado para investigar e prender líderes de oposição com base em acusações forjadas de suborno e corrupção. Seu governo declarou a intenção de colocar na lista proibida jornalistas que distribuíssem "fake news" — isto é, críticas à sua administração — e implementou leis contra grandes aglomerações. Quando muçulmanos e hindus progressistas saíram às ruas para protestar contra sua lei de cidadania, Modi e suas forças de segurança reprimiram os protestos com brutalidade.

Apesar disso, a popularidade do primeiro-ministro e do seu partido cresceu, o que lhes garantiu nas eleições gerais de 2019

O avanço das facções

uma maioria absoluta ainda maior do que em 2014. Isso acontece porque ele sabe como fomentar, e aproveitar, as crescentes superfacções de seu país, exagerando ameaças externas e incitando o nacionalismo para causar pavor. Em Nova Delhi, bairros outrora integrados agora se dividem segundo critérios religiosos. Gangues hindus espancam muçulmanos nas ruas com varas. Embora a economia não tenha melhorado durante a sua gestão como prometido — o desemprego é o mais alto em 45 anos —, Modi recebeu enorme apoio, sobretudo dos hindus de casta superior e dos cidadãos daquelas partes da Índia que têm visto crescer a tensão entre hindus e muçulmanos.[45] A violência, que Modi parece incentivar, é conveniente para o seu partido porque assusta eleitores mais moderados e os convence de que suas queixas contra os muçulmanos são verdadeiras. Além disso, desvia a atenção da economia.

Esse padrão se repete em democracias no mundo inteiro.[46] No Brasil, o ex-capitão do Exército Jair Bolsonaro conquistou a presidência em 2018 explorando uma divisão entre urbano e rural exacerbada por questões de raça e classe. Bolsonaro lançou sua campanha num contexto de agitação — o popular ex-presidente Luiz Inácio Lula da Silva foi condenado por corrupção, houve uma desaceleração econômica e as mortes cometidas por gangues aumentavam —, apelando para os temores dos brasileiros. De acordo com o último recenseamento do Brasil, o país deixara de ser majoritariamente branco (hoje, 52% dos brasileiros são africanos, asiáticos, indígenas ou multirraciais), e Bolsonaro explorou esse racha invocando o fantasma da anarquia. A hostilidade contra minorias pode ser encontrada em todas as suas propostas. Ele enviou forças para favelas majoritariamente negras ou pardas a fim de diminuir a criminalidade, apoiou policiais responsáveis por homicídios durante o trabalho, incentivou a comercialização de terras em áreas habitadas por comunidades indígenas e criticou os sistemas de cotas para negros e povos indígenas nas universidades. Chegou até mesmo a se referir aos refugiados africanos que chegam ao Brasil como "a escória da Terra". A estratégia deu certo. Bolsonaro acabou se elegendo presidente graças em grande parte aos votos de homens brancos e de brasileiros ricos.

Para os cidadãos comuns, a propaganda étnica e racial muitas vezes soa como divagação maníaca de radicais que simplesmente têm motivações particulares. Muitos ignoram os ataques verbais — em programas de rádio, em redes de TV comprometidas com um partido, em posts no Twitter — como mera retórica ou entretenimento. Quando Radovan Karadžić advertiu na TV bósnia que "uma nação constitucional vai desaparecer", muitos moradores de Sarajevo reviraram os olhos. "Nós o chamávamos de psiquiatra maluco e palhaço", disse Berina.[47] Mas as fissuras que esses empreendedores procuram aprofundar podem, rápida e surpreendentemente, se revelar incontornáveis: com uma eleição surpreendente, e uma inesperada tomada do poder.

Daris às vezes pensa nas propagandas daqueles tempos, e no alarmismo que Milošević promoveu entre os sérvios. "Eu não sabia na época que era um perigo muito, muito grande", disse ele. "Éramos todos apenas bons cidadãos, seguindo aquilo em que acreditávamos. Quando todos se separaram, cada qual rumando para seu próprio grupo, foi que percebi que aquilo não tinha acontecido em [questão de] dias e meses. Vinha acontecendo havia anos."[48] Na verdade, os cidadãos não se organizam em facções tacanhas, egoístas, da noite para o

O avanço das facções

dia. Geralmente, nem sequer se dão conta de que o faccionalismo está acontecendo; e sem dúvida não percebem o perigo que isso representa. Eles pensam que estão tratando da própria sobrevivência, defendendo suas famílias e comunidades de novas ameaças, buscando o que acham que é seu por direito — o que é bom para eles e para o país.

Quando a guerra começou, Daris e Berina ficaram tão chocados que imaginaram que o conflito duraria pouco. Depois que a eletricidade e a água foram cortadas por dois meses em Sarajevo, Berina partiu para a Macedônia com os dois bebês do casal, a fim de ficar perto do irmão. Levou poucas roupas, pois achava que se ausentaria apenas por duas semanas. Mas ela e Daris passariam três anos sem se ver, e Berina jamais voltaria a Sarajevo. Foi somente no fim de dezembro de 1994 que o casal teve aprovada sua solicitação de status de refugiados nos Estados Unidos. Nessa altura, suas casas em Sarajevo tinham sido ocupadas, e não havia como voltar. Em fevereiro de 1995, cinco meses antes do genocídio de 8 mil homens e meninos muçulmanos em Srebrenica e arredores, eles chegaram aos Estados Unidos.[49]

"Eu não conseguia acreditar", disse Daris. "A guerra ainda hoje é um espanto para mim." Mas observadores externos tinham percebido os sinais de alerta do colapso da Iugoslávia anos antes. Em outubro de 1990, a CIA divulgou um relatório prevendo que o país se desintegraria dentro de dois anos, e que uma guerra civil era uma clara possibilidade. Um dos motivos, comentaram os agentes americanos, era que os iugoslavos se organizavam firmemente em facções étnicas separadas. Seu prognóstico mostrou-se correto. A guerra em larga escala começou um ano e meio depois.[50]

A CIA também estava certa em relação a outra coisa: que os sérvios seriam os instigadores do conflito. O relatório da agência americana deixava claro que Milošević e extremistas sérvios seriam os mentores da violência e usariam o nacionalismo para mobilizar aqueles sob seu comando. Os cidadãos comuns podem não prever a guerra civil, nem saber de antemão quem provavelmente vai começá-la. Na verdade, quase sempre estão olhando na direção errada, enquanto empreendedores tentam jogar a culpa em algum outro grupo para desviar a atenção. Mas os especialistas que estudam as guerras civis sabem para onde olhar — e, muitas vezes, não é para o grupo de que a maioria suspeitaria.

3. As consequências sombrias da perda de status

Datu Udtog Matalam era amado por todos no centro de Mindanao, uma região mista de muçulmanos e católicos no sul das Filipinas. Para os muçulmanos, ele era um herói da Segunda Guerra Mundial que tinha lutado contra os japoneses, um líder religioso de grande sabedoria e um árbitro imparcial nas disputas entre moradores.[1] Para os católicos que se estabeleceram na área vindos do norte, ele era conhecido pelo empenho em unir os dois grupos e preservar a paz. Ninguém esperava que ele ajudasse a dar início a uma das mais persistentes guerras civis do mundo.

Matalam nasceu na virada do século xx numa pequena cidade ribeirinha a cerca de dois dias de canoa da capital Cotabato, na costa.[2] Como filho do sultão da região, tornou-se "datu" (chefe), em conformidade com a tradição da comunidade muçulmana de liderança herdada. As Filipinas ainda eram uma colônia dos Estados Unidos, e, como outros em sua posição, Matalam servia ao mesmo tempo como líder tradicional dos moradores e como representante do governo nacional com sede em Manila. Em 1914, foi promovido a superintendente auxiliar, supervisionando a atividade muçulmana na comunidade agrícola, e, em seguida, a inspetor escolar, para assegurar que as crianças muçulmanas fossem matriculadas nas escolas coloniais. Matalam fazia parte da primeira geração de datus a aceitarem o colonialismo. Na verdade, fez carreira trabalhando com administradores coloniais, e não contra eles.

Após o serviço militar durante a Segunda Guerra Mundial, foi designado governador de Cotabato, a terceira maior região administrativa da tropical e exuberante Mindanao. Mas, enquanto se estabelecia como administrador forte e eficiente, mantendo a província fiscalmente sólida, o mundo à sua volta mudava. No passado, gente de fora não se metia na vida do povo moro, como os nativos da região são chamados. A população era dispersa, e os moradores tinham fama de combatentes ferozes e bem armados. Era difícil subjugá-los. Em 1946, as Filipinas se tornaram independentes, e os católicos começaram a migrar do norte, mais populoso, incentivados pelo governo central, que pretendia desenvolver a rica terra de Mindanao em benefício do país como um todo.[3] O governo transferiu a propriedade das melhores terras agrícolas para colonos católicos e lhes concedeu empréstimos para plantar, além de outros tipos de assistência não estendidos aos moradores locais. Muitos muçulmanos foram fisicamente expulsos da terra que tinham ocupado por gerações.[4] Tantos católicos se mudaram para Mindanao atraídos por esses benefícios que em 1960 seu número passou a ser muito superior ao dos muçulmanos que já ocupavam a maior parte da região. Matalam colaborava para isso, colhendo as recompensas políticas e financeiras das graças de Manila. Nesse meio-tempo, surgiu uma nova geração de datus. Diferentemente de Matalam e seus pares, esses novos líderes nasceram na era pós-colonial. Tinham alguma instrução universitária, geralmente adquirida em Manila, e a maioria era de profissionais (advogados e educadores). Além disso, tendiam

As consequências sombrias da perda de status 83

a se casar com mulheres católicas, e não muçulmanas. Sua ligação com Mindanao e sua cultura não era tão forte.

Então, em 1965, Ferdinand Marcos concorreu à presidência. Depois de vencer uma eleição acirrada, Marcos, que era católico, tomou providências para substituir funcionários públicos de oposição por sua própria gente. Matalam, com uma carreira de líder de província respeitado, homem de influência no centro do poder, profundo conhecedor do povo muçulmano e de sua cultura, de repente perdeu todo o poder que detinha.

A perda de status político de Matalam ficou penosamente clara quando um agente do Departamento de Justiça que estava de folga abateu a tiros seu filho primogênito, no verão de 1967.[5] Foi um golpe terrível, mais doloroso ainda porque os colegas sequer vieram lhe dar os pêsames. Numa sociedade onde os laços de família e comunidade estão acima de tudo, Matalam recebeu aquilo como um profundo insulto. Reagiu criando o Movimento de Independência Muçulmana (MIM) meses depois, em 1º de maio de 1968, e publicou um manifesto convocando todas as áreas muçulmanas no sul das Filipinas a se separarem para formar sua própria "República de Mindanao e Sulu".

O povo moro tinha um longo histórico de demandas por independência; em 1935, décadas após os Estados Unidos reivindicarem as Filipinas, mais de cem datus importantes e líderes muçulmanos locais enviaram uma declaração escrita a Washington insistindo na independência do país. Temiam perder sua religião e cultura no seio da população católica mais numerosa, e queriam ser livres para cultuar e viver como bem entendessem. "Quando nossa religião deixar de existir", escreveram, "nossa vida deixará de existir."[6] O manifesto de Matalam, no entanto, provocou uma escalada de respostas ditadas pelo medo.[7] Em todo o país, a imprensa publicava histórias como "A guerra fermenta em Cotabato". Marcos enviou tropas para a área. E algumas famílias católicas preferiram vender o que tinham e deixar Mindanao, prevendo um levante muçulmano.

Matalam saiu rapidamente do MIM e se retirou em sua fazenda. Mas a criação do movimento teve o efeito imprevisto de inflamar tanto muçulmanos como católicos, criando uma perigosa dinâmica que empurrava o país para a guerra.[8] No começo de 1969, o MIM estava treinando guerrilheiros, provavelmente financiados pelo governo malaio, e em março de 1970 a violência sectária teve início. Gangues católicas atacaram agricultores muçulmanos e queimaram suas casas, o que deu origem a retaliações. A partir de então, as condições se deterioraram, com muçulmanos acusando o governo de incentivar a violência dos cristãos e formando seus próprios grupos armados. Era o clássico "dilema de segurança", no qual as pessoas, temendo a violência, se armam para se defender, mas com isso acabam convencendo o inimigo de que desejam a guerra.[9]

Mas o que realmente instigou um conflito total foi a decisão de Marcos de impor a lei marcial em setembro de 1972.[10] O presidente descreveu a ordem como necessária para impedir mais violência entre católicos e muçulmanos, mas na verdade estava apenas se aproveitando do clima de agitação no sul para consolidar o próprio poder. Marcos exigiu que todos os filipinos entregassem suas armas dentro de um mês, inclusive as espadas e facas de importância cultural para os muçulmanos. Quem resistisse seria "aniquilado".

Poucos dias antes de terminar o prazo para a entrega das armas, centenas de muçulmanos armados assaltaram Marawi, a

As consequências sombrias da perda de status 85

o norte de Cotabato.[11] Entre quinhentos e mil rebeldes muçulmanos atacaram simultaneamente a Universidade Estadual de Mindanao, a sede provincial da polícia nacional filipina e a ponte Pantar, que ligava Mindanao à província vizinha. Era a primeira vez que os rebeldes combatiam como a recém-formada Frente Moro de Libertação Nacional (FMLN), grupo militante mais radical dissidente do MIM. Os rebeldes não conseguiram deflagrar um levante popular, mas fugiram para a parte sul da ilha, onde se reconsolidaram e continuaram a guerra, agora usando táticas de guerrilha. Atacaram primeiro as forças do governo, depois ampliaram seus alvos e passaram a incluir civis, bem como bispos católicos e estrangeiros que sequestravam para exigir resgate.

Ao longo dos anos, a FMLN gerou inúmeros brotos, muitas vezes lutando com um grupo islamista radical ainda mais combativo, a Frente Moro de Libertação Islâmica (FMLI). Quase todos os presidentes que sucederam Marcos tentaram pôr fim ao que já se tornou uma das guerras civis mais longas do mundo, oferecendo vários graus de autonomia para a região. Na maioria dos casos, o governo não cumpriu suas promessas, e diversos grupos moros continuaram a lutar, provocando a morte de mais de 100 mil pessoas.[12]

COMO EXPLICAR A REVOLTA dos muçulmanos de Mindanao? Parte da resposta está no fato de que as Filipinas se tornaram mais uma anocracia do que qualquer outra coisa. Quando assumiu o poder, em 1965, Marcos herdou um sistema político quase democrático (com uma nota de +5 no índice de democracia). No período de quatro anos, ele o corroeu a ponto de instalar o país firmemente na zona da anocracia (+2), e a um passo da guerra civil. Fez isso enfraquecendo os direitos individuais e das minorias, ampliando os poderes do governo, reduzindo o Estado de direito e a independência do Judiciário e removendo numerosos contrapesos do poder presidencial. As Filipinas tornaram-se também altamente faccionalizadas. Desde a Segunda Guerra Mundial, a política do país era dominada por clãs políticos locais (católicos no norte e muçulmanos no sul), que disputavam entre si as preferências de Manila.

No entanto, há muitos grupos étnicos descontentes vivendo em anocracias faccionalizadas, e a maioria não se rebela. Por exemplo, a Etiópia tem mais de oitenta grupos étnicos diferentes, praticando pelo menos cinco grandes religiões. Mas só um punhado deles até hoje se organizou para combater o governo. Já a Indonésia é um dos países de maior diversidade étnica do mundo, com mais de 360 grupos tribais e étnico-linguísticos, mas apenas quatro — os amboneses, os timorenses do leste, os achéns e os papuas — pegaram em armas. O que motiva certos grupos a lutar?

Nas últimas três décadas, os especialistas têm se concentrado numa resposta, com base em grandes *datasets* sobre um século de guerras civis.[13] Uma das primeiras coisas que descobriram, talvez sem grande surpresa, foi que os grupos que se tornam violentos geralmente se sentem marginalizados do processo político: detêm direitos eleitorais limitados e quase nenhum acesso a cargos no governo; tendem a ser excluídos do poder político. Porém o mais poderoso determinante da violência, como os pesquisadores descobriram, era a *trajetória* do status político de um grupo.[14] As pessoas tornam-se especialmente propensas a lutar se alguma vez tiveram poder e

As consequências sombrias da perda de status 87

viram esse poder escorregar por entre os dedos. Os cientistas políticos se referem ao fenômeno como "rebaixamento", e, embora haja muitas variações sobre o tema, ele constitui uma maneira confiável de prever — em países inclinados à guerra civil — quem dará início à violência.

O povo moro de Mindanao tinha sido enfraquecido aos poucos durante o governo colonial, e mais uma vez depois de ser incorporado às Filipinas. Eles tinham governado sua própria região; seus datus, sultões e rajás tinham criado e aplicado leis, determinado como seria a distribuição de terras e decidido que práticas culturais deveriam ser honradas. Só depois que o governo filipino começou a incentivar a população católica, muito mais numerosa, a migrar para a região — desterrando os muçulmanos locais — foi que a violência começou. Matalam e seus companheiros muçulmanos estavam sendo rebaixados, e as provas da sua perda de status, em termos de propriedade da terra, de oportunidades de emprego e de poder político, podiam ser vistas por toda parte. Eles estavam perdendo o seu meio de vida e a sua cultura para pessoas que viam como invasoras de suas terras.

Muitos conflitos civis modernos seguem esse padrão. Um estudo dos países do leste da Europa ao longo da maior parte do século xx, de autoria de Roger Petersen, cientista político do mit, revelou que a perda de status político e cultural deu munição para o conflito naquela região. Donald Horowitz, o cientista político da Universidade Duke que estudara centenas de grupos étnicos em sociedades divididas, descobriu a mesma coisa. Os grupos étnicos que iniciam guerras são os que alegam que o país "é ou deveria ser deles". O rebaixamento ajuda a explicar por que foram os sérvios, e não os croatas ou bosníacos, que começaram a guerra civil na Iugoslávia. Assim como o povo moro de Mindanao, os sérvios se consideravam os herdeiros legítimos de seu país. Outrora tinham governado a si mesmos. Eram o maior grupo étnico da Iugoslávia quando o país foi criado, e ocuparam a maioria dos cargos importantes nas Forças Armadas e na burocracia estatal. Os sérvios deram início à violência na Croácia e depois na Bósnia por entenderem que perderiam uma significativa parcela de poder se as duas regiões tivessem permissão para se separar. Os sunitas começaram a guerra no Iraque porque também tinham perdido poder com a invasão americana. O povo moro, os sérvios, os sunitas — todos foram rebaixados, e todos recorreram à violência.

O rebaixamento é uma realidade psicológica tanto quanto um fato político ou demográfico. Facções rebaixadas podem ser ricas ou pobres, cristãs ou muçulmanas, brancas ou negras. O que importa é que membros do grupo *sentem* uma perda de status ao qual acreditam ter direito, e consequentemente ficam ressentidos. Em todos os casos, ressentimento e raiva parecem empurrar uma facção para a guerra. Fearon e Laitin, os acadêmicos de Stanford, descobriram que a tentativa dos cingaleses do Sri Lanka de tornar o cingalês a língua oficial do Estado "causou imediatamente uma reação entre os tâmeis, que sentiram que sua língua, sua cultura e sua posição econômica estavam sendo atacadas".[15] Quase sempre há uma sensação de injustiça, a convicção de que quem está no poder não merece estar lá e não tem o direito de ocupar aquela posição. O rebaixamento é uma inversão de status, não só uma derrota política. Grupos dominantes saem de uma situação na qual num momento podem decidir que língua será falada, que leis

As consequências sombrias da perda de status   89

serão aplicadas e que cultura é reverenciada, para uma situação na qual não podem fazer nada.

Os seres humanos odeiam perder. Odeiam perder dinheiro, jogos, empregos, parceiros. E status também. Os psicólogos Daniel Kahneman e Amos Tversky demonstraram isso numa série de experimentos nos quais perguntaram aos participantes se estariam dispostos a aceitar um jogo no qual tinham 50% de chance de ganhar, digamos, cem dólares, mas a mesma chance de perder o mesmo dinheiro.[16] Eles descobriram que a maioria das pessoas rejeitava o jogo. O motivo? Os seres humanos têm aversão a perder. São muito mais motivados a tentar recuperar o que perderam do que a tentar obter ganhos. As pessoas toleram anos de pobreza, desemprego e discriminação. Aceitam escolas ruins, hospitais ruins, infraestrutura de má qualidade. Mas há uma coisa que não toleram: perder status num lugar que acham que é seu. No século XXI, as facções mais perigosas são os grupos que já dominaram e agora enfrentam o declínio.

O POVO DA ABECÁSIA, na Geórgia, pode remontar sua história na região até o século VI a.C. Eles se consideram o povo nativo do Cáucaso e não têm pátria fora da Geórgia. Sua pequena fatia dessa região, que fica ao sul de Sochi, é extraordinariamente bela, com montanhas surgindo das águas esmeraldinas do mar Negro. Os abecásios conheceram períodos de autonomia, mas sempre seguidos por períodos maiores de conquista. Seus governantes incluíram o Império Romano, o Império Bizantino, os vizinhos georgianos, os otomanos e a União Soviética. Apesar dessas ocupações, os abecásios preservaram uma cultura distinta, em parte por meio de um código não escrito de tradições étnicas chamado *apsuara* ("ser abecásio"), que é passado de geração em geração.

O século XX quase matou essa cultura. A primeira ameaça veio quando Ióssif Stálin tentou eliminar a predominância étnica desse povo executando a elite abecásia, impondo elementos da escrita georgiana na língua nativa e transferindo dezenas de milhares de pessoas de etnia georgiana para a Abecásia. No fim dos anos 1980, uma segunda ameaça surgiu quando a União Soviética começou a se desintegrar e os georgianos passaram a insistir na independência. Como o povo moro nas Filipinas, os abecásios receavam que os georgianos removessem o seu status de minoria protegida, conquistado após a morte de Stálin.

Quando esse receio se mostrou justificado, eles pegaram em armas. Em julho de 1992, pouco mais de um ano após a Geórgia ter conquistado a independência, os abecásios se rebelaram contra incursões em sua cultura e em sua língua, declarando a própria independência e deflagrando um conflito no qual, com apoio militar russo, buscaram limpar a região de georgianos. Milhares de georgianos e abecásios foram mortos, e muitos outros se viram feridos e desterrados.[17] Ao final do conflito, os abecásios, que haviam chegado a constituir 19% da população local, tinham sido reduzidos à metade. Mas retomaram o controle da região.

Grupos como os abecásios são o que os especialistas chamam de "filhos do solo", e muitos dos grupos étnicos rebaixados que vão à guerra se encaixam nesse molde.[18] São nativos de uma região ou desempenham um papel central em sua história. Pensam em si mesmos como os herdeiros legítimos de seu lugar de nascimento e merecedores de benefícios espe-

As consequências sombrias da perda de status 91

ciais e privilégios. Esses grupos são dominantes por causa do status de maioria ou porque foram os primeiros a habitar ou conquistar o território. Consideram-se o povo "nativo", e todos os outros que ali se estabeleceram, ou cuja língua-mãe não seja a principal língua do território, são declarados "forasteiros". Num estudo das guerras civis desde 1800, constatou-se que os grupos étnicos que se enquadram na categoria "filhos do solo" se rebelaram a uma taxa de 60%, cerca de duas vezes mais que os grupos que não se encaixam nesse modelo (28%).[19] Esses grupos são perigosos porque tendem a ter uma capacidade maior de organizar movimentos de resistência, e seu senso de injustiça pode ser avassalador. Ambos são fatores primários quando se trata de prever quem começa uma guerra civil.

Em sua dominação, os filhos do solo podem facilmente perder de vista seus privilégios, porque são muito generalizados; parece natural que assim seja. Os mais velhos são os líderes do país ou de sua região; tomam decisões políticas em nome de toda a população. Sua língua é a língua "oficial" e muitas vezes a única do Estado. Suas práticas e seus símbolos culturais é que são celebrados, seus feriados é que são reconhecidos, suas escolas religiosas é que recebem tratamento preferencial. Mas, quando um novo grupo começa a chegar em grandes números, a terra treme. Os forasteiros trazem sua própria cultura e suas próprias línguas. Com o tempo, podem engolir a população local. Os papuas, por exemplo, viveram a vida toda nas magníficas florestas da Nova Guiné Ocidental, em plena autossuficiência política e econômica. Tudo isso mudou quando foram obrigados a se juntar à Indonésia, e migrantes de Java, Sulawesi e Bali começaram a chegar. Em 1965, papuas nativos formaram o Movimento Papua Livre, buscando independência.[20] Em 1971, o grupo declarou uma "República da Papua Ocidental" e redigiu sua própria Constituição. E, em 1977, deu início a uma guerra de guerrilha de baixa intensidade, atacando primeiro a principal mina de cobre de propriedade estrangeira na região, e depois as Forças Armadas e a polícia da Indonésia, ao lado de não nativos que viviam na Papua Ocidental. Estima-se que 100 mil papuas tenham morrido desde o início da guerra.

Os falantes nativos da língua oficial de um país desfrutam de uma imensa vantagem econômica sobre os cidadãos cuja língua não é reconhecida pelo Estado.[21] Francisco Franco, ditador da Espanha de 1939 a 1975, entendeu isso muito bem. Uma das maneiras pelas quais consolidou seu poder foi colocando o castelhano acima das demais línguas faladas no país, declarando-o a única língua oficial da Espanha. Em seguida, proibiu os cidadãos de falar em público o basco, o catalão, o galego ou qualquer outra língua. Os recém-nascidos não tinham permissão para receber nomes regionais e os dialetos não podiam mais ser ensinados nas escolas ou usados nos negócios diários. A língua, portanto, está fortemente ligada à identidade de uma nação, e determina qual cultura em última análise predomina. Um dos maiores medos dos russos na região do Donbass, na Ucrânia, era que o novo governo nacionalista fizesse do ucraniano a língua oficial do Estado, excluindo o russo. É difícil competir por empregos bem pagos quando não falamos a língua local. Controlar o acesso à educação, especialmente à educação superior, é outra maneira de colocar um grupo étnico acima de outro. O mesmo se aplica ao acesso a cargos no serviço público, que estão entre os empregos mais estáveis e lucrativos de um país. Quando correm o risco de perder esses privilégios, as pessoas podem ficar profundamente ressentidas e dispostas a resistir.

As consequências sombrias da perda de status 93

Nas democracias, o mais comum é que os filhos do solo sejam rebaixados como simples efeito da composição demográfica — uma combinação de migração e diferenças nas taxas de natalidade. Eleições democráticas são em última análise contagens das pessoas, e, como observou Donald Horowitz, "os números indicam de quem é o país".[22]

Em Assam, região montanhosa do nordeste da Índia conhecida pelo cultivo do chá, os assameses (de maioria hindu) viram os bengaleses (de maioria muçulmana) imigrarem para sua área vindos de Bangladesh, país vizinho, a partir de 1991, com seu número aumentando constantemente ao longo do século. Os primeiros migrantes foram levados pelo governo colonial britânico com a intenção de colonizar a terra escassamente povoada e não cultivada.[23] A Grã-Bretanha incentivou a migração de dois tipos de bengaleses: agricultores de baixa qualificação, predominantemente muçulmanos, e hindus instruídos, que poderiam ajudar os britânicos a administrar o governo como servidores públicos. Mas a migração continuou mesmo depois que a Índia se tornou independente, em 1947, para horror dos assameses.[24] Entre 1971 e 1981, a região recebeu 1,2 milhão de migrantes, o mais alto fluxo migratório per capita de qualquer região do país.

Os assameses passaram a ficar cada vez mais preocupados. Seu maior temor era cultural. À medida que um número cada vez maior de imigrantes chegava de Bangladesh, o bengali ia se tornando a língua preferida — em casa, no trabalho e no governo —, e a cultura bengalesa tornava-se mais destacada na vida diária; os assameses não queriam virar uma minoria linguística em sua própria terra. O segundo medo era político. Os assameses assumiram o controle do governo regional quando os britânicos foram embora, e estavam cientes de que só teriam condições de preservar o poder se continuassem sendo a maioria da população; o fluxo de imigrantes ameaçava transformá-los em minoria e pôr fim ao seu domínio sobre o estado. A terceira preocupação era econômica. Assam era bem menos populosa do que o vizinho Bangladesh, e boa parte de suas terras estava desocupada e pronta para receber novos colonos. Os agricultores migrantes rapidamente se puseram a cultivar e ocupar essas terras, enquanto os hindus bengaleses, mais instruídos, conseguiam os cobiçados empregos na burocracia. Com o tempo, esses imigrantes passaram a desfrutar de um padrão de vida mais alto que o dos assameses nativos.

Os assameses reagiram organizando e criando uma facção étnica que tentava excluir bengaleses e muçulmanos do espaço que eles consideravam seu por direito.[25] Em 1960, líderes políticos assameses declararam o assamês a língua oficial do estado, tornando mais difícil que os falantes do bengali competissem por cargos públicos, e também a língua de instrução nas escolas do estado, outra barreira para os bengaleses. Por fim, os assameses passaram a receber tratamento preferencial em empregos na administração do estado. Mas os migrantes continuaram chegando. E, antes das eleições parlamentares de 1979, quando o comissário eleitoral de Assam informou sobre um aumento inesperadamente grande de novos nomes nas listas de eleitores (na maioria bengaleses), os assameses subitamente viram seus temores mais sérios se justificarem: ao permitir que aqueles imigrantes entrassem no país e votassem, o governo nacional em Delhi — a mais de 1500 quilômetros de distância — parecia estar incentivando a transformação de Assam.

As consequências sombrias da perda de status 95

Pela primeira vez na história, a proporção de bengaleses aumentava, enquanto a de assameses diminuía. Em termos numéricos, os bengaleses já superavam os assameses nas grandes cidades da região, onde o bengali se tornara a língua dominante. Nas palavras de Myron Weiner, falecido professor do MIT e especialista em movimentos anti-imigração, "para os assameses, as cidades de Assam viraram centros de uma vida e de uma cultura estrangeiras".[26] Mas agora a mudança era evidente também nas áreas rurais, não deixando nenhum lugar intocado.

O aumento súbito de novos eleitores não apenas revelava uma rápida reconfiguração demográfica da região, mas indicava também que o cenário político provavelmente mudaria da mesma forma.[27] Um dos grandes problemas dos assameses era a facilidade com que estrangeiros podiam se tornar cidadãos e votar. Na época, a Índia concedia cidadania a três categorias de indivíduos: pessoas nascidas no país, pessoas que tinham pelo menos um dos pais nascido no país e pessoas que já viviam na Índia há pelo menos sete anos. Assim, se alguém entrasse ilegalmente em Assam vindo de Bangladesh, mas vivesse ali por quase uma década, teria direito à cidadania. Não era nada surpreendente que o partido político dominante da Índia — o Partido do Congresso — incentivasse a imigração tanto legal como ilegal, porque muitos desses estrangeiros, inclusive bengaleses, apoiavam o partido, ao contrário dos assameses.

Para os assameses, era um problema de difícil solução. Não se sabia ao certo como o governo poderia determinar de maneira confiável, ainda que quisesse, quem dos muitos bengaleses nascidos fora estava ali legalmente: o país não contava com uma carteira de identidade única que incluísse o status de cidadania, e um grande número de pessoas, na maioria pobres, não dispunha nem sequer de certidão de nascimento. Os bengaleses em situação legal eram idênticos aos bengaleses em situação ilegal.

Os assameses reagiram organizando um movimento de resistência.

Em 1979, líderes estudantis da classe média local criaram a União de Todos os Estudantes de Assam (AASU, na sigla em inglês), que articulou uma nova série de demandas: os estrangeiros que tivessem chegado entre 1951 e 1961 receberiam a cidadania; os muitos imigrantes vindos entre 1961 e 1971 seriam transferidos para outras partes da Índia, mas sem receber a cidadania; e todos aqueles que tivessem chegado depois de 1971 seriam deportados.[28] Era, para todos os efeitos, uma forma de limpeza étnica, com a qual os assameses assegurariam o predomínio político e cultural. (Seu pretenso objetivo era expulsar os "imigrantes ilegais", mas os verdadeiros alvos eram os bengaleses, em situação legal ou ilegal.) O governo ignorou essas demandas, o que levou à formação de um grupo ainda mais radical — a Frente Unida para a Libertação de Assam (Ulfa, na sigla em inglês) —, que usava técnicas de milícia para alvejar civis, com ataques a bomba e assassinatos de autoridades e empresários.[29] A Ulfa ameaçava inclusive a secessão. Mas o Partido do Congresso, a agremiação governante, não tinha qualquer incentivo para deportar os bengaleses — que tendiam a votar em seus candidatos — ou mesmo para restringir a imigração. E sem dúvida não tinha incentivo algum para conceder a independência a Assam.

Os líderes da AASU — na maioria urbanos, de classe média, instruídos — utilizavam o medo e a xenofobia como ferramen-

As consequências sombrias da perda de status 97

tas para convencer os assameses da zona rural de que os imigrantes bengaleses estavam tomando propriedades e empregos valiosos, exaurindo indevidamente recursos e esgotando as terras agrícolas.[30] Chamavam a imigração de invasão e descreviam o movimento como uma luta pela sobrevivência cultural, política e demográfica. Proliferavam teorias conspiratórias segundo as quais Bangladesh estava incentivando a migração para mais tarde tornar Assam uma parte do seu Estado.

De início, os alvos da ira assamesa — imigrantes bengaleses, tanto hindus como muçulmanos — ficaram quietos, apesar dos crescentes atos de violência contra eles. Mas, em 1980, começaram a formar seus próprios grupos para resistir à deportação. Em maio daquele ano, constituíram a União de Todos os Estudantes Minoritários de Assam (AAMSU, na sigla em inglês), exigindo que todos os imigrantes que tivessem chegado a Assam antes de 1971 recebessem a cidadania indiana e que o cerco às minorias cessasse.[31] Houve confrontos violentos entre partidários da AASU e da AAMSU, e notícias de ataques terroristas a funcionários e propriedades do estado.

Um momento crítico na preparação para novos atos de violência organizada foi a eleição de 1983. Será que o governo faria concessões ao movimento de resistência e removeria das listas de eleitores os imigrantes posteriores a 1971, como os assameses queriam? Quando o governo anunciou que continuaria a usar as listas de 1979 — que incluíam os imigrantes chegados depois de 1971, os quais os assameses consideravam ilegais —, a violência ganhou ímpeto. Líderes assameses convocaram um boicote às urnas, e os embates começaram. De acordo com Sanjib Baruah, especialista em Assam, a violência refletia a convicção de que a eleição era "a luta final [de Assam] pela sobrevivência".[32]

Manash Firaq Bhattacharjee, um menino bengalês que na época frequentava a escola na cidade de Maligaon, em Assam central, relembra aqueles tempos. À beira da estrada havia monumentos dedicados aos "mártires" assameses, com placas em assamês dizendo: "Entregaremos sangue, não a terra".[33] Havia também marchas noturnas de assameses à luz de tochas. "Ficávamos sentados no escuro ouvindo eles cantarem 'Fora, estrangeiros' quando passavam pela nossa casa."

A violência chegou ao ponto mais alto em 18 de fevereiro de 1983.[34] Às oito da manhã, camponeses e agricultores dos arredores da cidade de Nellie cercaram vilarejos muçulmanos, tocando tambores e cantando "Viva Assam". Usando facões, lanças e armas de fabricação caseira, eles massacraram 4 mil imigrantes bengaleses.[35] Os mortos eram na maioria mulheres e crianças, porque, diferentemente dos homens, elas não conseguiam correr mais depressa do que os atacantes. Outras centenas de milhares de indivíduos fugiram, muitos indo parar em acampamentos de refugiados.

O massacre de Nellie, como ficou conhecido, foi o ato de desespero de uma população rebaixada, que se sentia ameaçada por uma nova realidade demográfica.

FATORES ECONÔMICOS POR MUITO TEMPO confundiram pesquisadores dedicados ao estudo das guerras civis. As primeiras análises estatísticas pareciam indicar uma correlação entre renda per capita e violência, e as próprias guerras pareciam confirmar isso: os cidadãos dos países pobres eram muito mais propensos a combater do que os cidadãos dos países ricos. Mas, quando os estudiosos levavam em conta medidas de boa governança — como participação cidadã, competitividade nas eleições e restrições ao poder do Executivo —, as variáveis econômicas tornavam-se bem menos importantes. A desigualdade de renda, que muitos consideravam um sinal de alerta sobre o risco de guerra, provou-se o oposto. Como escreveu James Fearon num relatório de 2010 para o Banco Mundial: "Não só não existe qualquer correlação evidente entre desigualdade e conflito como, na verdade, entre todos os países, aqueles com distribuição de renda mais igualitária têm sido levemente mais propensos a conflitos".[36]

Isso não significa que fatores econômicos sejam irrelevantes, ou que a desigualdade de renda não tenha importância. Afinal de contas, a economia desempenha um enorme papel na definição de quais grupos étnicos se sentem deixados para trás ou diminuídos. As desigualdades econômicas parecem agravar raivas e ressentimentos já existentes. Além disso, elas tornam mais fácil para os que têm riqueza suprimir os que não têm. Os cidadãos da região do Donbass, no leste da Ucrânia, perderam seu presidente em 2014 ao mesmo tempo que perdiam empregos no setor industrial.[37] Além de excluídos politicamente, seu futuro econômico era incerto.[38] Os assameses viram os melhores empregos irem parar nas mãos de recém-chegados. Da mesma forma, o povo moro só se rebelou quando o governo expropriou terras muçulmanas e as transferiu para colonos católicos e *plantations* controladas por estrangeiros. Os muçulmanos locais eram politicamente impotentes para reagir. "Os madeireiros chegaram para desmatar nossas belas colinas e montanhas", queixou-se um líder moro em 1982.[39] "E foram seguidos por colonos que vieram para ficar. Juntos, eles nos enxotaram [...] para dentro da floresta."

A discriminação econômica não precisa ser deliberada para que haja ressentimento. A modernização, o processo pelo qual sociedades rurais, tradicionais, são transformadas em sociedades urbanas seculares, é favorável a cidadãos com instrução e aptidões para competir num mundo mecanizado. A globalização transferiu os empregos na indústria para países menos desenvolvidos, ao mesmo tempo que favorecia trabalhadores voltados para o setor de serviços (que são desproporcionalmente do sexo feminino). Os filhos do solo tendem a ser mais afetados por essas mudanças tectônicas: quase sempre vivem na zona rural, longe dos centros econômicos, culturais e políticos do país. Além disso, tendem a ser mais pobres e menos instruídos, portanto mais vulneráveis à competição. A vantagem de que dispunham originalmente — a de serem os primeiros na terra — não só desaparece como se torna uma desvantagem. Enquanto o mundo segue em frente sem a sua participação, eles se sentem esquecidos e ignorados.

No período imediatamente anterior à guerra civil na Iugoslávia, os sérvios na Bósnia eram mais pobres do que os croatas e os bosníacos da região, e se ressentiam havia tempos da maior riqueza dos compatriotas que moravam nas cidades. Eram menosprezados por serem quase camponeses, ainda que constituíssem o grupo mais poderoso da Iugoslávia em termos políticos e militares. O povo moro foi atingido economicamente pela perda de suas terras, e por ser incapaz de competir com os migrantes mais instruídos que chegavam.

Na verdade, a imigração é quase sempre um estopim de conflitos. Migrantes chegam a um país e competem com as populações mais pobres, mais rurais — filhos do solo —, alimentando ressentimentos e empurrando esses grupos para a

As consequências sombrias da perda de status

violência. É especialmente alarmante, portanto, que o mundo esteja entrando num período inédito de migração humana, em grande parte por efeito das mudanças climáticas. À medida que o nível do mar sobe, as secas aumentam e os padrões climáticos mudam, cada vez mais gente é forçada a se mudar para terrenos mais hospitaleiros. Até 2050, segundo estimativas do Banco Mundial, mais de 140 milhões de "migrantes climáticos" deverão deixar o Sudeste da Ásia, a África subsaariana e a América Latina.[40] Especialistas têm alertado também para o fato de que as mudanças climáticas provavelmente levarão à escassez de recursos, o que poderá alimentar conflitos. A guerra síria é um exemplo precoce.[41] Entre 2006 e 2010, a Síria sofreu uma seca arrasadora que, combinada com políticas governamentais discriminatórias no tocante à agricultura e ao uso de água, resultou em significativas perdas de safra. Em busca de oportunidades, cerca de 1,5 milhão de pessoas — na maioria sunitas — migraram do interior do país para as áreas urbanas. Na capital Damasco, o centro do poder cristão alauita, esses sunitas eram vistos como inimigos do presidente Bashar al-Assad, e não demorou para que se sentissem discriminados por causa de sua religião, o que deu origem a ressentimentos. Quando o governo começou a permitir a perfuração de poços com base em critérios sectários, a raiva se intensificou, acelerando a marcha para a guerra.

É provável que as mudanças climáticas levem a um maior número de desastres naturais, afetando desproporcionalmente grupos mais pobres, rurais, e produzindo crises econômicas. É em tempos assim que os cidadãos sentem mais agudamente a dor das ações políticas e econômicas discriminatórias e dos governos ineptos. Um estudo de 2016 revelou que os conflitos armados são mais prováveis em países etnicamente divididos após desastres relacionados ao clima.[42] Entre 1980 e 2010, conflitos em quase um quarto desses países coincidiram com calamidades climáticas que atuavam como multiplicadores de ameaça. Se um país já corria risco de guerra civil, os desastres naturais tendiam a agravar a situação. Num mundo em que secas, incêndios florestais, furacões e ondas de calor serão cada vez mais frequentes e mais intensos — motivando grandes migrações —, os rebaixados terão mais razões ainda para se rebelar.

4. Quando a esperança morre

Os católicos irlandeses na Irlanda do Norte estavam acostumados a sofrer perdas. Tudo começou quando os anglo-normandos invadiram suas terras no século XII, continuou durante os séculos da colonização britânica e se intensificou no século XVII, quando a Grã-Bretanha incentivou os protestantes escoceses a atravessarem o canal do Norte e ali se estabelecerem. Em 1652, todas as terras de propriedade dos católicos tinham sido confiscadas, e em 1690 os escoceses do Ulster — como os protestantes escoceses eram então chamados — constituíam a maioria da população no norte.

A perda mais dolorosa veio em 1922, quando católicos irlandeses que viviam no norte não receberam a independência junto com o restante da Irlanda. A Grã-Bretanha criou o Estado Livre Irlandês — um novo país independente —, mas deixou os seis condados do norte sob controle britânico. Pior ainda, Westminster revisou as fronteiras da Irlanda do Norte para garantir que os protestantes — que se identificavam como britânicos — pudessem constituir dois terços da população. Com isso, eles, e não os católicos, é que dominariam o novo governo semiautônomo da região, controlando a educação, o direito, os serviços sociais, a indústria e a agricultura — e Westminster não se importava nem um pouco que eles governassem a região como bem entendessem, contanto que mantivessem a lei e a ordem. Não só os católicos irlandeses do norte ficaram isolados do restante da Irlanda, como passaram a ser minoria em sua própria terra natal. Com a criação da Irlanda do Norte, sua "conquista" por intrusos estrangeiros estava completa.

Os protestantes puseram-se então a aprovar uma série de leis antidemocráticas destinadas a excluir os católicos irlandeses do poder e a negar-lhes os melhores empregos, as melhores terras e as melhores moradias.[1] A Irlanda do Norte, de acordo com Sir James Craig, seu primeiro premiê, seria "um Estado protestante" cujo principal objetivo consistiria em servir aos interesses da maioria do Ulster. "Uma pessoa, um voto" era algo que não existia na Irlanda do Norte, embora a região fizesse parte do Reino Unido. Para votar em eleições para o governo local, era preciso que a pessoa possuísse uma casa, arranjo que beneficiava desproporcionalmente os protestantes. As assembleias legislativas das cidades, dominadas por protestantes, determinavam como as moradias eram distribuídas; favoreciam os protestantes e obrigavam os católicos a aguardar durante anos para adquirir uma propriedade. As assembleias também controlavam os empregos no governo, e muitas vezes bastava que os católicos mencionassem nome ou endereço para que fossem rejeitados.[2] Gary Fleming, um católico irlandês, explicou o sistema: "Ele era basicamente concebido para tratar meus pais, eu, o resto da minha família e nossas futuras famílias como cidadãos de segunda classe".[3] Assim, enquanto no recém-independente Estado Livre Irlandês os católicos desfrutavam de liberdade e direitos iguais perante a lei, suas contrapartes na Irlanda do Norte não detinham esse privilégio. Em vez disso, viam sua situação piorar com o tempo, e ficaram ressentidos.

Quando a esperança morre

A decisão da Grã-Bretanha de deixar que os protestantes governassem a Irlanda do Norte como bem entendessem permitiu que estes criassem uma democracia parcial que excluía um terço da população. Os católicos irlandeses não gozavam dos mesmos direitos que os protestantes no que dizia respeito à disputa pelo poder. Não recebiam as mesmas proteções, nem os mesmos recursos. O sistema também teve um efeito mais amplo. Ao favorecer os protestantes, criou duas superfacções, porque dividiu católicos e protestantes em termos políticos, econômicos e geográficos. Os protestantes votavam quase exclusivamente em partidos unionistas que desejavam continuar fazendo parte do Reino Unido. Os católicos votavam quase exclusivamente em partidos nacionalistas que desejavam se tornar parte da Irlanda. Os protestantes dominavam as classes profissionais e empresariais, sendo donos da maioria das empresas e das grandes fazendas. Os católicos tendiam a ser mão de obra não qualificada e trabalhar nas docas, na construção civil ou em pequenas fazendas. Os católicos eram mais pobres que os protestantes e viviam em enclaves nas cidades e no interior, e ambos enviavam seus filhos para escolas segregadas. Se você perguntasse aos protestantes por que os católicos eram mais pobres, eles em geral diriam que era porque os católicos eram preguiçosos, irresponsáveis e tinham filhos demais. Para eles, a discriminação sistemática não era responsável por nada. Mas, se você fosse católico, sabia que um círculo vicioso tinha se instalado.

Em meados do século xx, a Irlanda do Norte reunia todas as condições subjacentes para uma guerra civil: democracia parcial, facções rivais com base identitária e uma população nativa profundamente arraigada que era excluída da vida po-

106   *Como as guerras civis começam*

lítica. Mas os católicos vinham sofrendo há anos com o ferrão da discriminação e da pobreza — desde 1922, na verdade — e resistiam à violência. Acreditavam e esperavam que a vida fosse melhorar.

Tudo isso mudou no verão de 1969. Em 12 de agosto, mais de 10 mil protestantes marcharam ao longo dos limites do Bogside, um bairro operário católico superpovoado na cidade de Derry, na fronteira noroeste da Irlanda do Norte. Centenas de protestantes participavam da marcha todos os anos a fim de comemorar o Cerco de Derry, em 1689, ocasião em que os protestantes rechaçaram o ataque do monarca católico deposto Jaime II. A marcha daquele ano, no entanto, fora concebida para ser especialmente provocadora. Os protestantes queriam que os católicos irlandeses — que cada vez mais bradavam contra a discriminação — soubessem qual era o seu lugar. Os manifestantes passaram pelo bairro enquanto homens, mulheres e crianças do Bogside observavam. Moedas foram jogadas nos espectadores católicos. Pedras foram atiradas nos manifestantes. Pouco tempo depois, a Royal Ulster Constabulary (RUC), a força policial da Irlanda do Norte, dominada por protestantes, chegou abrindo caminho pelas ruas do Bogside com cassetetes e veículos blindados. Os católicos do Bogside revidaram, inspirados em parte pelos protestos do movimento pelos direitos civis nos Estados Unidos. Continuaram jogando pedras nos policiais e nos manifestantes que entravam no bairro. Logo começaram a atirar também coquetéis molotov dos telhados, e rapidamente tudo se transformou numa grande confusão. Os moradores do Bogside não se surpreenderam quando, no dia seguinte, a RUC voltou ao local com equipamentos de combate e máscaras antigás e cobriu o bairro com nuvens de gás

Quando a esperança morre 107

lacrimogêneo, nem quando os "B Specials" — forças paramilitares mascaradas compostas exclusivamente por protestantes — apareceram em cena. Os católicos sabiam até onde os líderes protestantes estavam dispostos a ir para preservar seu poder.

No terceiro dia de tumultos, trezentos soldados britânicos chegaram a Derry. O primeiro-ministro da Irlanda do Norte, protestante, tinha solicitado a sua presença, temendo que a polícia perdesse o controle da situação. Foi a primeira vez que Londres interveio diretamente na Irlanda desde a partição da ilha, e os católicos do Bogside ficaram animados: acolheram os soldados, pensando que tinham vindo para protegê-los das multidões e das forças policiais protestantes. Mas não foi o que aconteceu. Os cidadãos do Bogside logo compreenderam que os soldados britânicos estavam ali não para ajudá-los, mas para auxiliar os protestantes. Os soldados agiram de maneira brutal, empregando táticas de contrainsurgência, fazendo incursões e buscas em casas católicas e entrando em choque com os manifestantes. Trataram os católicos como inimigos, e não como cidadãos detentores de direitos iguais.

Quando uma trégua foi solicitada, três dias depois, havia mais de mil feridos, prédios tinham sido queimados e seis pessoas haviam sido mortas em distúrbios que se alastraram pelo país (cinco em Belfast e uma em Armagh). A Batalha do Bogside marcou o fim da paz irlandesa. Os católicos rapidamente organizaram protestos em toda a região, e os dois lados foram ficando cada vez mais paranoicos quanto às intenções um do outro. De acordo com os jornalistas Patrick Bishop e Eamonn Mallie, "os católicos achavam que estavam prestes a se tornar vítimas de um pogrom protestante; já os protestantes temiam estar às vésperas de uma insurreição do IRA".[4]

Soldados britânicos tentaram desarmar bairros irlandeses em Belfast, e os irlandeses responderam com mais tumultos. O Exército Republicano Irlandês (IRA) — organização paramilitar católico-irlandesa — foi criado para defender áreas católicas, mas em outubro de 1970 já tinha partido para a ofensiva. De início, explodia bombas em lojas e empresas, mas depois começou a atacar soldados britânicos. Queria a Grã-Bretanha e seu Exército fora dali.

Em 30 de janeiro de 1972, pouco mais de dois anos após a primeira batalha no Bogside, soldados britânicos novamente entraram à força no bairro. Dessa vez — num dia que ficou conhecido como Domingo Sangrento —, feriram à bala 26 civis desarmados, catorze deles de maneira fatal. Os católicos irlandeses protestavam pacificamente contra a decisão do governo do Ulster de prender católicos sem julgamento. Os soldados britânicos responderam atirando nos manifestantes pelas costas, enquanto eles tentavam escapar. A guerra civil tinha começado.

Os católicos não queriam a guerra. Tinham protestado pacificamente durante décadas, tentando obter representação política decente e tratamento igual na Irlanda do Norte. Escreveram cartas, formaram associações de direitos civis e organizaram manifestações nas ruas. Realizaram reuniões ao ar livre, protestos pacíficos, e a certa altura, em 1968, ocuparam o parlamento da Irlanda do Norte em Belfast. Em janeiro de 1969, organizaram uma "Longa Marcha" de Belfast a Derry, nos mesmos moldes da marcha de Selma para Montgomery nos Estados Unidos. Mas os protestantes em

Quando a esperança morre 109

momento algum demonstraram o menor interesse em fazer concessões. Nada tinha mudado.

Antes da chegada dos soldados britânicos, os católicos esperavam que o governo de Londres, mais democrático, pusesse um freio nas piores tendências dos protestantes da Irlanda do Norte. Sabiam que estes estavam determinados a alijá-los do poder, mas acreditavam que os líderes da Grã--Bretanha eram melhores, e mais justos, do que seus próprios líderes pseudodemocráticos e altamente sectários. Os britânicos não tinham sido grandes supervisores — haviam se mostrado governantes ausentes, distraídos por outras partes de seu império —, mas os católicos achavam que, em última análise, acabariam por protegê-los.

As táticas de contrainsurgência dos soldados britânicos mostraram a verdade, e foi nesse momento que os católicos perderam a esperança. Quando os soldados britânicos começaram a empreender ataques violentos no Bogside, ficou claro que os protestos pacíficos não dariam resultado. Todas as tentativas de mudar o sistema "haviam fracassado",[5] de acordo com Gerry Adams, ex-presidente do partido Sinn Féin. Os católicos perceberam que os soldados britânicos os viam como separados e distintos — e mesmo ameaçadores, dado serem muito numerosos. Os soldados tinham vindo proteger os protestantes, relativamente novos na terra que os irlandeses já habitavam há milênios. Quando a Grã-Bretanha tomou o partido dos protestantes e atacou os católicos, a esperança morreu. Era tudo de que eles precisavam para finalmente entender: sem violência, seu destino já estava decidido.

Os estudiosos sabem onde as guerras civis tendem a começar e quem tende a iniciá-las: são os grupos rebaixados, em anocracias dominadas por facções étnicas. Mas o que deflagra as guerras? O que finalmente empurra um país para o conflito? Os cidadãos são capazes de absorver muita dor. São capazes de aceitar quietos anos de discriminação e pobreza, sofrendo a dor do declínio lento. O que não conseguem tolerar é a perda de esperança. É quando um grupo olha para o futuro e não enxerga nada além de mais dor que ele começa a ver a violência como o único jeito de avançar.[6]

As pessoas são fundamentalmente esperançosas. Querem acreditar que a vida, por pior que seja, vai melhorar, se fizerem um esforço. A esperança torna o presente mais tolerável e cria incentivos até mesmo para os oprimidos trabalharem dentro de um sistema, em vez de o derrubarem. Mas a esperança pressupõe incerteza. Os cidadãos podem ter esperança porque não sabem como será o futuro, e, em sua cabeça, podem imaginar algo melhor. Os católicos irlandeses tinham esperança porque achavam que o governo britânico acabaria intercedendo a seu favor. Quando os cassetetes britânicos apareceram, não houve mais ilusões. A esperança murcha diante da desavergonhada brutalidade do governo. O povo moro de Mindanao perdeu a esperança de que a vida ia melhorar quando o presidente Marcos impôs a lei marcial e tomou à força suas armas e terras. E os católicos da Irlanda do Norte perderam a esperança numa reforma pacífica quando os soldados britânicos os trataram como intrusos em seu próprio solo.

À medida que os grupos vão perdendo a fé no sistema existente, os extremistas aproveitam para oferecer uma alternativa. Na Irlanda do Norte, esse papel foi desempenhado pelo IRA. "As pessoas estavam desesperançadas até então", disse o influente republicano irlandês Danny Morrison, "e o IRA deu esperança ao povo."[7]

Quando a esperança morre 111

Ninguém contava com uma guerra civil na Síria. Os cidadãos sírios tinham assistido calados enquanto manifestantes da Primavera Árabe tomavam as ruas na Tunísia, no Egito, na Líbia, no Bahrein e no Iêmen, exigindo mudança. Viram o presidente da Tunísia, Zine al-Abidine Ben Ali, renunciar semanas após o início dos protestos e o longevo ditador do Egito, o presidente Hosni Mubarak, abdicar do cargo diante das manifestações. Mas não aderiram de imediato porque seu próprio presidente, Bashar al-Assad, tinha usado magistralmente o medo e a intimidação para dividir os sírios e reprimir de modo agressivo a dissidência.

E, no entanto, todas as condições essenciais estavam lá. Assad consistentemente prometeu ao povo que faria reformas, o que não aconteceu. Consolidou políticas sectárias favorecendo sua própria tribo alauita em detrimento da maioria sunita. Essa disparidade — entre alauitas e sunitas, ricos e pobres, urbanos e rurais — ficou muito clara durante um período de seca entre 2006 e 2010. Os sírios eram na maioria sunitas, e viviam na parte leste e rural do país, mas eram governados por uma abastada elite urbana alauita, que vivia ao longo da costa do Mediterrâneo. Quando centenas de milhares de sunitas do interior se mudaram para os bairros pobres das cidades do país, empurrados pela seca, Assad e o governo pouco fizeram para ajudá-los. Os sunitas vivendo nesses novos "cinturões de miséria" viam os serviços e os empregos do governo serem canalizados para bairros alauitas, à sua custa.[8] Viam as forças de segurança do governo investirem agressivamente contra qualquer um que saísse da linha. (Jovens em Daraa, inspirados pelo despertar de outros povos árabes, tinham sido presos, torturados e mortos porque escreveram nas paredes: "O povo deseja a queda do regime".) Apesar disso, os levantes em outros países davam esperanças para os sunitas. Se os tunisianos, os egípcios e os líbios podiam protestar contra seus ditadores, talvez eles também pudessem.

Quando as manifestações começaram, em 15 de março de 2011, os sírios estavam otimistas. Achavam que seus protestos funcionariam tão bem quanto os que haviam sido realizados na Tunísia e no Egito. De início, suas reivindicações eram modestas. Eles queriam liberdade para se expressar, para formar grupos de oposição, liberdade contra prisões e detenções arbitrárias. Mas com o tempo suas demandas foram ficando mais ambiciosas. Logo começaram a exigir melhor educação, o fim da discriminação sectária nos empregos e da corrupção generalizada no governo.

Daraa, cidade no sudoeste da Síria, a cerca de dez minutos de carro da Jordânia e meia hora de Israel, tornou-se o centro inicial dos protestos, provocados pelo assassinato de jovens grafiteiros. (Quando os pais dos meninos foram à delegacia perguntar por eles, receberam a seguinte resposta: "Esqueçam seus filhos. Façam outros. Se não se lembram como é que se faz, tragam suas mulheres que a gente mostra".) Em 18 de março, depois de se organizarem pelo Facebook, os sunitas se reuniram numa mesquita, um dos poucos lugares fora do alcance dos serviços de inteligência das Forças Armadas. "Liberdade, liberdade!", gritavam. Não ocultaram seus rostos ou telefones enquanto gravavam a cena. Tinham certeza de que estariam seguros dentro da mesquita. Quando saíram, milhares de manifestantes os esperavam do lado de fora. Eles seguiram pelo labirinto de ruas até a sede do governo regional. Saboreavam a liberdade pela primeira vez, e era uma sensação inebriante.

Quando a esperança morre 113

Mas logo depararam com a polícia e as forças de defesa civil de Assad, que lançaram bombas de gás lacrimogêneo contra a multidão. Os manifestantes reagiram atirando pedras. Bombas de gás e pedras, bombas de gás e pedras. No fim da tarde, os manifestantes começaram a ver homens sem identificação usando máscaras e roupas pretas. Eram parte da força de segurança de elite de Assad, o Diretório Geral de Segurança, e estavam ali para dispersar a multidão. De início fizeram disparos para o alto, mas, como isso não teve o efeito desejado, passaram a alvejar os manifestantes, um a um. Os sunitas buscaram proteção numa mesquita próxima, que se transformou em hospital e ponto de encontro. Eles escreveram suas demandas em lençóis brancos que penduraram do lado de fora. Ainda tinham esperança de que Assad negociasse.

Na noite de 23 de março, cinco dias após o início dos protestos, as luzes em Daraa de repente se apagaram e os serviços de telefonia foram cortados. Soldados armados com fuzis invadiram a mesquita e abriram fogo contra manifestantes pacíficos. Dezenas foram mortos. Um médico e um paramédico que chegaram às pressas numa ambulância foram mortos por atiradores posicionados do lado de fora. Os sunitas responderam ao ataque organizando protestos em toda a Síria. "Estávamos apenas cantando nas ruas", disse um homem em Aleppo. "Poderíamos ter passado o resto da vida cantando sem que ninguém prestasse atenção. Mas, quando o regime começou a nos atacar, muita gente que assistia de braços cruzados passou a participar dos protestos também. Por causa do sangue. É o sangue que move as pessoas."[9]

Não demorou para que os sunitas perdessem a esperança. Os sírios até então não sabiam como o presidente Assad reagiria aos protestos, mas acreditavam que estaria aberto a reformas. Afinal, ele falava manso e era erudito, tinha estudado um tempo na Grã-Bretanha e dizia pertencer a uma nova raça de líderes árabes reformistas. Era razoável imaginar que estivesse disposto a fazer concessões. Mas a resposta de Assad não deixou dúvida sobre suas intenções.[10] Uma semana depois, em 30 de março, ele apareceu na televisão para falar aos sírios pela primeira vez desde que os protestos haviam tomado as ruas. Um médico chamado Jamal se reuniu com um grupo de médicos e enfermeiros diante de uma TV num hospital em Hama com um misto de apreensão e esperança. Conselheiros do presidente tinham sugerido que Assad anunciasse reformas e que os manifestantes presos em Daraa fossem soltos. Em vez disso, Assad atribuiu a culpa do levante a "terroristas" com motivações radicais apoiados por inimigos da Síria. Não fez qualquer concessão. "Se vocês querem a guerra", disse, olhando diretamente para a câmera, "estamos preparados para a guerra." Jamal e os colegas, mesmo aqueles que na época apoiavam Assad, ficaram chocados. "Não acreditávamos no que estávamos ouvindo", disse ele.[11]

A combatividade de Assad provocou uma onda de protestos ainda maior. O discurso, segundo David W. Lesch, especialista em Oriente Médio, foi "o que lançou a Síria em uma guerra catastrófica".[12] As manifestações aumentaram, ficando mais vastas e furiosas, e a polícia e as forças de segurança se tornaram cada vez mais violentas, surrando manifestantes, usando munição de verdade e prendendo dezenas de milhares de pessoas. No fim de abril, Daraa foi uma das primeiras cidades a serem cercadas pelo Exército sírio. Tanques foram trazidos e atiradores, posicionados em telhados. Forças de segurança fo-

Quando a esperança morre 115

ram despachadas para confiscar alimentos e desligar a energia elétrica. Os manifestantes responderam pegando em armas. Em junho, alguns oficiais das forças de segurança começaram a desertar, recusando-se a matar civis, e no fim de julho uma parte deles anunciou a formação do Exército Livre da Síria. Em setembro de 2011, tropas do governo tiveram que rechaçar reiteradamente ataques de milícias rebeldes. Os sunitas esperavam que seus protestos levassem a uma vida melhor. Mas o discurso de Assad e sua brutal repressão contra os cidadãos sunitas destruíram sua fé no futuro.

Protestos, por si só, não levam a guerras civis. Na verdade, eles têm a ver, fundamentalmente, com a esperança. Cidadãos comuns saem às ruas com faixas e cartazes e se põem a cantar porque acreditam que o governo irá ouvi-los e sua vida irá melhorar. Se achassem que seriam alvejados, ou ficariam em casa, com medo de agir, ou já sairiam atirando. Ir para as ruas com nada além de um celular nas mãos é um ato de otimismo. Significa que os cidadãos ainda acreditam que o sistema pode ser corrigido. Se Assad tivesse feito reformas diante das manifestações, os sunitas teriam guardado seus cartazes e voltado para casa.

É o fracasso dos protestos que acaba com a esperança e incentiva a violência. É então que os cidadãos enfim percebem que sua crença no sistema era injustificada. Em Israel, os palestinos realizaram protestos não violentos durante anos — participando em manifestações gigantescas, paralisações, greves e boicotes —, mas não conseguiram avançar nas negociações com o governo. O resultado? "As pessoas explodiram", disse Radwan Abu Ayyash, um jornalista palestino.[13] Isso ajuda a explicar por que a violência tende a se intensificar na esteira de protestos fracassados.[14] Os protestos são um derradeiro esforço para corrigir o sistema — a cartada final de otimistas que buscam a mudança pacífica — antes que os extremistas tomem conta.

É por isso que as guerras civis costumam ser precedidas por anos de manifestações pacíficas.[15] Não é que os manifestantes se transformem em soldados. É que os membros mais combativos de um grupo insatisfeito chegam à conclusão de que não existe alternativa e começam a mobilizar a resistência armada. "Lembrem-se", disse Brendan Hughes, um membro do IRA, "de que o povo irlandês durante centenas de anos fez campanhas, disputou eleições, tentou todos os métodos para alcançar seus justos objetivos. E a cada vez os britânicos responderam com violência."[16] Somente quando os protestos pacíficos não deram resultado algum é que os membros mais radicais da facção conseguiram se impor. Foi então que os sequestros, os assassinatos e os ataques a bomba começaram. A fase mais violenta do conflito árabe-israelense — a segunda intifada — só começou quando as conversas em Camp David entre o primeiro-ministro israelense Ehud Barak e o líder palestino Yasser Arafat naufragaram, em 2000. Os argelinos por muito tempo fizeram greves, boicotes e protestos contra a discriminação sistemática dos franceses, até que cidadãos mais combativos decidissem recorrer ao terror. Protestos fracassados são sinal de que os moderados e seus métodos falharam.

Tanto as democracias como as autocracias são capazes de lidar sem grande dificuldade com protestos. Em 1989, quando as manifestações começaram na praça Tiananmen, em Pequim, o governo chinês teve condições de monitorar cuidadosamente os líderes estudantis, grampear reuniões e identificar, captu-

Quando a esperança morre

rar e punir qualquer um que participasse dos protestos. Além disso, o governo pôde impor a lei marcial e despachar 250 mil soldados para Beijing. Os protestos, diante de um poder autoritário tão esmagador, têm grande dificuldade para deslanchar. As democracias saudáveis também são menos propensas ao fenômeno dos protestos fracassados, uma vez que o próprio sistema dispõe de múltiplos canais para acordos e conciliações.

Mas os protestos podem ser particularmente desestabilizadores em anocracias, que muitas vezes são fracas demais do ponto de vista institucional para eliminar elementos extremados e responder de forma comedida, e frágeis e instáveis demais para assegurar reformas políticas verdadeiras. Países na zona intermediária oferecem as condições perfeitas para a formação de grupos extremistas violentos.

Os protestos podem trazer problemas também para países cuja população esteja faccionalizada. De acordo com Erica Chenoweth, especialista de Harvard em resistência não violenta, os governos são mais propensos a negociar — e menos propensos a reprimir — quando o grupo que protesta inclui uma ampla variedade da população do país. Quanto maior e mais convencional for esse grupo, maior a probabilidade de que receba apoio dos políticos. Facções étnicas ou religiosas, especialmente superfacções, não são diversificadas — representam apenas um elemento da sociedade e, por isso, oferecem menos incentivo para que o governo faça concessões. Uma das razões do êxito do movimento pelos direitos civis nos Estados Unidos foi o fato de que se tratava de uma verdadeira coalizão. Incluía aliados poderosos no governo, como o presidente Kennedy e o ministro da Justiça Robert F. Kennedy, além de brancos liberais em todo o país. Não era o caso dos Panteras

Negras, que foram perseguidos pelo FBI, em parte por serem uma organização exclusivamente afro-americana. Facções etnicamente exclusivas que estão fora do poder são fáceis de ignorar do ponto de vista político. E mais fáceis de punir.

Os protestos são um aviso. Indicam que os cidadãos acreditam que o sistema ainda funciona, mas enfrenta dificuldades. Desde 2010, as manifestações no mundo inteiro vêm aumentando.[17] Houve mais protestos nos últimos dez anos do que em qualquer outra época desde que os dados começaram a ser coletados, em 1900. Só em 2019 houve protestos políticos em todos os continentes, abrangendo 114 países, como Chile, Líbano, Irã, Iraque, Índia, Bolívia, China, Espanha, Rússia, República Tcheca, Argélia, Sudão e Cazaquistão.[18] Os protestos aumentaram na maioria dos países considerados "livres" pelo instituto de pesquisas sem fins lucrativos Freedom House, inclusive nas democracias liberais da Europa Ocidental e nos Estados Unidos.

O mais perturbador é que a taxa de fracasso desses protestos nunca foi tão alta. Nos anos 1990, protestos pacíficos tinham uma taxa de êxito — isto é, resultaram na derrubada de um governo ou na conquista da independência — de 65%.[19] Mas, depois de 2010, esse número caiu para 34%. "Alguma coisa de fato mudou", reconhece Chenoweth.[20] E isso aumenta a vulnerabilidade das democracias mais antigas e livres do mundo.

PROTESTOS SEM RESULTADO criam momentos perigosos num país maduro para a guerra civil. As eleições podem ter o mesmo efeito. A transição da Costa do Marfim para a democracia e sua série de eleições iniciais nos anos 1990 são um

Quando a esperança morre 119

bom exemplo. Depois de se tornar independente da França, em 1960, o país foi governado pelo presidente Félix Houphouët--Boigny até 1993. Papa Houphouët, como era afetuosamente chamado, ajudou a desenvolver as indústrias cafeeira e cacaueira. Além disso, instituiu um sistema de cotas destinado a impedir que um grupo étnico dominasse os demais no âmbito da política. O resultado foi um país economicamente próspero e politicamente estável.

Tudo mudou quando a Costa do Marfim realizou suas primeiras eleições multipartidárias, em 1990, e os políticos, entre eles o presidente Houphouët-Boigny, começaram a lançar mão da identidade étnica para conquistar apoio. O presidente concorreu contra o líder oposicionista Laurent Gbagbo, que o acusava de favorecer os interesses de sua própria tribo, os baúles, um dos maiores grupos étnicos da Costa do Marfim, concentrado no sul do país. O partido de Houphouët-Boigny, por sua vez, acusava o partido de Gbagbo de representar os interesses de estrangeiros e de grupos étnicos do norte. O faccionalismo étnico continuou a atormentar as eleições de 1995, com a oposição boicotando políticas eleitorais que considerava injustas. Os que estavam no poder excluíam do governo membros da facção oposicionista, aprofundando ainda mais as divisões entre norte e sul no país. Os cidadãos do norte acabaram se rebelando em setembro de 2002, em grande parte por terem sido excluídos do poder.

Eleições são eventos potencialmente desestabilizadores em anocracias muito faccionalizadas — sobretudo quando um grupo rebaixado perde. Num estudo de conflitos globais entre 1960 e 2000, os pesquisadores descobriram que grupos étnicos são mais propensos a recorrer à violência quando perdem uma eleição.[21] Na guerra civil no Burundi, a minoria tútsi — que controlava a maior parte das Forças Armadas — se rebelou depois de perder as primeiras eleições multipartidárias do país para a presidência e o Legislativo, em 1993. A guerra civil da Ucrânia começou em 2014, logo depois de Petro Porochenko ter vencido uma eleição especial para substituir o presidente Ianukovitch, obrigado a renunciar diante de protestos em massa; os partidários russófonos de Ianukovitch no leste do país reagiram declarando independência e pegando em armas. E, nos Estados Unidos, foi a eleição de Abraham Lincoln, o primeiro presidente a conquistar o poder sem o apoio dos democratas do sul, que convenceu os sulistas a se separarem.

Assim como os protestos, as eleições por si só não são perigosas. Na verdade, a maioria dos cidadãos anseia por participar de eleições, vendo nelas a marca registrada da democracia. Mais de 80% dos cidadãos da Costa do Marfim participaram das eleições que precederam a guerra civil no país. O mesmo se deu no Burundi, onde mais de 93% dos eleitores registrados votaram na eleição de 1993. As eleições dão esperança ao povo.[22] Concentram a atenção dos cidadãos nos objetivos de longo prazo; mesmo perdendo hoje, as pessoas acham que podem vencer amanhã. E, quanto mais esperança os cidadãos tiverem no futuro, maior a probabilidade de que tentem trabalhar de forma pacífica dentro do sistema.

Mas se o lado perdedor acreditar que jamais vencerá ou retomará o poder, a esperança desaparece. A eleição de 1860 nos Estados Unidos foi avassaladora para os democratas sulistas, porque um candidato conseguiu chegar à Casa Branca sem um único voto eleitoral do outrora poderoso sul. Os republicanos — cuja plataforma incluía a abolição da escra-

Quando a esperança morre 121

vatura — já não precisavam atender aos desejos dos sulistas para vencer um pleito.

Eleições oferecem informações importantes sobre o futuro e diminuem a incerteza. Primeiro porque mostram a capacidade de um grupo de competir. Duas perdas consecutivas indicam que o partido não tem votos para assumir o controle e que, portanto, provavelmente será excluído do poder. As eleições podem ser particularmente desestabilizadoras em sistemas nos quais o vencedor fica com tudo. Sistemas presidencialistas majoritários tendem fortemente a favorecer o grupo majoritário de um país; um partido ou facção que não consegue obter o apoio da maioria dos cidadãos jamais chegará ao poder. A Costa do Marfim tem o mesmo sistema presidencialista dos Estados Unidos, onde o presidente adquire poder com base na regra da maioria e é não só o chefe de Estado mas também o chefe de governo e o comandante-chefe das Forças Armadas. Vencer uma eleição nesse tipo de sistema é particularmente significativo. Afeganistão, Angola, Brasil, Burundi, Indonésia, Nigéria, Filipinas, Ruanda e Venezuela possuem o mesmo tipo de sistema presidencialista, e todos já vivenciaram elevados níveis de violência política. Um estudo revelou que todas as democracias que passaram por guerras civis entre 1960 e 1995 adotavam sistemas majoritários ou presidencialistas.[23] Nenhum era baseado na representação proporcional.

A faccionalização étnica em sistemas majoritários torna as eleições ainda mais tensas. Quando cidadãos se aglutinam em torno de uma facção étnica, seu apoio eleitoral se torna fixo e previsível. Todos sabem qual será o provável resultado de uma eleição, pois basta examinar a configuração demográfica do país para saber como as pessoas vão votar. A menos que ocorra uma alteração demográfica, que o sistema político mude ou que a facção se torne mais inclusiva, há poucos motivos para esperar que os resultados políticos sejam diferentes.

Além disso, as eleições informam sobre a disposição do partido governante de jogar limpo. Revelam se os que estão no poder de fato têm compromisso com a democracia. Se um lado manipula os resultados de uma eleição e os freios e contrapesos democráticos são frágeis demais para assegurar uma transferência pacífica de poder, então a esperança numa competição justa desaparece. As eleições de 1948 para uma nova assembleia na Argélia foram tão profunda e abertamente fraudadas pelos colonos franceses que a expressão *élection algérienne* virou sinônimo de eleição suja. Uma eleição fraudulenta mostra aos grupos excluídos que eles não dispõem de recursos convencionais para acessar o poder, no presente ou no futuro. A capacidade de fraudar eleições zomba da esperança.

As próprias eleições podem levar à faccionalização, incentivando políticos a "apelarem para a cartada étnica" — estratégia pela qual eles conscientemente provocam sentimentos profundos de nacionalismo e ressentimento étnico a fim de mobilizar o apoio de que precisam para chegar ao poder. A campanha que precede uma eleição também fornece a infraestrutura essencial para a rebelião, que exige que grupos arrastem cidadãos menos politicamente engajados para um movimento maior. Fazer campanha para um cargo é o processo de juntar as pessoas sob uma determinada ideologia para disputar o poder político. Em certo sentido, é o precursor pacífico da mobilização armada. Depois que as eleições são realizadas, líderes partidários contam com um grupo de partidários pré-fabricados, alguns dos quais talvez dispostos a lutar.[24] A linha que separa

Quando a esperança morre

uma facção política organizada de uma facção armada pode ser perigosamente fina — sobretudo em países onde armas podem ser obtidas e distribuídas com facilidade.

As eleições podem fortalecer um país, unindo os cidadãos num ato significativo de dever cívico. Podem renovar a crença nas instituições e reafirmar o poder do voto pessoal. Mas podem também oferecer provas dolorosas do declínio da posição de um grupo, levando seus membros a perderem a esperança de representação futura — e convencê-los de que nada têm a perder se lutarem.

A GUERRA CIVIL ÀS VEZES é atribuída a um único incidente: um gatilho. Pode ser uma eleição, um protesto que não deu resultado, um desastre natural. Nas Filipinas, foi o massacre isolado de recrutas muçulmanos do Exército por outros membros da instituição. No Líbano, foi a morte de um cristão a caminho do casamento do filho. A guerra civil na Guatemala intensificou-se em parte depois que um terremoto avassalador revelou a inépcia e a corrupção do governo. Mas esses estopins têm sempre um longo histórico. Na maior parte das vezes, a guerra civil começa com pequenos bandos de extremistas — estudantes, dissidentes exilados, antigos membros das Forças Armadas — que estão muito mais preocupados com poder e política do que o cidadão comum.

Os homens, mulheres e crianças que se revoltaram no Bogside não deram início à guerra civil na Irlanda. A guerra foi iniciada pelos radicais que criaram o Exército Republicano Irlandês. Os fundadores do grupo paramilitar, entre os quais Seán Mac Stíofáin, Seamus Twomey e Joe Cahill, se reuniram durante décadas antes de planejar o primeiro ataque. Na Guerra Civil Americana, as milícias denominadas Minute Men — que se inspiraram nos patriotas da época da Guerra de Independência — começaram a pipocar em todo o sul já nos anos 1830, décadas antes do início da guerra civil.[25] Essas milícias eram organizadas por pequenos grupos de separatistas radicais, quase todos proprietários brancos de *plantations* em busca de apoio para a independência sulista. Eles levaram anos para atrair a classe trabalhadora branca para a sua causa. Mesmo no caso da Síria — cuja explosiva guerra civil é imaginada pela maioria das pessoas como um evento resultante dos protestos da Primavera Árabe —, os organizadores do Exército Livre já vinham se reunindo na Turquia havia quase seis meses antes de começarem a lutar. Quando os cidadãos comuns se dão conta da formação de um grupo militante, ele quase sempre já é mais velho e mais forte do que aparenta ser.

Os governos podem se tornar recrutadores involuntários de grupos militantes. Múltiplos estudos revelaram que, se um governo responde com brutalidade à mobilização inicial de um grupo extremista, o apoio local até mesmo a grupos impopulares aumenta.[26] Um ataque do governo contra seus próprios cidadãos tem o poder de transformar o homem da rua num radical. Abu Tha'ir, um engenheiro do sul da Síria, descreveu como isso funcionou em Daraa. Quando forças do governo invadiram a mesquita de al-Omari depois que as luzes da cidade foram apagadas e mataram dezenas de sírios, moradores locais ficaram sabendo dos tiros e foram a Daraa pedir paz. Em vez de ignorá-los, ou de conversar com eles, as forças de segurança abriram fogo, matando civis de todos os vilarejos da região. "Se eu algum dia escrever um livro sobre

Quando a esperança morre 125

isso", disse Abu Tha'ir, "ele vai se chamar *Como provocar uma revolução em uma semana*."[27]

Os militantes pioneiros, claro, sabem que a morte de civis pelas mãos do governo pode transformar conflitos em guerra total; eles enxergam a oportunidade apresentada por uma resposta severa do governo e planejam com base nisso. O Hamas tem guardado armas em escolas, mesquitas e bairros residenciais, instigando as Forças Armadas israelenses a bombardeá-los.[28] Carlos Marighella, um revolucionário marxista brasileiro, recomendava a seus companheiros de luta que atacassem forças do governo para provocar uma reação violenta.[29] Ele achava que os cidadãos se voltariam contra o governo se este intensificasse a repressão contra os brasileiros, prendendo inocentes e tornando intolerável a vida nas cidades. Na Irlanda do Norte, Tommy Gorman, um membro do IRA, recordou que o Exército e o governo britânicos, com suas táticas implacáveis, "eram nossos melhores recrutadores".[30] E, na Espanha, o violento grupo separatista ETA não era particularmente popular no País Basco até o presidente Franco permitir que os alemães bombardeassem impiedosamente vilarejos da região, durante a Segunda Guerra Mundial. De acordo com um estudioso dos bascos, "nada radicaliza um povo mais depressa do que lançar forças de segurança indisciplinadas contra suas cidades e aldeias".[31] É por isso que as guerras civis parecem eclodir depois que o governo decide jogar pesado. Os extremistas já adotaram a militância. O que muda é que os cidadãos comuns agora acham que é do seu interesse fazer o mesmo.

Extremistas violentos também podem aproveitar as ocasiões de protestos pacíficos para semear a confusão. Erica Chenoweth os denomina "empreendedores de conflitos violentos".[32] Eles tentam sequestrar um movimento social empurrando-o para a violência. Por um lado, a intenção é provocar um duro contra-ataque do governo, mas, por outro, é também provocar medo e insegurança entre os próprios manifestantes, convencendo os mais moderados de que é preciso pegar em armas. De repente, cidadãos comuns começam a procurar os serviços de extremistas, achando que os adeptos de meios pacíficos são incapazes de protegê-los. Os líderes podem até nem se dar conta de que estão criando esse dilema de segurança. Quando Tuđman redefiniu os sérvios como uma minoria dentro da Croácia e cobrou deles um juramento de lealdade, é bem provável que não entendesse até que ponto isso infundia medo nos sérvios e os empurrava para os braços acolhedores de Milošević. Diante desses medos, os mais radicais do grupo quase sempre se impõem.

Nesse caso, por que os governos, especialmente os governos democráticos, não cedem aos manifestantes, se isso os ajuda a evitar a guerra? Uma resposta é que alguns governos acham que a sua própria sobrevivência está em jogo. Do ponto de vista de Assad, a democracia na Síria abriria caminho para a dominação sunita, pondo-o, e a seus partidários alauitas, na condição de párias ou coisa pior. Assad tinha visto o que acontecera a Saddam Hussein no Iraque e a Muamar Kadafi na Líbia, quando deixaram o poder. Não ia cometer o mesmo erro.

Outros líderes de nações multiétnicas se convencem de que só o conflito pode manter o país de pé. Num estudo de movimentos de autodeterminação entre 1955 e 2002, descobri que os líderes eram menos propensos a negociar — e mais propensos a lutar — em países com múltiplos grupos separatistas.[33] Se o líder acha que conceder independência a um grupo levará

Quando a esperança morre

outros a fazerem suas próprias demandas — provocando uma reação separatista em cadeia —, então lutar ajudará a conter contestações futuras. A dura resposta da Indonésia à declaração de independência do Timor-Leste, que resultou na morte de cerca de 25% da população timorense, destinava-se, em parte, a dissuadir os muitos grupos étnicos do país de também exigir sua independência.

Partidários essenciais de um governo — a elite dominante, uma base eleitoral, o oficialato das Forças Armadas — também podem empurrar um país para o conflito. Líderes que estejam em dívida com qualquer um desses grupos podem de repente começar a receber ordens, em vez de ditá-las. O governo francês preferiu não conceder a independência à Argélia sem antes travar uma guerra porque colonos franceses politicamente poderosos que lá viviam, juntamente com oficiais do Exército francês, eram contrários a fazer concessões. (Argelinos franceses controlavam o Ministério do Interior, que controlava a polícia.) O líder do Partido Comunista da China, Zhao Ziyang, era a favor de entrar em acordo com os manifestantes da praça Tiananmen, mas os integrantes da linha dura do partido o alijaram do poder — alegando que ele era mole — e preferiram dar uma resposta militar.

A ignorância também pode levar um governo a uma reação exagerada, desencadeando um conflito mais amplo. Estudos demonstraram que governos são especialmente propensos a exagerar na resposta em regiões onde uma presença local fraca os torna desinformados e sem influência.[34] Segundo Jonathan Powell, o principal negociador britânico na Irlanda do Norte, os britânicos "realmente não faziam ideia do que estava acontecendo na Irlanda do Norte [...]. As informações de inteligência de que dispunham estavam ultrapassadas. Eles estavam prendendo as pessoas erradas".[35] Mas, ao recorrer à violência, os britânicos não só destruíram a crença dos católicos na possibilidade de reformas, como também os jogaram nos braços abertos do IRA.

Nunca se sabe ao certo como um governo reagirá a protestos sustentados. As emoções se intensificam, coisas inesperadas acontecem. A intransigência e o medo se instalam. Pessoas de ambos os lados exigem e buscam vingança. É por isso que atos de terrorismo cometidos por membros de um grupo rebaixado são quase sempre mais perigosos do que as pessoas imaginam. Os empreendedores da violência estão empenhados num jogo maior. E, nas primeiras décadas do século XXI, esses extremistas que esperam provocar a guerra dispõem de uma nova e poderosíssima arma. Uma arma barata, rápida, notavelmente eficiente em provocar raiva e ressentimento e cujo perigo a maioria das pessoas ainda não compreende de maneira plena: as redes sociais.

5. O acelerador

UMA HORA DEPOIS de começarmos a viagem de carro, percebemos que estávamos sendo seguidos. O carro cinza poderia ter nos mandado parar a qualquer momento. Nosso pequeno Toyota não ia a mais do que cinquenta quilômetros por hora, enquanto evitávamos os buracos da estrada, os ciclistas e os pedestres. Quando chegamos ao nosso destino — uma velha cidade colonial ao norte de Mandalay conhecida pelos jardins viçosos, pelo ar fresco de montanha e pela base militar —, um homem com uniforme do Exército nos esperava: "Como você se chama? É de onde? O que veio fazer aqui?".

Meu marido, minha filha e eu estávamos em Myanmar para assistir ao que muitos achavam que seria uma notável transformação. Era 2011, e a junta militar de Myanmar, que havia décadas governava o país com mão de ferro, concordara em transferir o poder aos civis. Os generais permitiriam a realização de eleições e concordaram em soltar a célebre líder de oposição Aung San Suu Kyi. Se tudo desse certo, a vida mudaria drasticamente nesse lindo país, que se tornaria mais livre, mais próspero e mais benévolo com seus cidadãos.

Mas estávamos apreensivos, tomados pelo desconfortável sentimento de que Myanmar poderia, com a mesma facilidade, estar à beira da desordem política. Se eleições de verdade fossem realizadas, e Aung San Suu Kyi se tornasse o equivalente de um primeiro-ministro, o país talvez virasse rapidamente uma anocracia. Os militares seriam os grandes perdedores na transição, cedendo o controle ditatorial e o acesso irrestrito aos cofres do Estado. Eu também estava preocupada com o surgimento de facções, especialmente uma facção budista. Myanmar (anteriormente conhecido como Birmânia) tinha um histórico de conflitos étnicos, em especial entre sua população majoritariamente budista e a minoria muçulmana. As tensas relações remontavam aos tempos da ocupação britânica, que se prolongou de 1826 a 1948. Durante esse período, trabalhadores qualificados muçulmanos indianos migraram para trabalhar na Birmânia em indústrias controladas pelos britânicos. Muitos nativos budistas — os filhos do solo de Myanmar — se sentiam marginalizados, sobretudo nas regiões que absorviam mais imigrantes. Os budistas haviam sido alijados da nova economia industrial, relegados a empregos mal pagos na agricultura. Nos anos 1930, nacionalistas radicais budistas começaram a fazer campanha contra os muçulmanos e a exigir "a Birmânia para os birmaneses".[1] Desde então, os muçulmanos indianos e os rohingyas — muçulmanos da região do Arracão (hoje Rakhine) — vinham sendo continuamente discriminados, rebaixados em sua cidadania, privados de representação legal e detidos em campos de trabalhos forçados.[2] Quando grupos rebeldes ensaiavam uma resistência, o governo aproveitava as lutas e os protestos para justificar a repressão.[3] Uma abertura do sistema para a competição política daria mais incentivo aos budistas para demonstrar força política e explorar a divisão.

Um ano depois da nossa visita, entretanto, havia motivos para encarar com otimismo a democracia de Myanmar. O governo aceitara um cessar-fogo com os rebeldes separatistas do

O acelerador

grupo étnico karen e soltara centenas de presos políticos, e o partido de Aung San Suu Kyi havia obtido uma vitória esmagadora nas eleições parlamentares. Até mesmo as leis de censura do país estavam sendo afrouxadas.

Durante a nossa viagem, o único acesso à internet que eu tinha conseguido encontrar fora num computador do velho hotel colonial britânico no poeirento centro de Yangon. A conexão falhava o tempo todo. Quando eu mostrava meu iPhone, as pessoas ficavam perplexas; não faziam ideia do que era. Em 2011, no entanto, o novo governo reduzira significativamente as restrições à internet. Logo o Facebook foi lançado no país. Em 2015, quando Aung San Suu Kyi estava prestes a ser nomeada conselheira de Estado, Myanmar deixara de ser um país no qual apenas 1% dos cidadãos tinha acesso à internet — a porcentagem mais baixa do mundo, depois da Coreia do Norte — e ampliara esse número para 22% da população. Parecia um enorme salto para a frente.

Na verdade, era um desastre em gestação. Em 2012, um grupo de ultranacionalistas budistas, muitos deles monges, aproveitou-se do Facebook para atacar populações muçulmanas em todos os cantos de Myanmar.[4] Eles as culpavam pela violência local e as descreviam como invasoras da região e uma ameaça à maioria budista. Os posts, que viralizaram, incluíam comentários como "Melhor usá-los para alimentar os porcos".[5] Páginas do grupo propunham comícios colossais exigindo que os rohingyas fossem deportados. A gigante de tecnologia logo se tornou a plataforma de rede social mais popular do país — e a principal fonte de notícias digitais. Não demorou para que os líderes militares do país começassem a usar o Facebook para postar discursos de ódio e fake news; o medo servia para aumentar sua influência e seu poder num momento em que poderiam muito bem ter perdido ambas as coisas.[6] Líderes do governo, não querendo contrariar as Forças Armadas, apoiavam essas histórias; funcionários criavam milhares de relatos fictícios para disseminar desinformação, acusando os "bengaleses" — como chamavam os rohingyas, a quem viam como imigrantes em situação ilegal — de violência e de crimes.

A violência explodiu primeiro no estado de Rakhine, em junho de 2012, quando 80 mil muçulmanos foram dados como "desterrados". Menos de um ano depois, o mundo começou a ouvir notícias da campanha de limpeza étnica contra os rohingyas.[7] A violência inicial parecia ter sido cometida por bandos locais de budistas, enquanto as forças de segurança do governo assistiam de braços cruzados. Homens de Rakhine (budistas) usavam coquetéis molotov, facões e armas de fabricação caseira para atacar vilarejos em toda a região. Às vezes, soldados aderiam. Embora fosse evidente que a violência estava sendo incitada pelas falsidades que circulavam no Facebook, o governo recusou-se a reconhecer até mesmo a existência dos muçulmanos rohingyas. Jornalistas que noticiassem a limpeza étnica e crimes militares eram presos. Os que tentavam instar o Facebook a intervir eram bloqueados. Em 2013, Aela Callan, uma estudante australiana de documentário em Stanford que tinha capturado a violência na tela, procurou Elliot Schrage, o vice-presidente de comunicação e política pública do Facebook. Apresentou seu projeto, que revelava a ligação entre o discurso de ódio e o genocídio dos rohingyas, mas o Facebook fez que não viu. Um ano depois, a Telenor, uma operadora de telefonia norueguesa, entrou no mercado em Myanmar, permitindo que os compradores dos seus celulares usassem o Facebook sem

O acelerador

cobrar qualquer taxa pelo acesso de dados, o que aumentou imensamente o alcance da plataforma.

Nos anos seguintes, dezenas de jornalistas, empresas, organizações de direitos humanos, governos estrangeiros e até cidadãos de Myanmar continuaram alertando o Facebook sobre a disseminação descontrolada de discursos de ódio e informações incorretas pela plataforma.[8] Mas o Facebook continuou em silêncio, recusando-se a admitir o problema. A violência intensificou-se a partir de outubro de 2016, quando as Forças Armadas aceleraram sua campanha contra os rohingyas, empreendendo uma série de assassinatos, estupros e prisões, e até mesmo incendiando suas casas. Até dezembro de 2016, centenas tinham sido mortos, e milhares haviam fugido. Mas o genocídio começou para valer em agosto de 2017, quando as Forças Armadas de Myanmar, juntamente com violentas multidões budistas, deram início aos assassinatos, deportações e estupros em massa. Até janeiro de 2018, estima-se que 24 mil rohingyas tinham sido mortos, e 18 mil mulheres e crianças rohingyas, estupradas ou agredidas sexualmente.[9] Outros 116 mil foram espancados, 36 mil, atirados em fogueiras e cerca de 700 mil do quase 1 milhão de rohingyas, obrigados a fugir. Foi o maior êxodo humano na Ásia desde a Guerra do Vietnã.

O mundo voltou-se para Aung San Suu Kyi — agraciada com o Nobel da Paz por sua defesa da democracia — em busca de respostas. Mas ela não reconheceu a violência, alegando que as fotos de rohingyas fugindo do oeste de Myanmar eram falsas. No Facebook, escreveu: "Sabemos muito bem, melhor do que a maioria, o que significa ser privado de direitos humanos e de proteção democrática".[10] Todos os habitantes de Myanmar, insistiu ela (num telefonema para o presidente turco

134   *Como as guerras civis começam*

Erdoğan), tinham direito a proteção. A situação dos rohingyas, acrescentou, era mais resultado de "um imenso iceberg de desinformação" do que algo real.

DESDE 2010, TODOS OS ANOS, o mundo tem visto mais países descerem a escada da democracia do que subirem.[11] Esse retrocesso ocorre não só em lugares onde a democracia é novidade, mas também em países ricos, liberais, cujas democracias já foram consideradas sacrossantas. Líderes eleitos atacam a liberdade de expressão e refazem a Constituição dos países que governam para concentrar poder nas próprias mãos. Outros tentam minar as eleições representativas. Todos procuram convencer os cidadãos da necessidade de mais medidas autocráticas. O V-Dem, o instituto sueco de pesquisas, coleta dados minuciosos sobre os diferentes tipos de democracia no mundo e os categoriza numa escala de cem pontos, sendo que 100 corresponde aos países mais democráticos e 0 aos menos democráticos. De acordo com o instituto, a Espanha sofreu um dos piores declínios na Europa Ocidental, seguida por Grécia, Alemanha, França, Reino Unido, Irlanda e Áustria. Os países nórdicos, os mais liberais do mundo, também sofreram quedas desde 2010: a Dinamarca, classificada como a democracia nº 1 pela maior parte dos últimos cem anos, foi rebaixada dez pontos na escala do V-Dem; a Suécia caiu 35 pontos. A taxa de declínio democrático no mundo inteiro tem acelerado tanto que, em 2020, o V-Dem divulgou seu primeiro "Alerta de Autocratização".

Por um tempo, pelo menos, a exceção mais evidente a essa tendência foi a África.[12] Pela maior parte da última década, a

O acelerador

África subsaariana foi a única região do mundo onde a democracia continuou a crescer em vez de diminuir. Burkina Faso viveu sua primeira transição democrática em 2015, depois de 27 anos de governo semiautoritário ininterrupto. Serra Leoa fez a transição para a democracia em 2018, quando o partido governante foi derrotado pela oposição. A Costa do Marfim realizou em 2015 sua primeira e mais inclusiva eleição pós-colonial, sob supervisão internacional. E, após duas décadas de regime militar, Gâmbia fez a transição para a democracia em 2017.

A África era um ponto fora da curva também em outro sentido: no mesmo período, seus países foram aqueles em que a internet teve menos penetração em todo o mundo.[13] A Coreia do Norte tinha a menor taxa de todas em 2016, mas os doze países seguintes — entre os quais Eritreia, Somália, Níger, República Centro-Africana, Burundi, Chade e República Democrática do Congo — ficavam todos na África. O acesso à internet começou a melhorar no continente em 2014, quando as redes sociais se transformaram no principal meio de comunicação. Facebook, YouTube e Twitter começaram a penetrar na África subsaariana em 2015, e, à medida que isso acontecia, o nível de conflitos subia. Na Etiópia, por exemplo, velhas tensões entre tigrés e oromos começaram a fugir do controle em 2019, quando uma série de vídeos falsos divulgou que funcionários locais estavam armando os jovens.[14] O conflito vinha se intensificando desde 2018, momento em que a Etiópia fazia a transição para um novo governo democraticamente eleito. De acordo com um analista, isso coincidiu com "um rápido crescimento do acesso à internet, com um predomínio do Facebook".[15] E, recentemente, os discursos de ódio promovidos nas redes sociais na República Centro-Africana têm incitado divisões entre muçulmanos e cristãos. Em 2019, as taxas de democracia do V-Dem para a África subsaariana começaram a entrar em declínio, como em todo o resto do mundo.

É pouco provável que seja apenas coincidência o fato de que o afastamento global da democracia tenha seguido tão de perto o advento da internet, a introdução de smartphones e o uso generalizado das redes sociais.[16] O ambiente de informações radicalmente novo no qual vivemos é talvez a maior mudança cultural e tecnológica que o mundo conheceu neste século. O Facebook foi inicialmente saudado como uma grande ferramenta de democratização que conectaria as pessoas, incentivaria a livre troca de ideias e opiniões e permitiria que as notícias fossem apuradas e apresentadas ao público pelos próprios cidadãos, e não mais pelos grandes veículos de comunicação. Parecia o instrumento perfeito para colocar o poder nas mãos do povo. Os dissidentes dispunham de um novo meio de organização e comunicação, capaz de trazer uma nova era de liberdade e de reformas. O Facebook tornou-se a plataforma mais popular do mundo em 2009. Em 2010, YouTube, Twitter, WhatsApp e Instagram eram todos populares e cada vez maiores. Em 2013, 23% dos americanos recebiam pelo menos parte das notícias que consumiam pelas redes sociais.[17] Em 2016, esse número havia subido para 62%. Hoje, passa dos 70%.

Mas as redes sociais acabaram por se revelar uma caixa de Pandora. A era do compartilhamento de informações escancarou as portas para a disseminação de informações falsas (isto é, erradas) ou de desinformações (isto é, intencionalmente erradas), sem qualquer regulamentação ou atenuação. Charlatães, partidários de teorias da conspiração, trolls, demagogos e agentes antidemocráticos que se encontravam alijados dos

O acelerador 137

ambientes midiáticos — ou pelo menos tinham dificuldade para atingir um grande público — de repente começaram a se impor. Segundo Kate Starbird, cofundadora do Center for an Informed Public e professora da Universidade de Washington, "o problema da má informação era relativamente pequeno em 2009, e até dizíamos: 'Não se preocupem muito com isso. A maior parte das informações que encontramos é verdadeira e vem de pessoas bem-intencionadas'".[18] Mas, cinco anos depois, a quantidade de informações falsas nas redes sociais disparou. À medida que elas penetravam nos países e atraíam cada vez mais atenção, um padrão muito claro emergiu: as facções étnicas cresceram, as divisões sociais se aprofundaram, o ressentimento contra imigrantes se agravou, populistas truculentos foram eleitos e a violência começou a aumentar.[19] As redes sociais abertas e não regulamentadas acabaram se revelando o acelerador perfeito das condições que levam à guerra civil.

O problema é o modelo de negócio das redes sociais.[20] Para ganhar dinheiro, as empresas de tecnologia, como Facebook, YouTube, Google e Twitter, precisam segurar as pessoas em suas plataformas — ou, no seu linguajar, mantê-las "engajadas" — o maior tempo possível. Quanto mais tempo os usuários ficam on-line — clicando em links sobre gatinhos, retuitando fofocas sobre celebridades ou compartilhando vídeos —, maior a receita publicitária das empresas. Períodos mais longos de engajamento também permitem que as empresas coletem mais dados sobre o comportamento dos usuários, o que facilita o direcionamento de anúncios, gerando ainda mais dinheiro. Em 2009, o Facebook introduziu em sua plataforma o botão de "curtir", um expediente que informa à empresa quais são os posts mais populares entre os usuários. Naquele ano — o ano anterior ao início do declínio das democracias —, introduziu também outra novidade: um algoritmo que usava as curtidas anteriores do usuário para determinar que posts ele veria. O Google, proprietário do YouTube, logo fez o mesmo.

Na verdade, o que se viu é que as pessoas preferem o medo à calma, a falsidade à verdade, a indignação à empatia. Elas são muito mais inclinadas a curtirem posts inflamados do que posts não inflamados, o que incentiva outras pessoas a postarem material provocativo na esperança de que viralize. Com a introdução na plataforma do botão de curtir, o usuário do Facebook passou a ser recompensado por postar conteúdos ofensivos, raivosos, fossem verdadeiros ou não. Estudos posteriores revelaram que os conteúdos que mantêm as pessoas engajadas são exatamente aqueles que produzem ira, ressentimento e violência. William J. Brady e seus colegas da Universidade de Nova York descobriram, ao analisar meio milhão de tuítes, que cada termo moral ou emocional usado levava a um aumento de 20% nas retuitagens.[21] Outro estudo, do Pew Research Center, mostrou que posts exibindo "discordância indignada" recebiam quase duas vezes mais curtidas e compartilhamentos do que outros tipos de conteúdo.[22] E Tristan Harris, cientista da computação americano e ex-especialista em ética do Google, explicou a questão dos incentivos numa entrevista de 2019 para o *New York Times:* "Se eu sou o YouTube e quero que você assista mais, vou sempre dar um jeito de empurrá-lo para a Terra dos Doidos".[23]

Pior ainda, os algoritmos de comportamento começaram a criar silos de informações autorreforçadoras e cada vez mais esquisitas que conduziam os usuários num caminho perigoso:

O acelerador

rumo às teorias da conspiração, às meias-verdades e a extremistas em busca de mudança radical. Esses mecanismos de recomendação, como são chamados, garantiam que os usuários fossem encaminhados para informações mais limitadas e mais extremas.[24] Se o usuário "curtia" um post sobre um policial ajudando um gatinho, por exemplo, o Facebook passava a lhe encaminhar mais posts com histórias de benevolência associadas à polícia, depois histórias pró-polícia, e em seguida materiais mais fanáticos. Walter Quattrociocchi, cientista da computação na Sapienza Università di Roma, analisou 54 milhões de comentários ao longo de mais de quatro anos em diferentes grupos do Facebook.[25] Descobriu que, quanto mais longa a discussão, mais drásticos se tornavam os comentários. Um estudo revelou que espectadores do YouTube que consomem conteúdos "moderados" de direita — do tipo produzido pelo apresentador de programas de entrevista Joe Rogan, cuja audiência em 2020 era de 286 milhões de pessoas — muitas vezes são empurrados para conteúdos mais radicais da *alt-right*, a "direita alternativa". O estudo concluiu que o YouTube é um "canalizador de radicalização".[26]

É esse modelo de negócio baseado no engajamento que torna as redes sociais tão assustadoras para nós, estudiosos das guerras civis. Ele não tem nenhum interesse em saber se as informações que dissemina são verdadeiras ou falsas: quer apenas que ocupem toda a atenção do usuário. E as grandes empresas de tecnologia — as novas guardiãs das notícias e da informação — não têm qualquer incentivo para filtrar quem usa suas plataformas ou o que esses usuários dizem. Na verdade, é do interesse dos acionistas disseminar informações que cativem o usuário o mais amplamente possível.

Se você é um extremista e quer converter pessoas, as redes sociais são a ferramenta perfeita. Sem dúvida foi isso que aconteceu em Myanmar, onde extremistas como o monge budista radical Ashin Wirathu encontraram um público ansioso para ouvir seus discursos contra os rohingyas.[27] Depois de ser preso por suas opiniões radicais durante o regime militar, Wirathu reapareceu em 2013 como ícone radical cult, conquistando milhares de seguidores dentro e fora das comunidades religiosas. Viajava pelo país "pregando" contra o problema muçulmano em Myanmar e pedindo uma intervenção militar mais forte. (Em 2019, o governo o acusou de sedição por afirmar que Aung San Suu Kyi não estava sendo suficientemente dura com os "invasores" muçulmanos.)

Em 2018, o Facebook finalmente reconheceu que havia contribuído para a violência em Myanmar, depois de uma série de reportagens ligando diretamente a plataforma ao genocídio de 2017.[28] Mark Zuckerberg, o CEO da empresa, prometeu fazer todo o possível para conter o fluxo de discursos de ódio e de informações falsas. O Facebook contratou então três representantes de fala birmanesa, que removeram da plataforma 484 páginas, 157 contas e 17 grupos. A maioria dos ativistas e dos grupos de direitos humanos considerou as medidas insuficientes.[29]

Além disso, já era tarde demais para conter a maré. Líderes militares bloqueados pelo Facebook foram para o Twitter, onde tuítes anti-islâmicos e anti-rohingyas tinham começado a se propagar.[30] Numa das centenas de novas contas do Twitter descobertas pela Reuters no verão de 2017, uma pessoa expressou um sentimento comum: "Não existem rohingyas em Myanmar, eles são apenas imigrantes em situação ilegal e

O acelerador 141

terroristas".[31] Mas o Twitter também se recusou a remover a maioria dos posts. Hoje, o consenso é o de que nenhuma dessas plataformas fez qualquer esforço real para resolver o problema de como estavam sendo usadas para erradicar um grupo minoritário nesse pequeno país do sudeste da Ásia.

A violenta campanha dos militares de Myanmar contra os rohingyas não foi uma guerra civil, porque os rohingyas não tinham condições de se organizar e revidar. Foi um ataque unilateral, pelo governo e pelos cidadãos budistas, contra uma minoria. Foi uma espécie de limpeza étnica; um exemplo extremo do tipo de conflito que ocorre no mundo inteiro, ajudado pelo megafone que os empreendedores étnicos receberam de presente nas redes sociais para estimular o medo e a violência. Na primavera de 2018, o predomínio do Facebook na comunicação nacional em Myanmar era tão absoluto que o presidente Htin Kyaw, quando resolveu renunciar, preferiu fazer o anúncio não pela televisão ou pelo rádio, mas pelo Facebook.[32]

Infelizmente, a guerra civil ainda pode chegar a Myanmar, apesar de tudo. Meses depois de o partido de Aung Suu Kyi ter obtido uma vitória esmagadora nas eleições de novembro de 2020, os militares deram um golpe — alegando fraude eleitoral —, depondo-a e alijando outros líderes oposicionistas. Manifestantes entraram em choque com a polícia nas ruas durante a primavera de 2021, ambos os lados inflamados por anos de divisão, semeada em grande parte pelas redes sociais. Os militares rapidamente se puseram a reprimir as manifestações pacíficas, atirando em civis nas ruas, espancando e jogando manifestantes na cadeia e arrancando líderes suspeitos de suas casas no meio da noite. Embora o Facebook tenha barrado os militares de Myanmar em sua plataforma, e bloqueado anúncios de empresas de propriedade de militares, as páginas pessoais dos generais canalizavam uma volumosa quantidade de propaganda para explicar o golpe e mobilizar o apoio de funcionários de baixo escalão.[33]

O último fim de semana de março de 2021 foi o mais violento até hoje. Um dos líderes locais dos protestos, Soe Naing Win (pseudônimo), que mora na periferia da cidade de Yangon, chorou ao ser entrevistado por um jornalista americano.[34] Os protestos não violentos não estavam levando a lugar algum, ele contou ao repórter. "Se a diplomacia fracassar, se as mortes continuarem, o povo de Myanmar será obrigado a se defender." Soe Naing Win revelou que já tinha começado a treinar para os combates. Haveria guerra civil, disse ele.

Rodrigo Duterte era um joão-ninguém — o prefeito de uma cidade de Mindanao conhecida como "o celeiro das Filipinas" — quando decidiu candidatar-se a presidente em 2015. Tinha pouco dinheiro e pouco apoio político, mas sabia que precisava contratar o marqueteiro Nic Gabunada para construir um exército nas redes sociais que o ajudasse a se eleger. Gabunada, pelo que se diz, pagou centenas de influenciadores digitais para que elogiassem Duterte e criticassem adversários, e depois popularizou hashtags chamando a atenção para esses posts.

Duterte usou as redes sociais para explorar e ampliar a insatisfação com o governo filipino. Criticou a mídia, que chamava de braço da elite política, questionou as instituições e descreveu os poderes constituídos como corruptos. Espicaçou entre os cidadãos o medo de que as drogas se propagassem e propôs uma repressão policial para restabelecer a ordem. O

O acelerador

Facebook foi essencial para sua vitória em 2016: mais de 97% dos filipinos que acessam a internet estão na plataforma, o que levou a jornalista Lauren Etter, da Bloomberg, a descrever as Filipinas como o "principal país do Facebook".[35]

No começo da campanha, Duterte foi o único candidato a participar de um fórum de eleitores universitários organizado por Maria Ressa, uma conceituada jornalista filipina e fundadora do Rappler, a maior fonte de notícias on-line das Filipinas.[36] Duterte imediatamente se concentrou em atingir o eleitorado jovem por intermédio de sua principal plataforma: o Facebook. Reestruturou sua campanha, aumentando o número de pessoas que espalhavam notícias falsas e boatos sobre seus adversários.

A estratégia deu certo.[37] Duterte conquistou a maioria dos votos na grande Manila, nas regiões sulistas de fala cabuana e em Mindanao — lar dos ressentidos moros. Pesquisas de boca de urna mostraram que ele havia conseguido o apoio dos eleitores jovens, instruídos, que estavam cansados tanto do status quo como da elite política corrupta.[38] Ainda que sua campanha tenha tido um orçamento bem menor que as de seus adversários, Duterte tornou-se o 16º presidente das Filipinas em 2016.[39]

Já é um padrão: as redes sociais como veículo que leva ao poder outsiders com impulsos autocráticos surfando uma onda de apoio popular. Vimos isso com Erdoğan na Turquia e Modi na Índia. Elas também ajudaram potencialmente a levar Mariano Rajoy ao poder na Espanha. Todos eram azarões hábeis no manejo das redes sociais. Rajoy conseguiu uma vitória surpreendente em 2016 depois de mirar cuidadosamente em usuários do Facebook que tinham votado em seu adversário em pleitos anteriores. As redes sociais oferecem a esses candidatos não só um ambiente não regulamentado, mas também múltiplas plataformas por onde disseminar informações e propaganda (os candidatos conseguem atingir diferentes públicos no YouTube, no Twitter e no Facebook). Antigamente, se quisesse influenciar eleitores, o político tinha que passar pelos guardiões do sistema: líderes partidários e grandes redes de comunicação e jornais. As redes sociais permitem que qualquer candidato e qualquer partido — por mais periféricos que sejam — driblem esses controles.

Mas não estamos falando apenas de exposição. Graças aos algoritmos das redes sociais, esses outsiders podem explorar os melhores impulsionadores de engajamento — o medo e a indignação — para espalhar a um público imenso mentiras sobre os adversários e as instituições do país. De acordo com um relatório de 2017 da Freedom House, as campanhas de desinformação influenciaram eleições em pelo menos dezessete países naquele ano.[40] O governo do Sudão criou uma unidade interna no seu Serviço de Segurança e Inteligência Nacional, empregando "ciberjihadistas" para criar contas falsas e se infiltrar em grupos populares no Facebook e no WhatsApp. Eles então escreviam a favor de políticas governamentais, ao mesmo tempo que denunciavam jornalistas críticos do regime. Como o relatório documentou:

> Agentes do governo na Venezuela com frequência manipulavam vídeos para espalhar mentiras sobre manifestantes da oposição nas redes sociais, criando confusão e minando a credibilidade de movimentos opositores às vésperas das eleições. No Quênia, antes da eleição de agosto de 2017, os usuários prontamente compartilhavam nas redes sociais e em aplicativos de mensagens artigos e vídeos com fake news que traziam logotipos de veículos de comunicação geralmente confiáveis, como a CNN, a BBC e a NTV Kenya.[41]

O acelerador 145

Não é a primeira vez na história moderna que populistas com tendências antidemocráticas chegam ao poder. Também não é a primeira vez que democracias sofrem retrocessos. O que há de diferente agora é o mecanismo: antes, a autocracia surgia quando generais davam golpes. Agora, ela está sendo introduzida pelos próprios eleitores.

Isso acontece em grande parte porque as redes sociais permitem que candidatos semeiem ou explorem dúvidas que os cidadãos possam ter sobre a democracia como forma de governo. Campanhas de desinformação podem ser usadas para atacar instituições e minar a confiança das pessoas no governo representativo, na imprensa livre e num Judiciário independente, reduzindo a tolerância e o apoio ao pluralismo. Podem ser usadas ainda para alimentar o medo, o que ajuda a eleger candidatos de extrema direita, com a bandeira da lei e da ordem. Finalmente, podem fazer os cidadãos questionarem os resultados de uma eleição, alegando fraude e convencendo pelo menos parte do eleitorado de que o pleito foi roubado. Para tomar boas decisões sobre os candidatos numa democracia, os eleitores precisam dispor de informação de boa qualidade, e as redes sociais os têm inundado com informações ruins. Quando perdem a fé no processo democrático, as pessoas se sentem mais inclinadas a apoiar um sistema alternativo — e a colocar o poder nas mãos de indivíduos carismáticos que prometem proteção e um futuro certo.

Foi o que Duterte fez quando desrespeitou quase todas as normas democráticas das Filipinas. Foi também o que Bolsonaro fez no Brasil. Como Duterte, ninguém achava que Bolsonaro tivesse a menor chance de conquistar a presidência; uma pesquisa de opinião entre os eleitores brasileiros feita em 2014 por Fadi Quran (um ativista e diretor de campanha) revelou que 66% não tinham intenção de votar nele.[42] Bolsonaro era visto como muito de direita e muito inexperiente. Mas ele usou o pouco dinheiro que tinha para colocar anúncios no Facebook e no YouTube — foi o primeiro candidato brasileiro a fazer campanha pelas redes sociais.[43] Seus primeiros vídeos no YouTube e posts no Facebook eram ataques brutais aos adversários.[44] Ele comparava a ex-presidente Dilma Rousseff aos autores do atentado a bomba na maratona de Boston. Produziu um vídeo no qual afirmava que a secretária de políticas para mulheres de Rousseff, Eleonora Menicucci, era (estranhamente) comunista e nazista ao mesmo tempo, e uma vergonha para o país. Em alguns vídeos, defendeu formas extremas de tortura política, e em outros o retorno da ditadura militar.

Aos poucos os vídeos foram ganhando mais curtidas, mais visualizações. De início eles simplesmente insistiam em teorias da conspiração, mas com o tempo começaram a apresentar as ideias da direita alternativa global. Como outros líderes populistas, Bolsonaro se dizia um outsider que lutava pelo povo do Brasil contra a elite política corrupta.[45] Enquanto a mídia tradicional o escrutinava, ele recorria cada vez mais às redes sociais para se comunicar diretamente com os brasileiros comuns, chamando a velha mídia de corrupta e mentirosa.[46] Seis meses depois de iniciar sua campanha pelas redes, elegeu-se presidente. Quase 90% dos eleitores que votaram nele tinham lido e levado a sério aquelas histórias. Hoje, Bolsonaro continua a se comunicar com seus partidários por meio do WhatsApp e do Twitter, quase sempre com letras maiúsculas. Nos últimos anos, tem feito sessões semanais no YouTube e

O acelerador 147

no Facebook, em transmissões ao vivo para seus mais de 10 milhões de seguidores.

Seria razoável supor que o afastamento da democracia acabaria por tornar esses líderes impopulares, mas, depois que consolidam o poder, eles utilizam seu meio favorito de comunicação — as redes sociais — para convencer os eleitores de que medidas antidemocráticas são necessárias para preservar a paz do país e a prosperidade do povo. Duterte contratou centenas de pessoas, muitas delas da China (da qual é um apoiador entusiástico), para criar contas falsas nas redes, onde continuam a intimidar os detratores do governo e a postar mensagens elogiando o presidente.[47] Estima-se que, de todas as contas no Twitter que mencionam Duterte, 20% sejam na verdade robôs.[48] Em outubro de 2020, o índice de aprovação de Duterte era de 91%.

Algo semelhante ocorre na Hungria, onde a popularidade do presidente Viktor Orbán vem crescendo com o tempo, e não diminuindo. Na Europa, partidos de direita anti-imigração, como o Alternative für Deutschland (AfD, Alemanha), o Lega Nord (Itália), o Vlaams Belang (Bélgica), o Rassemblement National (França; antigo Front National) e o Freiheitliche Partei Österreichs (Áustria), têm visto o seu apoio aumentar nos últimos anos. As redes sociais são estruturadas de forma darwiniana — trata-se da sobrevivência do mais apto, onde as vozes mais agressivas e mais destemidas asfixiam todas as demais. E, na disputa entre democracias liberais e regimes autoritários, elas estão inadvertidamente ajudando os autocratas a vencerem.

148   *Como as guerras civis começam*

As redes sociais não só empurram os países para baixo na escada democrática como acentuam as divisões étnicas, sociais, religiosas e geográficas, que podem ser o primeiro passo para a criação de facções. É assim, claro, porque o mito, a emoção e a política do ressentimento — os motores do faccionalismo — tendem a resultar em conteúdos incrivelmente envolventes. Os algoritmos das redes sociais incentivam esse conteúdo divisor. Segregam intencionalmente as pessoas, empurrando aqueles cujas opiniões diferem para realidades cada vez mais divergentes, fragmentando sociedades.

A Suécia, por exemplo, não é conhecida por políticas nacionalistas de extrema direita. Na verdade, é conhecida justamente pelo contrário: por ter uma cultura política progressista e um generoso sistema de bem-estar social. A população do país sempre se orgulhou daquilo que considera o "excepcionalismo sueco", uma dedicação à comunidade, à igualdade e à preocupação de todos com todos. Os suecos têm mesmo um nome para isso — *folkhemmet*, que significa "a casa do povo".

Mas, em 9 de setembro de 2014, um ex-partido nazista se tornou o terceiro maior partido no parlamento. O fato de a Suécia, entre todas as democracias ocidentais, ter abraçado um partido racista, xenófobo, foi tão surpreendente que Jo Becker, uma jornalista do *New York Times*, resolveu passar alguns meses investigando o que tinha acontecido.[49] O partido, conhecido como Democratas Suecos, foi fundado em 1988 por um químico que tinha servido na Waffen-ss durante a Segunda Guerra Mundial. Em 2005, o líder do partido, Jimmie Akesson, resolveu mudar a imagem da agremiação, trocando suásticas e botas por ternos e gravatas e redirecionando o grupo do nazismo para o populismo (já não era permitido que os membros

O acelerador

usassem uniformes nazistas nas reuniões). Mas o partido tinha um problema: os jornais, as estações de TV e os programas de rádio se recusavam a divulgar seus anúncios. Os correios muitas vezes também se negavam a distribuir sua correspondência para o público. O partido não crescia. Muitos cidadãos não sabiam sequer da sua existência.

A internet mudou tudo isso. Como Becker descobriu, Akesson, que havia trabalhado como web designer, começou a focar no desenvolvimento de uma presença on-line a partir de 2009. Criou múltiplas páginas no Facebook, que permitiam que ele e outros líderes do partido se comunicassem diretamente com seus partidários. Eles então criaram dois sites de notícias, o Samhällsnytt (Notícias da Sociedade) e o Nyheter Idag (Notícias Hoje), onde publicavam histórias sobre eventos do cotidiano. Embora muitas informações — sobre imigrantes, sobre a extrema esquerda — fossem deliberadamente falsas, eles logo encontraram um público. Becker notou que, em 2018, a grande maioria (85%) das notícias falsas relacionadas à eleição na Suécia teve origem nesses sites, e em um terceiro chamado Fria Tider (Tempo Livre). Mais de 1 milhão de suecos visitavam esses sites semanalmente — mais ou menos o mesmo número de leitores dos dois maiores jornais do país.[50] Em 2010, apenas um ano depois de começar a fazer campanha on-line, o partido conquistou cadeiras no parlamento pela primeira vez.[51] Em 2014, era o terceiro maior partido no parlamento. Só precisou de nove anos para isso.

O Democratas Suecos insiste em dizer que não é neonazista. Seus líderes explicam que são gente comum, da classe trabalhadora, atenta às mudanças sociais em andamento na Suécia. Sem dúvida parecem respeitáveis. Membros do partido chamam a atenção pelos blazers de corte alinhado. Mas a linguagem que adotam on-line conta outra história. Trata-se de uma facção identitária que acredita que seus direitos históricos correm perigo, uma facção que busca ativamente definir-se em relação a "outros", vistos como seres inferiores que devem ser excluídos da *folkhemmet*. Em seus sites, há histórias de imigrantes muçulmanos cometendo crimes, maltratando animais e se recusando a obedecer às leis ocidentais. Lê-se ali que "ladrões estrangeiros foram presos graças a informações dadas por um vizinho alerta", com o texto ilustrado por uma foto claramente encenada. O partido ressalta a necessidade de que a Suécia retorne a um tempo mais simples e mais feliz. O objetivo é restaurar "o lar nacional".[52]

As redes sociais são o sonho de todo empreendedor étnico. Os algoritmos, ao promoverem material ultrajante, permitem que extremistas nacionalistas moldem opiniões tóxicas sobre "o outro" — o meio ideal de satanizar e atacar minorias raciais e provocar divisões. Os empreendedores étnicos se valem desses recursos para forjar uma narrativa comum, uma história que as pessoas possam apoiar, e incentivam seus seguidores a mergulhar num mundo surreal.[53] Youtubers suecos como Vedad Odobasic, que atende pelo nome "Estrangeiro Irritado" (é um homem branco oriundo da Bósnia-Herzegovina), produz vídeos radicalmente hostis aos imigrantes. Um deles se chama "Entrevistas: Vítima do Multiculturalismo"; outro, "Turistas não estão seguros na Suécia". Seus vídeos tiveram somados mais de 33 milhões de visualizações. Outro youtuber sueco, Lennart Matikainen, apresentava um programa na Swebbtv, um canal conservador de "notícias" no YouTube que defendia políticas de extrema direita e teorias da conspiração.[54] O You-

O acelerador

Tube tirou o canal do ar em 2020 por violar recomendações da comunidade. No entanto, a conta pessoal de Matikainen tem mais de 6 milhões de visualizações.

Nos últimos dez anos, empreendedores étnicos surgiram e prosperaram em vários países, ajudados pelas redes sociais. Na Índia, Modi tem usado cada página do livro de estratégias do empreendedor étnico para difamar não hindus. Faz isso comunicando-se diretamente com seus mais de 47 milhões de seguidores no Twitter, no Facebook e no YouTube. (Em março de 2020, ele tinha o terceiro maior número de seguidores no Twitter entre os políticos mundiais, atrás apenas do ex-presidente americano Barack Obama e do então presidente Donald Trump.)[55] Modi também vai com frequência às redes sociais para falar sobre o Hindutva — o movimento destinado a dar prioridade aos ensinamentos hindus na cultura indiana. Modi tem sido auxiliado em seus esforços por empreendedores étnicos menores igualmente versados no uso das redes sociais. O apresentador de TV Arnab Goswami tem divulgado desinformação e discursos de ódio em apoio ao primeiro-ministro,[56] enquanto o famoso iogue Baba Ramdev utiliza as redes para estimular sua base nacionalista hindu — e vender seus produtos aiurvédicos.[57]

No Brasil, o youtuber Nando Moura abraçou teorias da conspiração em apoio a Bolsonaro e discursos paranoicos de extrema direita a fim de aumentar sua audiência, que girava em torno de 3 milhões de assinantes quando este livro foi escrito.[58] No Reino Unido, o youtuber e influenciador Paul Joseph Watson, que tem um público de 1,88 milhão de inscritos, disse que o islã exalta a agressão sexual e acusou refugiados de serem portadores de "doenças parasitárias".[59]

Se fosse vivo, Milošević adoraria as redes sociais e as utilizaria para celebrar a mitologia de uma grande Sérvia no Twitter ou no Facebook. Curtiria vídeos falsos sobre albaneses provocando desordens. Compartilharia histórias de croatas tomando empregos dos sérvios. Retuitaria teorias da conspiração sobre bósnios abusando de crianças sérvias. Contrataria uma equipe de trolls para propagar seus apelos à "união" e espalhar informações falsas sobre adversários. E os algoritmos das redes sociais o recompensariam: com mais seguidores, mais curtidas e talvez até mais dinheiro.

Nas democracias do mundo, onde os princípios da liberdade de expressão e das vozes representativas historicamente trabalharam contra a demagogia para estimular um discurso público saudável, o alcance dos empreendedores étnicos de hoje é espantoso. Que eles têm sido ajudados pelas redes sociais fica claro numa democracia como a França, onde o partido político de extrema direita Rassemblement National já foi menosprezado como movimento periférico e seu líder Jean-Marie Le Pen, como vendedor ambulante de uma retórica vergonhosa sobre os imigrantes e a supremacia da cultura francesa. Agora, sob a liderança da filha de Le Pen, Marine, o partido divulga sua mensagem — explorando e estimulando a tensão racial — com a mais sofisticada operação de redes sociais entre os grandes partidos políticos da França. (Le Pen conta com quinze funcionários permanentes que fazem pesquisa, criam memes e coordenam as tentativas do partido de desacreditar seus adversários nas redes sociais.)[60] Marine Le Pen perdeu a eleição de 2017 no segundo turno e foi investigada por malversação de recursos da União Europeia, mas em 2019 havia conquistado 22 cadeiras para o seu partido no parlamento europeu, mais

O acelerador 153

do que o partido do presidente Emanuel Macron, e conseguira também uma cadeira na assembleia parlamentar da França.[61]

Antigamente, partidos de extrema direita não se elegiam nas democracias liberais. Mas a história de medo e ressentimento contada por empreendedores étnicos — os mitos e perdas dos filhos do solo — mostram-se irresistíveis para uma plateia que as redes sociais tornaram cativa. "O populismo de direita é sempre mais envolvente", comentou um executivo do Facebook.[62] Segundo ele, o populismo desencadeia reações "incrivelmente fortes" e "primitivas" ao apelar para temas de grande carga emocional, como "nação, proteção, os outros, raiva, medo". Na Suécia, os artigos do Samhällsnytt e do Nyheter Idag eram produzidos com uma preocupação em mente: semear o medo em relação à segurança do país e de suas famílias, à sua cultura e sua sociedade. Se esses sites fossem a nossa principal fonte de notícias — surgida e reforçada por algoritmos —, logo passaríamos a acreditar que a Suécia estava desmoronando e que a culpa era dos imigrantes e da extrema esquerda. Seria quase impossível alguém nos convencer do contrário.

As pessoas não percebem o quanto as democracias ocidentais são vulneráveis aos conflitos violentos. Acostumaram-se à sua longevidade, à sua resistência, à sua estabilidade diante de crises. Mas isso foi antes de as redes sociais criarem uma avenida por onde os inimigos da democracia podem facilmente se infiltrar na sociedade e desestabilizá-la de dentro para fora. A internet revelou o quanto um governo do povo e para o povo pode ser frágil.

Foi fácil para Shane Bauer, um homem de 33 anos e barba desgrenhada formado em Berkeley, ingressar num dos maiores grupos milicianos dos Estados Unidos.[63] Tudo o que ele precisou fazer foi acessar o Facebook e começar a curtir os muitos sites de milícias que apareciam. Bauer queria ingressar num grupo miliciano não porque achava que sua família precisava de proteção; era um jornalista premiado e, em 2016, queria investigar o que estava acontecendo nos bastidores das milícias que surgiam por todo o país.

Ele curtiu três grupos: o Three Percenter Nation, o Patriotic Warriors e o Arizona State Militia. Se você curte essas páginas, o Facebook automaticamente gera mais sugestões de outras páginas de milícia. (Quando digitei "Arizona State Militia" na caixa de pesquisa, o Facebook me deu a oportunidade de escolher entre cinco milícias diferentes do Arizona.) O Facebook faz tudo que é preciso para conectar as pessoas a qualquer comunidade que seja de seu interesse — mesmo a mais radical.

Bauer curtiu todas essas páginas. Mas, para ser aceito nos grupos privados do Facebook, precisava convencer os administradores de sua sinceridade. Por isso, abriu uma conta no Facebook em que começou a postar material negativo sobre Barack Obama e memes sobre bandeiras americanas. Escreveu posts sobre a ameaça representada por sírios que viajavam ao México para atravessar ilegalmente a fronteira dos Estados Unidos. Em seguida, enviou dezenas de solicitações de amizade para pessoas que encontrou nas páginas de diferentes milícias. "Passados dois dias, eu tinha mais de cem amigos", disse. Pouco tempo depois, Bauer viu o "Operation Spring Break", grupo privado do Facebook do Three Percent United Patriots. Quando solicitou e recebeu acesso ao grupo, ficou

O acelerador

sabendo sobre um evento que se realizaria em breve — uma operação de proteção da fronteira ao longo da fronteira do Arizona com o México. Segundo informações postadas no Facebook, tudo que Bauer tinha que fazer era aparecer com suas próprias armas, suprimentos médicos e uma câmera corporal. Foi exatamente o que ele fez.

Não há nada melhor para organizar as pessoas hoje em dia do que as redes sociais — especialmente se essas pessoas se sentem ofendidas ou ameaçadas. Foi assim que os manifestantes da Primavera Árabe se organizaram em 2011, que a Marcha das Mulheres de 2017 se formou e que o movimento Black Lives Matter começou a ganhar força. Mas, quando esse poder de atrair pessoas que pensam do mesmo jeito se cruza com narrativas extremistas ditadas pela indignação, sequiosas de violência, isso acaba por criar um barril de pólvora. Membros de movimentos incipientes agora utilizam a internet para se reunir e se organizar, para estragar protestos pacíficos e se equipar em defesa de uma causa. Agora podem facilmente compartilhar informações sobre como fabricar bombas, e usar salas de bate-papo seguras para conversar com conselheiros militares estrangeiros com experiência de combate.[64] Além disso, o Facebook hospeda "vastos mercados de armamento on-line, oferecendo armas que vão de revólveres e granadas a metralhadoras pesadas e mísseis teleguiados".[65] J. M. Berger, um tarimbado especialista em extremismo violento, acompanha o avanço de grupos nacionalistas brancos nas redes sociais desde 2012, quando os seguidores da maioria desses grupos não passavam de uns gatos pingados. Quatro anos depois, o número de seguidores de quase todos esses grupos subiu mais de 600%. E, em 2018, segundo Berger, "centenas de milhares de extremistas racistas inundaram a plataforma".[66] Desde então os grupos nacionalistas brancos se tornaram um pouco menos numerosos, embora o número total de membros dessas organizações não pareça ter declinado, o que sugere a existência de um processo de consolidação, com grupos populares — como os Proud Boys — superando e alijando concorrentes menores.[67]

O mundo viu o poder de organização das redes sociais com a ascensão do Estado Islâmico, que utilizou sites, salas de bate-papo e o Twitter para disseminar propaganda que radicaliza indivíduos no conforto de suas salas de estar. O Estado Islâmico convenceu pelo menos 30 mil cidadãos de cerca de cem países a lutarem em suas fileiras na Síria. As redes sociais têm sido tão importantes para esses objetivos que, como disse um desertor do grupo, seus profissionais são devidamente recompensados. "O pessoal das redes é mais importante que os soldados [...]. Eles recebem salários mais altos. Têm carros melhores. Têm o poder de incentivar os de dentro a lutarem e de trazer mais recrutas para o Estado Islâmico."[68]

Antigamente, um dos maiores desafios que os grupos extremistas violentos enfrentavam era arranjar dinheiro, sobretudo quando não controlavam um território. Hoje, porém, os aplicativos facilitam as transferências internacionais de fundos, viabilizando até mesmo os menores e mais periféricos grupos. Vera Mironova, uma acadêmica russo-americana, perguntou a um dos fundadores de um novo grupo rebelde formado na Síria em 2011 — o Mahgerin al-Allah — como eles arrecadavam dinheiro. Ele explicou:

O acelerador 157

A primeira coisa que fiz ao assumir esse trabalho foi produzir um vídeo no YouTube sobre o grupo. Pedi a líderes do grupo que juntassem o maior número possível de pessoas [...] para mostrar como éramos grandes; que trouxessem todas as armas e todos os carros que tivessem [...] para mostrar como éramos bem equipados; e que usassem uniformes e se apresentassem em formação militar. Eu queria mostrar que éramos profissionais.[69]

O grupo recebeu apoio financeiro de um sírio rico que morava no golfo Pérsico.

Quando as pessoas estão organizadas e radicalizadas, as próprias redes sociais oferecem o fósforo para atear fogo no barril de pólvora. O medo coletivo e a sensação de ameaça criados por vídeos e pela retórica extremistas transferem o poder para aqueles que estão doidos por uma briga. Segundo Erica Chenoweth, esses empreendedores da violência quase sempre tentam se imiscuir em movimentos de resistência não violenta e empurrá-los para o radicalismo — e a maneira mais fácil de fazer isso é pelas redes sociais, onde eles podem agitar e fazer provocações com ótimos resultados. Parece ter sido isso o que aconteceu com o movimento de protesto dos "coletes amarelos", na França, quando radicais e agitadores externos entraram em seus grupos de Facebook para pregar a violência. Segundo Renée DiResta, especialista nos abusos da tecnologia da informação, trata-se de "pessoas mais propensas a incendiar as coisas".[70]

Em última análise, são os algoritmos das redes sociais que funcionam como aceleradores da violência. Ao promoverem uma impressão de crise perpétua, eles produzem uma crescente sensação de desespero. A desinformação espalhada por extremistas desacredita os manifestantes pacíficos, convence os cidadãos da probabilidade de contra-ataques de grupos de oposição e cria uma percepção, quase sempre falsa, de que os moderados não estão agindo dentro do seu próprio movimento com a energia necessária para proteger a população, ou são incompetentes e fracos comparados à oposição. É nesse momento que a violência explode: quando os cidadãos se convencem de que não há esperança de resolver seus problemas pelos meios convencionais.

Estimulados pelas redes sociais, eles passam a acreditar que simplesmente não é possível chegar a um acordo.

6. Já estamos perto?

TRAJANDO CASACOS DE INVERNO e chapéus com o acrônimo MAGA, de Make America Great Again, a multidão de partidários de Trump começou a se reunir no Ellipse, um parque bem ao sul da Casa Branca, no começo da manhã de 6 de janeiro de 2021.[1] Eles tinham viajado a Washington vindos dos quatro cantos dos Estados Unidos. Enquanto aguardavam o presidente, inspecionaram o solo venerado do seu país: o Monumento a Washington, ao sul; o Lincoln Memorial, a oeste; o Capitólio, a leste. A grama onde se achavam outrora servira de acampamento para as tropas da União. Isso vinha a calhar, porque eles também — era o que diziam a si mesmos — eram patriotas. Amavam demais os Estados Unidos para permitir que o país lhes fosse tomado.

Ao meio-dia, quando o presidente Trump apareceu para lhes dirigir a palavra, o comício "Salve os Estados Unidos" tinha atraído alguns milhares de pessoas. A multidão estava indócil. Nas semanas transcorridas desde a eleição presidencial de novembro, Trump se recusara a aceitar a derrota para o democrata Joe Biden, insistindo em afirmar que uma fraude eleitoral generalizada o privara de sua legítima vitória esmagadora. Os democratas, dizia ele, tinham trabalhado nos bastidores, estado após estado, para garantir sua derrota. Depois da eleição, Trump contratara um exército de advogados para contestar os resultados e intimidara governadores e autoridades eleitorais numa tentativa de alterar a contagem dos votos. Também afirmava, falsamente, que o vice-presidente Mike Pence tinha o poder de revogar os votos do colégio eleitoral. Mas seus esforços não deram em nada, e naquela manhã, enquanto ele se apresentava a seus partidários, os legisladores se reuniam no Capitólio para declarar a vitória de Biden.

Não era para ser assim, disse Trump a seus seguidores. De pé numa plataforma, cercado por bandeiras americanas, ele jurou aos ouvintes que não desistiria. Os republicanos no Congresso ainda podiam anular a votação, afirmou. Durante mais de uma hora, seus correligionários o ouviram com um misto de adoração e orgulho, sua raiva e energia aumentando a cada palavra de Trump. Eles agitavam bandeiras com o nome do presidente e cartazes com o grito de guerra "Detenham o roubo". Enquanto ele estava ali de pé, olhando para a multidão, ouviam-se cantos nacionalistas: "USA, USA, USA!".

Trump estava adorando. Pessoas comuns, ao lado de financiadores e agentes republicanos,[2] tinham ajudado a organizar o comício, e o presidente fizera a sua parte para assegurar um grande comparecimento, tuitando em 19 de dezembro: "Grande protesto em D.C. em 6 de janeiro.[3] Estejam lá, vai ser uma loucura!". No primeiro dia do novo ano, ele tuitou novamente: "O GRANDE comício de protesto em Washington, D.C., será às onze da manhã de 6 de janeiro. Aguardem detalhes sobre o local. Detenham o roubo!". Trump ficou ainda mais insistente quando o vice-presidente Mike Pence deu a entender que não interferiria na confirmação da vitória de Biden. Em 4 de janeiro, num comício na Geórgia, Trump declarou: "Se os democratas liberais tomarem o Senado e a Casa Branca — e

Já estamos perto?

não vão tomar esta Casa Branca —, vamos lutar para valer. [...] Vamos tomá-la de volta!".[4]

"Hoje não é o fim!", gritou o presidente para a multidão no Ellipse.[5] "É só o começo!" Era uma multidão heterogênea, que abrigava veteranos, donos de empresas, corretores de imóveis, avós, mães, um legislador estadual, um ex-atleta olímpico, membros dos Proud Boys de chapéu laranja. Na maioria brancos. Na maioria homens. Alguns com camisetas que diziam "Deus, Armas e Trump". Outros carregando Bíblias. (Num comício na noite anterior, o pastor Greg Locke tinha dito à multidão que Deus estava formando "um exército de patriotas".)[6] Sob o aplauso ensurdecedor dos ouvintes, Trump recomendou a seus seguidores que marchassem para o Capitólio e pressionassem os legisladores a fazer o que era certo. "Vamos tentar dar a eles o tipo de orgulho e ousadia de que precisam para retomar nosso país", disse. E prometeu ir com eles.

Trump, na verdade, voltou para a Casa Branca. Mas seus partidários sabiam o que fazer: durante semanas, atiçados pelos tuítes do presidente, vinham se preparando para aquele momento no Facebook e no Parler, uma rede social de direita. Tinham organizado a viagem enquanto compartilhavam sua fúria contra a eleição "roubada". Tinham escolhido as melhores ruas para chegar ao Capitólio e evitar a polícia, e trocavam conselhos sobre que equipamento e que ferramentas levar para invadir o prédio. Algumas vozes mais radicais na internet tinham pedido a prisão de Pence, da presidente da Câmara, Nancy Pelosi, e de outros legisladores. Muitos foram armados para a batalha, com coletes à prova de bala, máscaras antigás, braçadeiras (para usar como algemas) e revólveres carregados.[7]

A violência política vinha há tempos sendo instigada como legítima pelo próprio líder — já em 2016, na verdade, quando fez sua campanha presidencial contra Hillary Clinton sob gritos de "Cadeia nela!". Durante a campanha, Trump descobrira que as multidões se deliciavam com sua agressividade. Meses antes da eleição de 2016, ele disse a seus eleitores em Cedar Rapids que cobriria todas as despesas legais se eles partissem para a violência contra pessoas que protestavam em seus comícios.[8] Naquele mês, quando um comício em Las Vegas foi perturbado por um manifestante, Trump disse, eufórico:[9] "Vou dizer uma coisa a vocês, eu adoraria dar um murro na cara desse sujeito". Mais tarde, chocou o país ao sugerir que proprietários de armas poderiam impedir que Clinton se tornasse presidente.[10] "Se ela puder escolher seus juízes, não haverá nada que vocês possam fazer. Apesar do pessoal da Segunda Emenda... bem, talvez haja alguma coisa, não sei".

A presidência o tornou mais audacioso.[11] Com seis meses de mandato, quando manifestantes nacionalistas brancos se reuniram em Charlottesville e uma pessoa que participava de uma manifestação contrária foi morta, Trump fez pouco da violência, dizendo que havia "pessoas ótimas" dos dois lados. E, embora viesse a condenar os distúrbios em cidades como Minneapolis e Portland durante os protestos do Black Lives Matter, em 2020, ele contribuiu para aumentar a tensão chamando os manifestantes de "terroristas" e ameaçando lançar agentes federais contra eles. Naquela primavera, quando a pandemia de covid-19 obrigou os estados a fecharem o comércio, Trump convocou "patriotas" para "libertar Michigan", recomendando que fossem até a sede do Legislativo estadual e exigissem que a governadora Gretchen Whitmer, uma democrata, suspen-

Já estamos perto?

desse as restrições.[12] Quando circularam na internet fotos de manifestantes armados encarando os legisladores do Michigan dentro da assembleia, Trump os elogiou no Twitter, chamando-os de novo de "gente muito boa".

Partidários de Trump nos altos escalões — legisladores republicanos, líderes evangélicos, elites da mídia conservadora — durante anos minimizaram essa retórica, afirmando que ele era apenas um líder extravagante e carismático. Mas, para a multidão reunida no Ellipse naquela manhã de janeiro, as palavras do presidente nada tinham de abstratas. Ele lhes confiava uma missão: preservar a integridade da gloriosa república. "Se vocês não lutarem para valer", disse, "vão deixar de ter um país."[13]

Os presentes começaram a seguir para o Capitólio antes mesmo de Trump terminar seu discurso. Ignorando as ruas secundárias, marcharam pelas avenidas Pennsylvania e Constitution diretamente para o Mall, tirando selfies e fazendo vídeos uns dos outros. Na noite anterior, alguém tinha colocado bombas nas sedes do Comitê Nacional Republicano e do Comitê Nacional Democrático. Dirigindo-se ao Capitólio, os partidários de Trump cercaram o prédio, tentando descobrir um jeito de entrar e interromper a contagem de votos do colégio eleitoral. Alguns usavam equipamento tático; outros empunhavam armas automáticas. Havia bandeiras confederadas, bandeiras americanas e bandeiras que diziam "Lutem por Trump" e "Veteranos a favor de Trump", além de cartazes com inscrições como "Jesus Salva". Até uma forca falsa foi erguida.

No lado oeste, a turba rapidamente passou por cima das barricadas, entrando em violentos choques com os policiais. Outros escalaram muros. Outros, ainda, espalharam agentes química e quebraram janelas. Alguns subiram para o segundo andar usando os andaimes de faxina. No lado leste, romperam a maior das barricadas. Dez minutos após o vice-presidente Pence e o resto do Senado terem sido enxotados do plenário, Trump tuitou: "Mike Pence não teve a coragem de fazer o que deveria ser feito para proteger o nosso país e a nossa Constituição".[14] Revigorados, os manifestantes por fim derrubaram a porta principal do lado oeste. Rumaram para a rotunda entoando os nomes das pessoas visadas: Pelosi, Schumer, Pence.

Enquanto a polícia erguia barricadas no plenário da Câmara e legisladores saíam às pressas, os manifestantes avançavam pelos corredores, tirando mais selfies. Iam confiantes, destemidos. Andavam pelo Capitólio como se o lugar lhes pertencesse, como se merecessem estar ali e contassem com a proteção da lei. Não tinham nada a esconder, nada a temer. Saquearam escritórios, quebraram móveis, roubaram um pódio com o selo da presidente da Câmara, afanaram laptops e uma foto emoldurada do Dalai Lama. Desfiguraram estátuas e removeram arte chinesa da parede. Transmitiram imagens de si mesmos, ao vivo, para o mundo: invadindo o plenário da Câmara, invocando Deus da tribuna do Senado e posando ao lado de uma estátua em tamanho natural de Gerald Ford, sobre a qual puseram um chapéu com as iniciais MAGA e uma bandeira com os dizeres "Trump 2020 — Chega de Bobagem". Estavam eufóricos. Eram os verdadeiros patriotas americanos salvando a república de uma eleição roubada.

Por volta das três da tarde, Trump tuitou: "Sem violência!".[15] Mas era tarde demais. Uma manifestante já levara um tiro fatal. Outro fora esmagado pela turba. Vários policiais sofreram ferimentos. O cerco duraria mais de quatro horas, e, ao final, deixaria um saldo de cinco mortos. Às 16h17, depois de muitos apelos de sua equipe e do presidente-eleito Joe Biden, Trump tuitou um vídeo. Tinha assistido ao cerco pela televisão na sua sala de jantar, perto do Salão Oval. "Foi uma eleição esmagadora, e todo mundo sabe", anunciou.[16] "Mas é hora de ir para casa", disse aos manifestantes. "Amamos vocês, vocês são muito especiais."

Duas horas depois, voltou a tuitar. Dessa vez, justificou a desordem, alegando que era a consequência natural de uma vitória ter sido tirada de "grandes patriotas" que vinham sendo maltratados havia muito tempo. "Lembrem-se deste dia para sempre!"[17]

COMO TODOS OS AMERICANOS, fiquei chocada com o que aconteceu em 6 de janeiro. Mas aquilo era, ao mesmo tempo, profundamente familiar. A teimosia do presidente Trump depois de perder a eleição de 2020 me lembrava outros presidentes, de Nicolás Maduro — que nos meses anteriores à eleição de 2015 na Venezuela declarou que não entregaria o cargo, fosse qual fosse o resultado — a Laurent Gbagbo — que se recusou a admitir a derrota após o pleito de 2010 na Costa do Marfim, alegando que tinha sido roubado. A Venezuela afundou no totalitarismo; a Costa do Marfim descambou para a guerra civil. Uma parte de mim não queria aceitar as implicações do que eu via. Pensei em Daris, de Sarajevo, que, mesmo anos depois, ainda lutava para entender como as pessoas do seu país vibrante e multicultural tinham se voltado tão violentamente umas contra as outras. *Estamos nos Estados Unidos*, pensei. *Somos conhecidos pela tolerância e pela veneração à democracia.*

Mas é aqui que a ciência política, com sua abordagem estruturada para analisar a história à medida que ela acontece, pode ser de grande utilidade. Ninguém deseja acreditar que sua amada democracia esteja em declínio, ou marchando para a guerra; a decadência costuma ser tão gradual que as pessoas nem sempre a percebem ou compreendem, mesmo enquanto a vivenciam na própria carne. Se você fosse um analista observando de um país estrangeiro os acontecimentos nos Estados Unidos — da mesma maneira que observa os acontecimentos na Ucrânia, na Costa do Marfim ou na Venezuela —, checaria uma lista de itens para avaliar cada uma das condições que tornam provável a ocorrência de uma guerra civil. E descobriria que os Estados Unidos, uma democracia fundada há mais de duzentos anos, entraram em território muito perigoso.

A primeira condição — a distância a que estamos da anocracia — é mais facilmente compreendida pelas notas dadas ao nosso sistema político, que, como vimos, situa os países numa escala que vai do totalmente autocrático (−10) para o totalmente democrático (+10).[18] A zona intermediária cobre a área de −5 a +5. Dados sobre o sistema político dos Estados Unidos vêm sendo colhidos desde 1776. A última vez que o país esteve na condição de anocracia foi entre 1797 e 1800, quando pontuou +5, sobretudo devido à sua limitada competitividade política (os federalistas tinham dominado o governo desde a fundação do seu partido nos anos 1790).[19] O sistema político dos Estados Unidos subiu para +6 em março de 1801, com a posse de Thomas Jefferson, um democrata-republicano, e em seguida chegou a +10 em 1829, com a posse de Andrew Jackson, um democrata.

Nos anos seguintes, o país sofreu apenas duas grandes quedas na pontuação de seu sistema político. A primeira foi em

Já estamos perto?

1850, quando os democratas do sul adotaram uma política implacavelmente agressiva contra os republicanos do norte nos anos que precederam a Guerra Civil; o desempenho do regime americano chegou a cair para +8, e não se recuperou até 1877, quando a disputadíssima eleição de 1876 foi decidida. O segundo mergulho veio na época do movimento dos direitos civis, dos anos 1960 ao começo dos anos 1970, quando as grandes manifestações aumentaram, Martin Luther King e Robert F. Kennedy foram assassinados, o presidente Richard Nixon passou a empregar táticas mais predatórias e o governo começou a direcionar a violência contra seu próprio povo; mais uma vez a democracia americana foi rebaixada para +8. A legislação sobre direitos civis, a investigação de Watergate e a renúncia de Nixon levaram-na de volta para +10.

E então, no rescaldo da eleição presidencial de 2016, a democracia voltou a tombar para +8. Há quatro grandes fatores que o Polity Project considera para avaliar a democracia: o quanto as eleições são livres de controle governamental, o quanto o poder Executivo está sujeito a restrições, o quanto a participação política é aberta e institucionalizada e o quanto o recrutamento para a presidência é competitivo. Embora tenham considerado a eleição de 2016 livre, observadores internacionais apontaram que ela não foi inteiramente justa: as regras eleitorais tinham sido alteradas para atender a interesses partidários, e o direito ao voto não foi assegurado a todos os cidadãos. Além disso, as agências de inteligência americanas descreveram minuciosamente uma sistemática campanha on--line de agentes russos para interferir no pleito.

Poucos meses depois da posse, Trump e o Partido Republicano também começaram a reduzir as restrições ao poder

Executivo. Trump, de maneira unilateral, expurgou o governo de figuras que considerava desleais e explorou operações burocráticas para beneficiar sua administração e punir adversários. À medida que seu mandato avançava, ele procurou ampliar os poderes executivos, recusou-se a divulgar suas declarações de imposto de renda, baixou uma série de decretos e absolveu amigos culpados de crimes. Os Estados Unidos se tornaram uma "presidência imperial" — como disse certa vez o historiador da presidência Arthur M. Schlesinger Jr. —, com o presidente governando por decreto, em vez de consultar o Congresso.[20] Em termos de restrições ao Executivo, os Estados Unidos estão hoje classificados na mesma categoria do Equador, do Burundi e da Rússia.

Em 2019, depois que Trump se recusou a colaborar com o Congresso, especialmente durante a investigação do impeachment, a democracia dos Estados Unidos caiu para +7. O Congresso tem o direito de investigar e supervisionar o poder Executivo; como observou William P. Marshall, professor de direito da Universidade da Carolina do Norte: "Devemos estar num sistema de freios e contrapesos, e um dos maiores freios de que o Congresso dispõe sobre o Executivo é o poder de supervisão congressional".[21] Mas a Casa Branca se recusava a prestar quaisquer informações, recorria à Justiça para bloquear intimações e instruía funcionários a ignorar as intimações que recebessem. Republicanos na Câmara e no Senado, enquanto isso, seguiam com entusiasmo o exemplo do presidente, permitindo que o Executivo ignorasse completamente o próprio poder a que pertenciam.

O ano 2020 trouxe crises que teriam posto à prova até mesmo a mais robusta democracia: uma pandemia global, uma economia instável e tumultos de rua por causa do racismo sistêmico, provocados pelo assassinato de cidadãos negros por policiais. Mas, em vez de aumentar a confiança dos cidadãos nas instituições do país, Trump deliberadamente as enfraqueceu. Desafiou governadores que tentaram conter a disseminação da covid-19 convertendo medidas de isolamento em questões políticas. (Em abril de 2020, tuitou: "LIBERTEM O MICHIGAN! LIBERTEM MINNESOTA! LIBERTEM A VIRGÍNIA! e salvem nossa grande Segunda Emenda. Ela está sob ataque!".)[22] Enquanto protestos do Black Lives Matter agitavam o país, ele acusava prefeitos de ineficiência e ameaçava usar forças do governo contra os manifestantes. E, certo dia, usou esse poder em benefício próprio: em 1º de junho, fez a polícia usar uma substância irritante (provavelmente gás lacrimogêneo) para dispersar centenas de manifestantes pacíficos que se reuniam na praça Lafayette, de modo que ele pudesse tirar fotografias.[23] "Se uma cidade ou estado se recusa a tomar as medidas necessárias para defender a vida e a propriedade dos seus residentes",[24] disse aos jornalistas, "então eu mesmo vou empregar as Forças Armadas dos Estados Unidos e resolver o problema rapidamente." Já perto do fim do mandato, semeou a desconfiança na eleição atacando a votação pelo correio. Em seguida, deixou o país sem saber se haveria uma transferência pacífica do poder, marca registrada da democracia americana. Em 6 de janeiro de 2021, incentivou a multidão no Ellipse a "lutar para valer". Foi o que eles fizeram, mas, em vez de salvar o país, o que conseguiram foi rebaixar ainda mais a democracia. Aquele dia fez o sistema político dos Estados Unidos despencar de +7 para +5, sua nota mais baixa desde 1800.

Os Estados Unidos são uma anocracia pela primeira vez em mais de duzentos anos.[25] É preciso reconhecer isso. Já não somos a democracia mais velha e constante do mundo. Essa honra agora cabe à Suíça, seguida pela Nova Zelândia e pelo Canadá. Já não estamos no mesmo nível de países como Canadá, Costa Rica e Japão, todos eles com nota +10 no índice de democracia dos sistemas políticos.

Há algumas boas notícias. Alguns dos bastiões que protegem a democracia aguentaram bem os desafios. Embora Trump e seu Partido Republicano tenham entrado com mais de sessenta ações na Justiça alegando fraude eleitoral nos estados decisivos, mais de cinquenta foram ignoradas ou rejeitadas (as poucas ações aceitas foram derrubadas em tribunais superiores).[26] A Suprema Corte, que tem uma maioria de ministros conservadores, também rejeitou a contestação eleitoral de Trump. As autoridades de estados republicanos pressionadas pelo presidente — Trump ameaçou marginalizar o governador do Arizona por confirmar os resultados eleitorais e insistiu com o secretário estadual da Geórgia para "encontrar" os votos de que precisava para vencer — mantiveram-se firmes.[27]

Como também as Forças Armadas. Trump atendeu os desejos dos generais dos Estados Unidos durante todo o tempo em que exerceu o cargo, mas, em vez de validarem suas tentativas de obter mais poder, eles se distanciaram do seu projeto em momentos decisivos. Em 2020, o secretário de Defesa, Mark Esper, recusou-se a usar soldados da ativa para controlar manifestantes durante os protestos do movimento Black Lives Matter (depois foi demitido).[28] E, em 3 de janeiro de 2021, os dez ex-secretários de Defesa ainda vivos, entre eles James Mattis, Mark Esper, Dick Cheney e Donald Rumsfeld, divulgaram uma declaração no *Washington Post* deixando claro que defenderiam a Constituição, não o presidente.[29] Estavam de acordo

Já estamos perto?

com uma declaração feita meses antes pelo general Mark Milley, chefe do Estado-Maior Conjunto: "As Forças Armadas dos Estados Unidos não têm nenhum papel na determinação do resultado de uma eleição americana".

Há outros motivos de esperança. Em 6 de janeiro, depois que o Capitólio voltou a ser um lugar seguro, os membros do Congresso imediatamente retomaram suas atividades, confirmando os resultados da eleição, assegurando a transferência pacífica de poder e salvaguardando o Estado de direito. O FBI não tardou a investigar os baderneiros, acusando de conspiração o líder dos Oath Keepers.[30] A agência avaliou cuidadosamente os soldados da Guarda Nacional encarregados da segurança na posse, e o Pentágono intensificou seus esforços para eliminar o extremismo de direita dentro de suas próprias fileiras. Biden e sua vice-presidente Kamala Harris assumiram seus cargos pacificamente.

Mesmo assim, não podemos ignorar o que aconteceu, ou a velocidade com que isso se deu. Os americanos estão habituados a pensar em sua democracia como a melhor do mundo — até exportamos nossa Constituição para países da Europa oriental e da América Latina —, mas fizemos a transição de plena democracia para anocracia em apenas cinco anos. Não foi tão rápido como nos países que mergulharam na guerra civil (eles geralmente veem a nota do seu sistema político sofrer uma queda de seis pontos ou mais em três anos), mas chegou perto.[31] "Uma queda de cinco pontos é considerada limítrofe", afirmou Monty Marshall, e indica uma possível "mudança de regime".[32] Nas palavras de Anna Lührmann, vice-diretora do V-Dem Institute, o declínio democrático nos Estados Unidos foi "drástico e rápido", e "sem precedentes" no país.[33]

Uma democracia parcial é três vezes mais propensa a viver uma guerra civil do que uma democracia plena. Lembremos também que o risco de guerra civil numa democracia em declínio aumenta significativamente assim que ela ingressa na zona da anocracia. Um país que se encontra no limiar — como os Estados Unidos estão agora, com +5 — pode facilmente ser empurrado para o conflito mediante uma combinação de má governança e medidas cada vez mais antidemocráticas que enfraqueçam mais ainda as instituições.[34] A questão, para os Estados Unidos avançarem, é saber se os eleitores podem ser convencidos de que sua democracia funciona (e é essencial para a segurança deles) — e se os líderes vão restabelecer as salvaguardas.

JAMES MADISON E ALEXANDER HAMILTON achavam que, se a democracia americana morresse, seria nas mãos de uma facção. A maior ameaça para a república, escreveram os autores de *O federalista*, não era um adversário de fora, mas um grupo doméstico sedento de controle. Aparecendo a oportunidade, os líderes dessa facção — "avessa aos direitos de outros cidadãos ou aos interesses permanentes e coletivos da comunidade"[35] — consolidariam seu poder e elevariam seus próprios interesses acima do bem público. O tipo de facção que os fundadores viam como a maior ameaça tinha a classe como base; o que eles receavam era que os proprietários buscassem concentrar poder político para proteger sua riqueza e impedir sua redistribuição. O modelo de Madison de criar ramos do governo separados e fortes — Executivo, Legislativo e Judiciário — destinava-se a neutralizar essa ameaça.

Já estamos perto? 173

O que os líderes americanos do século XVIII não poderiam prever era que essa temida faccionalização teria como base não a classe, mas a identidade étnica. Isso porque, em 1789, pelo menos no nível federal, todos os eleitores americanos eram brancos (e homens). Hoje, o melhor indicador de como os americanos vão votar é sua raça.[36] Dois terços ou mais dos americanos negros, latinos e asiáticos votam nos democratas, enquanto mais ou menos 60% dos americanos brancos votam nos republicanos.[37] Isso representa uma mudança drástica em relação ao que se via em meados do século passado, quando o voto das minorias étnicas se dividia mais ou menos igualmente entre os dois partidos, e a maioria do operariado americano branco tendia a votar nos democratas. Na verdade, ainda em 2007 — o ano anterior à eleição de Barack Obama para a presidência —, os brancos tanto podiam ser democratas (51%) como republicanos.[38] Hoje, 90% do Partido Republicano é branco.

A mudança para a política de base identitária começou com força em meados dos anos 1960, quando Lyndon Johnson — o texano obsceno, intolerante e politicamente esperto — traiu os sulistas brancos ao apoiar a Lei dos Direitos Civis. Os eleitores nos onze antigos estados confederados tinham sido democratas fiéis por mais de cem anos, ainda indignados com a recusa do presidente republicano Abraham Lincoln em aceitar a secessão. Mas a lei de Johnson, em 1964, provocou uma mudança sísmica. ("Acho que acabamos de jogar o sul no colo do Partido Republicano, e isso deve durar um bom tempo", disse Johnson a seu assistente especial Bill Moyers.) Embora os democratas tenham obtido uma vitória esmagadora na eleição presidencial daquele ano, o rival republicano de Johnson, Barry Goldwater — que se opôs à Lei dos Direitos Civis —, foi o primeiro candi-

174 *Como as guerras civis começam*

dato republicano a conquistar todos os votos do Sul Profundo no colégio eleitoral desde a Reconstrução.[39] Richard Nixon, ele mesmo um ex-candidato presidencial, percebera de longe as implicações. Como disse a um repórter da revista *Ebony*, em 1962: "Se Goldwater ganhar esta briga, nosso partido acabará se tornando o primeiro grande partido político só de brancos. E isto não é bom".[40]

Não demorou muito tempo, no entanto, para Nixon mudar de ideia. Ao concorrer à presidência em 1968, ele resolveu capitalizar em cima do ressentimento racial, explorando o medo branco com apelos a "lei e ordem" e a promessa de travar uma "guerra contra as drogas". Essa chamada Estratégia Sulista ajudou o Partido Republicano a conquistar a presidência e, mais tarde, a retomar o Senado, depois de quase trinta anos fora do poder. Futuros candidatos republicanos recorreriam a apelos semelhantes para chegar à presidência, embora sempre numa linguagem codificada, fosse com Ronald Reagan constrangendo as "rainhas do bem-estar social" ou George H. W. Bush menosprezando Willie Horton. A campanha de George W. Bush foi acusada de espalhar boatos de que John McCain tinha um filho negro ilegítimo.

Nas décadas seguintes, outras marcas de identidade foram politizadas. A religião veio em seguida. Num esforço para conquistar o apoio de líderes evangélicos e de seus rebanhos cada vez mais mobilizados, as elites republicanas demarcaram cada vez mais posições pró-vida. Pessoas como Jerry Falwell, o líder da Moral Majority, organização política associada à direita cristã, tornaram-se cada vez mais poderosas. Os democratas, vendo aí uma chance de conquistar mais eleitores ateus, agnósticos e culturalmente liberais, posicionaram-se crescente-

Já estamos perto? 175

mente a favor dos direitos das mulheres e do acesso ao aborto. No começo do século XXI, se você fosse cristão ou evangélico, tinha pouca escolha a não ser votar nos republicanos. As primeiras divergências partidárias sobre o aborto foram seguidas por posições cada vez mais polarizadas sobre os direitos dos homossexuais e, finalmente, os direitos dos transgêneros. Republicanos ricos usaram esses temas para conquistar o voto do operariado branco, e em grande parte tiveram êxito, ainda que votar nos republicanos muitas vezes não fosse favorável aos interesses econômicos dos trabalhadores. Imperativos morais e identidades culturais, agora mais do que nunca, determinavam padrões de votação. Os evangélicos brancos representam hoje dois terços do Partido Republicano.[41] Em contraste, não cristãos — incluindo agnósticos, judeus e muçulmanos — representam metade do Partido Democrata.

Ao falar de suas principais preocupações políticas, como o direito de acesso às armas, e tirar proveito de suas apreensões quanto à imigração e às novas configurações demográficas raciais dos Estados Unidos (projeções indicam que os brancos passarão a ser minoria em 2045), os republicanos têm conseguido a adesão de fatias cada vez maiores do eleitorado branco na zona rural. Da mesma forma, o Partido Democrata vem se tornando cada vez mais um partido urbano, ao fazer exatamente o oposto — tentar reduzir a violência com restrições ao acesso às armas e abraçar a diversidade que está redesenhando as cidades americanas. Hoje, a divisão entre rural e urbano é, de fato, uma divisão entre cidadãos de orientação nacional e cidadãos de orientação global.

Quando Obama assumiu o cargo, a divisão política já estava profundamente interligada a uma série de identidades étnicas e sociais. Nossas afinidades de grupo — aqueles de quem gostamos ou não — começavam a se tornar muito mais importantes do que nossos sentimentos a respeito do sistema político, de sermos, por exemplo, a favor de menos ou mais impostos, ou apoiarmos ou não alternativas ao sistema de educação pública. Esse fenômeno foi ilustrado pela atenção excessiva dada a Obama não por suas posições políticas, mas por preocupações relativas à sua identidade, como se ele era ou não muçulmano (não era) ou era ou não cidadão americano (era). O resultado disso foi a formação de duas tribos distintas, que lutavam cada vez mais acirradamente a respeito de quase tudo — e que se dispunham, cada vez mais, sobretudo do lado republicano, a subverter a democracia para ganhar.

Tudo isso foi exacerbado pelas redes sociais. Justamente quando os dois partidos divergiam sobre questões de identidade, o Twitter explodiu, o Facebook ganhou aceitação geral e as redes sociais se tornaram cada vez mais presentes em nossa vida. Perigosamente, uma malha de felizes e animados empreendedores étnicos percebeu que podia conquistar audiência e adquirir influência enfatizando essa divisão. Titãs da mídia, cujos lucros eram aumentados a cada clique, passaram a nos servir quantidades cada vez maiores de conteúdo polarizado. Tarimbadas figuras da TV, como Tucker Carlson e Sean Hannity, não se cansavam de disseminar teorias da conspiração e explorar o ódio e a divisão para melhorar seus índices de audiência. A eles se juntou Alex Jones, teórico da conspiração que alimentava desconfiança em todo o sistema político; em 2010, *The Alex Jones Show* atraía 2 milhões de ouvintes por semana.[42] Keith Olbermann, por sua vez, agitava os eleitores de esquerda.

Já estamos perto?

E eis que nesse atoleiro político entra o maior empreendedor étnico de todos: Donald Trump. Em sua tentativa de chegar ao poder, ele rapidamente percebeu que apelos à identidade poderiam servir de inspiração para sua base política. No passado, ele já tinha feito uma cruzada racista ao pôr em dúvida o lugar de nascimento de Obama. Agora, passara a adotar explicitamente, e com entusiasmo, a política de identidade. Descrevia os negros americanos como pobres e violentos. Referia-se aos mexicanos como criminosos. Vivia falando em valores cristãos, apesar de uma série de acusações de agressão sexual. Chamava as mulheres de "cara de cavalo", "gordas" e "feias". Logo após tomar posse, impôs restrições à entrada de muçulmanos no país, e chamou Haiti, El Salvador e nações africanas de "países de merda". Suas políticas eram jingoístas: começou a construir um "muro imenso, lindo", ao longo da fronteira com o México, abandonou acordos internacionais e iniciou uma guerra comercial com a China. Trump retuitou o vídeo de um aposentado na Flórida gritando "Poder Branco".[43] E ameaçou vetar um projeto de lei de gastos com defesa para proteger o legado dos generais confederados em bases do Exército dos Estados Unidos.

Ao agir dessa maneira, incentivava o faccionalismo étnico. Foi exatamente o que fez Tuđman quando começou a consolidar os croatas numa facção étnica, em 1989, como parte do seu plano de se tornar presidente de uma Croácia independente.[44] Foi o que fizeram os extremistas hutus ao caracterizar os tútsis como baratas e seu próprio povo como o povo eleito. Foi o que fez o presidente Henri Konan Bédié na Costa do Marfim, em meados dos anos 1990, quando inverteu suas políticas pró-imigração para conseguir mais votos dos cidadãos nascidos no país. E é o que Modi continua a fazer na Índia, quando promove um país acima de tudo para os hindus.

Nenhum presidente republicano nos últimos cinquenta anos tinha adotado um projeto tão abertamente racista, ou defendido americanos brancos e evangélicos em detrimento de todos os demais.[45] De início, não se sabia ao certo se os líderes republicanos concordariam com esse comportamento — o senador Ted Cruz, do Texas, durante sua campanha presidencial, criticou Trump com veemência, chamando-o de "completamente amoral" —, mas eles viam em Trump uma possibilidade de pôr em prática seus próprios programas. Isso incluía redução de impostos para os ricos, desregulamentação da atividade empresarial e retrocessos ambientais. Com Trump na Casa Branca e os republicanos no controle do Senado, o partido poderia também reconfigurar a Suprema Corte e o Judiciário com juízes conservadores potencialmente capazes de bloquear iniciativas democráticas por muitos anos. Embora a manipulação geográfica das zonas eleitorais seja uma tática utilizada pelos dois lados, governadores e legislativos estaduais se juntaram num esforço conjunto para aprovar leis sobre títulos de eleitor, expurgar listas de eleitores, limitar locais e horários de votação e até impedir que pessoas comessem ou bebessem nas longas filas de espera para votar.[46]

Como já foi dito, o nível de faccionalismo de um país é avaliado numa escala de cinco pontos, em que 5 corresponde ao menos faccional e 1 ao mais faccional (um 3 coloca o país firmemente na zona de perigo). Em 2016, os Estados Unidos caíram para esse perigoso 3, e aí permanecem até hoje, ao lado da Ucrânia e do Iraque.[47] (O Reino Unido também caiu para 3 em 2016.) Só vimos esse nível de faccionalismo político

Já estamos perto? 179

duas vezes antes: nos anos que precederam a Guerra Civil, marcados pela intransigência dos democratas sulistas e por seu desejo de excluir não brancos do direito à proteção igual perante a lei; e em meados dos anos 1960, quando o país foi tomado por manifestações a favor dos direitos civis, pela Guerra do Vietnã e por um governo corrupto empenhado em esmagar o movimento contra os poderes constituídos.[48] Nessas duas ocasiões, os partidos políticos tinham visões radicalmente diferentes do futuro dos Estados Unidos: o que o país poderia ser? O que *deveria* ser?

O mesmo ocorre hoje.[49] Assim como no passado, um grupo está se tornando cada vez mais radical, cada vez mais disposto a empregar medidas extralegais, e cada vez mais violento na busca de sua visão. Hoje, o Partido Republicano se comporta como uma facção predatória. Numa pesquisa de opinião de 2019 em que se pediu a quase 2 mil especialistas que avaliassem os partidos políticos do mundo, o Partido Republicano foi classificado como mais parecido com partidos antidemocráticos de direita, como o Partido da Justiça e do Desenvolvimento da Turquia (conhecido como AKP) e o Partido Lei e Justiça da Polônia (conhecido pelo acrônimo PiS).[50] Sua base é primordialmente étnica e religiosa. Além disso, ele apoiou um populista responsável pela implementação de políticas nacionalistas brancas à custa de outros cidadãos e colocou a personalidade acima dos princípios. A Conferência de Ação Política Conservadora de fevereiro de 2021 exibiu uma estátua dourada de Donald Trump; uma pesquisa feita entre os participantes revelou que 68% queriam que Trump voltasse a se candidatar, e 95% queriam que o Partido Republicano adotasse o programa e as políticas de Trump.[51]

Os republicanos estão agora numa situação de política desesperada de sobrevivência, buscando a aprovação de uma base cada vez mais raivosa com o único intuito de preservar suas cadeiras. Isso nunca esteve mais claro do que após a eleição de 2020, quando políticos republicanos apoiaram abertamente — ou aprovaram tacitamente — as alegações de fraude eleitoral denunciadas por Trump, apesar das provas em contrário. Ted Cruz foi ao programa *Sunday Morning Futures with Maria Bartiromo*, da Fox News, para falar sobre fraude eleitoral.[52] Em 6 de janeiro, enquanto partidários de Trump davam vivas no Ellipse, os senadores republicanos Ted Cruz, Mike Braun, John Kennedy, Ron Johnson, Steve Daines, James Lankford, Marsha Blackburn e Bill Hagerty fizeram uma última tentativa de anular os votos.[53] No total, 139 republicanos da Câmara dos Representantes (66%) votaram contra a confirmação de Joe Biden como presidente. Dois membros da Câmara — Mo Brooks, do Alabama, e Madison Cawthorn, da Carolina do Norte — tinham discursado no comício no Ellipse. Era a confirmação do grande medo de James Madison e Alexander Hamilton: o desmantelamento da democracia pela cínica tentativa de uma facção de chegar ao poder.

Nos primeiros 219 anos dos Estados Unidos, todo presidente foi homem e branco. Assim também quase todo senador, representante, ministro da Suprema Corte e membro do gabinete. O fato de os fundadores terem aprovado o genocídio dos povos nativos da América, ou de muitos serem proprietários de escravos, eram capítulos inconvenientes de uma narrativa mítica de liberdade e oportunidades ilimitadas. Os sérvios tiveram

Já estamos perto?

sua Batalha do Kosovo, os russos tiveram a Rússia de Kiev (a crença de que a Mãe Rússia teve sua origem na Ucrânia), os espanhóis tiveram a Reconquista, que reivindicou a terra para os católicos. Nós, americanos, tivemos nossos peregrinos em busca de uma vida nova. De acordo com a história da nossa fundação, era destino manifesto do nosso povo — pelo menos dos brancos e protestantes — estender-se através do continente e colher as suas riquezas.

A eleição de Barack Obama, um presidente de pele escura com um nome do meio muçulmano, estilhaçou esse mito. Sua vitória foi uma prova inequívoca de que a configuração demográfica e o equilíbrio de poder político nos Estados Unidos estavam mudando.[54] Os americanos não só tiveram o seu primeiro presidente negro, como a maioria do gabinete de Obama também era composta por não brancos. A mudança sísmica refletida no rosto da nova administração foi confirmada em 2012 pela estimativa da população feita pela Divisão de Recenseamento, que revelou que, pela primeira vez, a maioria dos bebês nascidos nos Estados Unidos era não branca.[55] As populações latino-americanas e asiáticas tinham aumentado 43% nos dez anos anteriores, enquanto a população branca crescera apenas 6%. Por volta de 2045, as minorias nos Estados Unidos vão provavelmente ultrapassar a maioria branca. O recenseamento, segundo Andrew Cherlin, sociólogo da Universidade Johns Hopkins, foi um "divisor de águas. Mostrou o quanto nos tornamos multiculturais".[56]

Em 2015, Lin-Manuel Miranda, compositor de Nova York descendente de porto-riquenhos e mexicanos, estreou *Hamilton* na Broadway.[57] Todos os pais fundadores eram representados por pessoas não brancas. Foi um sucesso fenomenal. Mas, para a chamada América branca que outrora se sentia segura nos Estados Unidos, significava um desvio radical da tradição. Muitos cidadãos brancos, sobretudo nas áreas rurais, já se sentiam excluídos economicamente. Desde 1989, a qualidade de vida da classe trabalhadora branca sem instrução superior vinha declinando segundo quase todos os indicadores: sua fatia de renda tinha diminuído, a porcentagem dos que tinham casa própria e dos que se casavam havia despencado, e sua expectativa de vida também observara uma redução.[58] (O mesmo não se aplicava a trabalhadores latino-americanos ou a famílias negras, ou a famílias chefiadas por brancos com instrução superior; o padrão de vida desses grupos permaneceu estável ou melhorou ligeiramente de 1989 a 2016.) O comércio global cada vez mais aberto tinha esvaziado a produção industrial dos Estados Unidos. Cidadãos de Homestead, na Pensilvânia, e de Youngstown, em Ohio, viram os empregos sindicalizados nas aciarias locais desaparecerem, e depois as próprias aciarias fecharem. Viram seus filhos partirem para lutar em guerras estrangeiras e voltarem para trabalhar em empregos de salário mínimo, sem direito a benefícios. Estavam perdendo amigos para o vício em opioides e para o suicídio.

Os brancos da classe trabalhadora tinham sido aclamados como a espinha dorsal dos Estados Unidos, tendo seus modos e seus valores imortalizados nas pinturas de Norman Rockwell. E agora tudo indicava que o governo os estava abandonando. Acordos globais de comércio eram assinados em benefício das elites costeiras e dos moradores das cidades, à sua custa. A imigração continuava, e subsídios eram concedidos para imigrantes em situação ilegal. Para os brancos que vivenciavam um declínio social e econômico real, o governo dos Estados

Já estamos perto?

Unidos era como o governo indiano incentivando os bengaleses a migrarem para Assam, o governo indonésio incentivando os javaneses a migrarem para a Papua Ocidental, ou o governo do Sri Lanka incentivando os cingaleses a migrarem para regiões tâmeis. Os americanos brancos viam jovens de países como a Índia e a China — cuja primeira língua não era o inglês e cuja religião não era o cristianismo — conseguirem empregos lucrativos na área de tecnologia, vivendo um sonho americano que já não existia para eles.

Trump percebeu intuitivamente que esse profundo sentimento de alienação poderia levá-lo ao poder. Por isso, não se concentrou apenas na divisão, menosprezando muçulmanos ou americanos negros como "outros". Enfatizou também o rebaixamento da antiga maioria branca — os filhos do solo dos Estados Unidos. Como outros empreendedores étnicos antes dele, colocou as queixas de americanos brancos, homens, cristãos e moradores das zonas rurais num contexto simplificado que os pintava como vítimas cujo legado legítimo fora roubado. Ele falava com frequência sobre o que estava sendo tomado: direitos religiosos, direito às armas, oportunidades de emprego. Seu lema de campanha prometia um retorno aos tempos de glória, uma restituição da grandeza dos Estados Unidos: "*Make America Great Again*". As pessoas viam nele um homem diferente de qualquer outro candidato, alguém que reconhecia a vida que levavam. Em janeiro de 2017, em seu discurso de posse, Trump descreveu a experiência dessas pessoas como uma "carnificina americana". "Sua dor é a nossa dor", disse à nação. "Seus sonhos são os nossos sonhos, e seu sucesso será o nosso sucesso."[59]

Nos Estados Unidos, os americanos brancos agora se concentram desproporcionalmente em áreas rurais no nordeste, no meio-oeste e em estados montanhosos, enquanto os não brancos tendem a se concentrar em áreas urbanas, no sul e ao longo da costa. Essa divisão urbano-rural tornou-se uma característica importantíssima de outros movimentos de extrema direita, como na Turquia e na Tailândia, onde a distribuição territorial de poder e de recursos econômicos fica, cada vez mais, nas grandes cidades, que são também mais multiculturais do que o interior, mais homogêneo. Movimentos geograficamente concentrados e predominantemente rurais são mais propensos a mobilizar resistência violenta, porque é mais fácil recrutar soldados, angariar fundos e escapar da polícia em áreas distantes da capital. Foi o caso dos sunitas na Síria, do povo moro em Mindanao e dos papuas na Papua Ocidental. Existem extremistas nas cidades americanas, mas eles estão mais concentrados nas zonas rurais — áreas que também abrigam uma porcentagem mais alta de veteranos das Forças Armadas e onde a cultura das armas tem fortes raízes.

As queixas dos filhos do solo costumam ser sentidas profundamente, mesmo que nem sempre legítimas. É o que confere tanta eficácia a apelos de líderes políticos como Trump. Os líderes do IRA exploraram a raiva genuína dos católicos irlandeses pela discriminação econômica e política nas mãos dos protestantes. Os líderes do Hamas exploraram o profundo ressentimento dos palestinos por terem perdido sua terra. O Partido Republicano, ao abraçar as queixas dos americanos brancos, tornou-se igual a outros partidos políticos que defenderam movimentos dos filhos do solo em outras partes do mundo: o Partido Radical Sérvio na Iugoslávia, o Partido Islâmico das Filipinas em Mindanao, a Aliança Nacional Tâmil no Sri Lanka e os partidos de extrema direita que surgiram

Já estamos perto? 185

na Europa. O Democratas Suecos fez campanha e conquistou votos em cima da questão da imigração. Depois da crise dos refugiados sírios na Europa em 2015, o populista AfD, na Alemanha, subiu de partido falido para o segundo maior do país. E o Partido da Liberdade da Áustria, depois de lutar com dificuldade no começo dos anos 2000, obteve enorme sucesso na eleição de 2017 com sua plataforma anti-imigração. Agora, divide o poder com a centro-direita.

A ênfase de Trump no ressentimento ganhou amplitude graças a outros empreendedores étnicos, cujas teorias da conspiração e meias-verdades têm alimentado uma plateia vulnerável, já convencida de que vive sob ataque. O Breitbart News, chefiado por Steve Bannon, estrategista-chefe da campanha de Trump, dava ênfase ao que Bannon chamava de notícias da "direita alternativa". Isso incluía atenção especial aos perigos da imigração e à vinda da charia americana.[60] Mike Cernovich, personalidade das redes sociais, conquistou centenas de milhares de seguidores no Twitter e fez a Fox repercutir suas histórias espalhando teorias da conspiração como o Pizzagate, que alegava que os democratas eram satanistas e pedófilos.

Os algoritmos das redes sociais — e as metralhas de tuítes de Trump — reforçaram o sentimento de injustiça entre os conservadores brancos. Um estudo de 2016 feito por pesquisadores de Princeton e da Universidade de Nova York revelou que pessoas que se identificam como conservadoras e republicanas são mais propensas a compartilhar notícias falsas do que democratas e liberais.[61] Pesquisadores da Universidade de Oxford descobriram, igualmente, que os conservadores são muito mais propensos do que os liberais a disseminar informações intencionalmente enganosas, ou não verdadeiras.[62] Esse padrão foi observado na eleição do Reino Unido em 2019.[63] Claire Wardle, conceituada especialista em redes sociais, descobriu que o Partido Conservador estava publicando anúncios nos quais 88% do conteúdo foi considerado enganoso por um verificador de fatos. O mesmo não se aplicava a outros partidos.

Trump ensinou a futuros candidatos como prender a atenção de um subconjunto de eleitores brancos e convencê-los a ir às urnas. Um estudo particularmente convincente mostrou que o melhor indicador de que eleitores trocariam Obama por Trump não era uma mudança em seu bem-estar financeiro — que tinha pouco impacto na preferência por candidato —, mas uma preocupação com ameaças ao status, incluindo uma profunda apreensão pelo crescimento no país de uma minoria majoritária.[64] Justin Gest mostrou que a melhor maneira de prever o apoio aos republicanos era simplesmente perguntar a americanos brancos da classe trabalhadora quanto poder e status julgavam ter perdido nas últimas décadas.[65] Os americanos brancos que consideravam que tinham perdido poder votavam esmagadoramente nos republicanos. Em outro estudo, os pesquisadores descobriram que, ao atiçar experimentalmente ameaças à posição social dos brancos, conseguiam aumentar imensamente o apoio dos brancos a políticas punitivas contra minorias.[66]

Quase todas as pessoas que obtiveram pontuação máxima numa aferição de ressentimento racial altamente respeitada votaram em Trump em 2016, enquanto a maioria situada no extremo oposto da escala apoiou Hillary Clinton.[67] Mesmo quando se levava em conta a filiação partidária, o ressentimento dos brancos contra os avanços e as demandas dos negros por direitos iguais teve um impacto desproporcional no voto. De

Já estamos perto? 187

acordo com uma análise, os republicanos com pontuações elevadas em ressentimento racial eram cerca de 30% mais propensos a apoiar Trump do que seus colegas republicanos menos ressentidos.[68] Talvez mais convincentes sejam os estudos que mostram que atitudes raciais indicam fortemente possíveis deserções partidárias.[69] Os racialmente ressentidos de hoje são especialmente propensos a se tornar os republicanos de amanhã.

Os especialistas que criaram a escala de ressentimento racial afirmam que as opiniões sobre raça entre os americanos brancos mudaram radicalmente nos últimos cinquenta anos.[70] Os Estados Unidos, escrevem eles, deixaram de ser um país onde a maioria da população acreditava na inferioridade das minorias raciais e passaram a ser um país onde muitos americanos acham que todas as raças são iguais, mas se ressentem dos afro-americanos e de outras minorias que exigem demais em matéria de favores e arranjos especiais. Além de antinegras, essas atitudes resultam de uma reverência ao individualismo mais áspero: brancos racialmente ressentidos acreditam que, ao pedir o apoio e a proteção do governo, os negros não estão assimilando os valores associados à ética protestante de trabalho. Segundo o American National Election Study de 2016, cerca de 40% dos americanos (e quase 50% dos americanos brancos) poderiam ser classificados como racialmente ressentidos — números que sugerem que essa forma nova e mais sutil de preconceito é de ampla ocorrência.[71] Lembremos que não são os desesperadamente pobres que começam as guerras civis, mas os que tiveram privilégios e sentem estar perdendo um status que consideram seu por direito.[72]

Ao longo da história, as pessoas têm investido uma grande quantidade de tempo e energia para justificar suas pretensões a determinado lugar. Foi o que fizeram os sulistas americanos depois da Guerra Civil: relutando em aceitar a realidade da derrota, grupos como as Filhas Unidas da Confederação, a Associação dos Veteranos Confederados Unidos e a Ku Klux Klan construíram meticulosamente a narrativa de um sul refinado e respeitável, cuja cultura e estilo de vida foram destruídos pelo norte industrial, e apegado ao dinheiro. Símbolos da Confederação — monumentos comemorativos, *plantations*, bandeiras — promoviam a narrativa da "Causa Perdida": a nostalgia de tempos melhores e mais simples nos Estados Unidos, quando o predomínio do sul era incontestável.

Trump desfiou uma narrativa parecida no rescaldo de sua derrota na eleição presidencial de 2020. Assim como os confederados se apegaram à história da Causa Perdida — o sul tinha homens melhores, nunca foi verdadeiramente derrotado —, Trump insistia em afirmar que não tinha perdido e, mais importante, que a eleição havia sido roubada dos seus beneficiários legítimos. Como o ataque ao Capitólio não produziu os resultados desejados, o mito de Trump ofereceu a ele e a seus seguidores exatamente a narrativa de que precisavam. Eles não barravam imigrantes; apenas os obrigavam a respeitar as regras. Não eram intolerantes; honravam a Deus. Não eram extremistas; eram patriotas preocupados com o país. Era *por isso* que estavam lutando.

A ELEIÇÃO DE 2020 FOI DEVASTADORA para os republicanos. Eles compareceram em números sem precedentes para apoiar um presidente no cargo, mas, apesar disso, perderam a Casa Branca por mais de 7 milhões de votos. Dois meses depois, duas vitórias

Já estamos perto?

dos democratas na Geórgia, um importante estado na eleição presidencial, fez da nova vice-presidente, uma mulher negra e sul-asiática da Califórnia, o voto decisivo no Senado.

Um movimento recorre à violência quando não há mais esperança. Como a invasão do Capitólio deixou claro, os cidadãos de direita não se ressentem apenas da sua perda de status, mas passaram a acreditar que o sistema está sendo manipulado contra eles. Todos aqueles em quem confiam — da Fox News aos seus senadores — lhes dizem isso. Numa pesquisa de opinião realizada dias após o cerco do Capitólio, quase três quartos dos prováveis eleitores republicanos continuavam a duvidar dos resultados da eleição presidencial.[73] As pesquisas revelaram ainda que 45% dos republicanos apoiavam o ataque ao Capitólio.[74] E, mais de seis meses após a eleição, a maioria dos republicanos consultados numa enquete ainda afirmava que o pleito tinha sido fraudado e que Donald Trump era o verdadeiro presidente.[75] A posse pacífica de Joe Biden não os fez mudar de opinião.

Americanos de todo o espectro político estão se tornando mais — e não menos — receptivos à violência como meio de atingir objetivos políticos. Pesquisas recentes mostram que 33% dos democratas e 36% dos republicanos se sentem "um tanto justificados" em usar a violência.[76] Em 2017, apenas 8% das pessoas em ambos os partidos se sentiam assim. Outra sondagem recente revelou que 20% dos republicanos e 15% dos democratas dizem que os Estados Unidos estariam em melhor situação se um grande número de pessoas do outro partido *morresse*.[77] Mas quando é que a violência esporádica cresce e se transforma em guerra civil? Como identificar exatamente o momento em que a esperança é perdida?

A CIA estuda o assunto há décadas, num esforço para sufocar rebeliões mundo afora — na verdade, para impedir que guerras civis aconteçam. Embora a tarefa da agência seja fornecer dados de inteligência sobre países estrangeiros, um relatório de 2012 que teve o sigilo retirado mostra como o extremismo doméstico tende a evoluir. Segundo o relatório, a maioria das insurgências "passa por estágios semelhantes de desenvolvimento em seu ciclo de vida".[78] Na fase pré-insurgência, um grupo começa a identificar um conjunto de queixas comuns e costura uma identidade coletiva em torno de uma narrativa emocionante — a história ou o mito que os ajuda a conquistar adeptos e a justificar ações. Então, começa a recrutar membros — alguns dos quais chegam a viajar ao exterior para fazer treinamentos — e a acumular suprimentos e armas.

Os Estados Unidos, ao que tudo indica, entraram na fase pré-insurgência no começo dos anos 1990, com a formação de milícias na esteira dos confrontos mortais em Ruby Ridge, Idaho — quando agentes federais mataram a mulher e o filho do ativista de direita Randy Weaver —, e do cerco de 51 dias em Waco, Texas, que deixou oitenta mortos, incluindo 22 crianças, depois que uma seita religiosa, o Ramo Davidiano, ateou fogo em sua própria sede quando o FBI tentou invadir a propriedade. Em meados dos anos 1990, as milícias atuavam praticamente nos cinquenta estados do país, atingindo o ponto culminante logo depois que Timothy McVeigh matou 168 pessoas em Oklahoma City, no ataque terrorista doméstico mais letal da história dos Estados Unidos. O número de milícias no país começou a crescer novamente em 2008, quando Barack Obama foi eleito presidente.[79] Antes de 2008, existiam apenas 43; em 2011, havia 334.

Já estamos perto?

As milícias de hoje têm uma natureza diferente das milícias do passado. Nos anos 1970, os grupos extremistas mais violentos dos Estados Unidos eram de esquerda. Hoje, esse número caiu para menos de um quarto.[80] Durante o mandato presidencial de Obama, o país começou a observar um aumento no número de organizações de direita tramando ataques de motivação racial. Cerca de 65% dos extremistas de direita nos Estados Unidos hoje têm elementos de supremacia branca.[81] São grupos, nas palavras do FBI, "motivados pelo ódio contra outras raças e religiões", e que possuem mais armas e mais integrantes do que as milícias do passado. Um subconjunto — 29% — também faz parte do movimento de cidadãos soberanos, que rejeita a autoridade do governo federal. Duas das milícias de maior destaque nos Estados Unidos, a Oath Keepers e a Three Percenters, foram fundadas depois que Obama se tornou presidente, com base na convicção de que o governo federal estava "empenhado em destruir as liberdades dos americanos".[82] Um acréscimo mais recente é a Proud Boys, que se opõe à imigração e é formada apenas por homens. Em março de 2021, dez pessoas associadas à Oath Keepers foram presas por ajudarem a organizar o cerco de 6 de janeiro ao Capitólio. Mais preocupante ainda é o fato de que membros das três organizações se comunicaram ativamente entre si às vésperas do ataque, o que sugere uma possível aliança. De acordo com JJ MacNab, uma das maiores especialistas mundiais em organizações extremistas, "tivemos grupos distintos no passado — cidadãos soberanos, manifestantes fiscais, milícias, sobrevivencialistas, Oath Keepers, Three Percenters —, e me parece que agora eles estão se tornando uma grande e caótica família".[83]

O terrorismo de direita costumava passar por altos e baixos, a depender de quem era o presidente: diminuía quando um republicano ocupava a Casa Branca e aumentava quando um democrata estava no poder. O presidente Trump rompeu esse padrão. Pela primeira vez, violentos grupos de direita intensificaram suas atividades durante uma administração republicana. Trump incentivou seus seguidores mais radicais, em vez de tentar acalmá-los ou marginalizá-los. Para esses seguidores, sua vitória em 2016 não representou o fim da sua luta, mas apenas o começo. Como disse Trump em seu primeiro debate na campanha presidencial contra o democrata Joe Biden, eles deveriam recuar e ficar de prontidão.

O segundo estágio da insurgência, que a CIA chama de estágio de conflito incipiente, caracteriza-se por atos de violência discretos.[84] O ataque de Timothy McVeigh em Oklahoma City poderia ser visto como o primeiríssimo, de certa forma anos antes de seu tempo. O objetivo dos insurgentes é divulgar sua missão para o mundo, conquistar apoio e provocar uma reação exagerada do governo à sua violência, para que cidadãos mais moderados se radicalizem também e se juntem ao movimento. O segundo estágio é quando o governo se dá conta dos grupos por trás desses ataques, mas, segundo a CIA, a violência costuma ser ignorada "como coisa de bandidos, criminosos ou terroristas". Para muitos americanos, Timothy McVeigh parecia um terrorista solitário. Mas ele e seu cúmplice, Terry Nichols, eram suspeitos de pertencer à Milícia do Michigan. Em 2012, houve catorze ataques e complôs terroristas de direita; em agosto de 2020, eram 61, um recorde histórico.[85]

O estágio de insurgência aberta, a fase final, de acordo com o relatório da CIA, é caracterizado por violência sustentada,

Já estamos perto?

com extremistas cada vez mais ativos lançando ataques que mesclam terrorismo e guerra de guerrilha, incluindo assassinatos e emboscadas, bem como ataques repentinos a unidades da polícia e das Forças Armadas.[86] Esses grupos tendem também a usar armas mais sofisticadas, como artefatos explosivos improvisados, e começam a atacar infraestruturas essenciais (como hospitais, pontes e escolas), em vez de apenas indivíduos. Também costumam envolver um número maior de atacantes, alguns dos quais com experiência de combate. Muitas vezes há provas de "penetração e subversão insurgente nas Forças Armadas, na polícia e nos serviços de inteligência". Se os insurgentes contam com apoio estrangeiro, é aqui que ele se torna mais evidente. Nesse estágio, os extremistas tentam forçar a população a tomar partido, demonstrando aos cidadãos que o governo é incapaz de cuidar da segurança deles ou de garantir suas necessidades básicas. Os insurgentes tentam provar que eles é que deveriam deter o poder político; eles é que deveriam governar. O objetivo é instigar uma guerra civil mais ampla, desacreditando o Estado e mostrando que há mais apoio a medidas extremas.

Em que pé estão os Estados Unidos? Somos uma anocracia faccionalizada que se aproxima rapidamente do estágio de insurgência aberta, o que significa que estamos mais perto de uma guerra civil do que qualquer um de nós gostaria de acreditar. O cerco do Capitólio tornou impossível para o governo ignorar a ameaça que grupos de extrema direita representam para o país e sua democracia. O dia 6 de janeiro foi um anúncio importante feito por pelo menos alguns grupos — como os Oath Keepers — de que eles estão se encaminhando para a violência total. Muitos participantes declararam essa intenção com cartazes pretos e camisetas que diziam "Guerra Civil MAGA, 6 de janeiro de 2021". Na verdade, o ataque ao Capitólio pode muito bem ter sido o primeiro de uma série de ataques organizados num estágio de insurgência total. O alvo foi a infraestrutura. Havia planos de assassinar alguns políticos e tentativas de atividade coordenada. Além disso, ele envolveu um grande número de atacantes, alguns dos quais com experiência de combate. Supõe-se que pelo menos 14% dos presos e acusados tinham ligações com as Forças Armadas ou com a polícia.[87]

Tim Alberta, principal correspondente do *Politico*, tuitou logo após a insurreição:

> O que ouvi nas últimas 72 horas — de membros do Congresso, amigos da polícia, donos de loja de armas, entusiastas do MAGA — é absolutamente de arrepiar. Precisamos nos preparar para uma onda de violência no país. Não só nas próximas semanas, mas nos próximos anos.[88]

Ainda não sabemos se o ataque ao Capitólio será replicado ou se encaixará num padrão. Caso isso aconteça, os americanos começarão a se sentir inseguros, desprotegidos pelo governo. Perguntarão quem está no comando. Alguns aproveitarão o caos para conseguir, pela violência, o que seriam incapazes de conseguir pelos meios convencionais. É quando saberemos se de fato já entramos no estágio de insurgência total. Por ora, uma coisa está clara: os extremistas dos Estados Unidos estão ficando mais organizados, mais perigosos e mais determinados, e não vão desaparecer.

7. Como seria uma guerra

Na manhã de terça-feira, 14 de novembro de 2028, o presidente da Câmara dos Representantes de Wisconsin, Justin Lawrence, ocupa a tribuna para pedir ordem ao Legislativo estadual.[1] Antes que ele consiga falar, uma bomba explode, estilhaçando a enorme claraboia e inundando de cacos de vidro a enfeitada sala do segundo andar. Em meio à fumaça e aos fragmentos de móveis, jazem sobre o tapete vermelho os corpos mutilados de doze legisladores — entre eles o de Lawrence, a quase três metros de distância de onde estava. Um guarda, coberto de sangue, também está imóvel no chão. A 3 mil quilômetros de distância, outra bomba explode na sede do Legislativo em Salem, Oregon. Há notícias de grandes explosões também nas sedes do Legislativo em Denver, Atlanta, Santa Fé e Lansing, Michigan. As pessoas já estão no limite, com incêndios se espalhando pela Califórnia e vários furacões de categoria 4 atingindo a Costa Leste em rápida sucessão, causando prejuízos catastróficos.

Quando as notícias das bombas se espalham, os americanos interrompem seus afazeres para seguir o noticiário e consultam freneticamente seus feeds nas redes sociais. Ninguém entende o que está acontecendo, ou mesmo se deve confiar no que vê. Um vídeo, aparentemente gravado num grande auditório da Universidade do Texas, em Austin, mostra estudantes gritando e correndo. As imagens são indistintas, mas parece que há um corpo numa poça de sangue no palco. Mais tarde se descobre que alguém abriu fogo na maior sala de aula da universidade, matando o chefe do Departamento de Biologia, que dava uma aula sobre imunologia molecular. Vídeos chegam de todas as partes do país, mostrando cenas de sangue e caos. Tudo parece explodir ao mesmo tempo.

James Demick, principal correspondente de notícias da CNN, informa que sete edifícios de Legislativos estaduais foram atacados. A CNN também afirma que, no começo do dia, agentes do Serviço Secreto frustraram planos para assassinar a presidente eleita Kamala Harris, que fazia um discurso anunciando sua intenção de proibir as armas de assalto, e a Fox News informa que outra tentativa frustrada de assassinato visava o governador democrata da Califórnia.

Na manhã seguinte, os americanos têm uma compreensão melhor da extensão dos danos. O governador do Wisconsin, democrata, e o procurador-geral, um republicano, estão em estado grave, e não se sabe se sobreviverão. Em Topeka, Salt Lake City, Phoenix e Albany foram encontradas bombas que não explodiram. O principal tribunal no centro de Filadélfia também foi atingido, causando a morte de quatro juízes, e está fechado indefinidamente. Os saques começaram.

Não se sabe quem está por trás dos ataques, ou por que esses alvos foram escolhidos. A rigor, a diversidade de métodos e de armas — uma granada do Exército em Denver, um carro-bomba em Santa Fé — sugere que múltiplos grupos são responsáveis. Mas ninguém assume a autoria. Em vez disso, histórias surgem e se espalham rapidamente no Rumble, no Gab e no MeWe, bem como no Telegram, no Facebook

Como seria uma guerra

e no Twitter, atribuindo a culpa a um grupo de esquerda — Blacks for Anarchy ("blaKx") — e dizendo que os ataques fazem parte de um esforço coordenado de minorias empenhadas em tomar conta do país. Viralizam no YouTube vídeos mostrando jovens negros atirando tijolos em vitrines de loja e ateando fogo em carros. Num vídeo particularmente perturbador, um líder do Black Lives Matter ameaça mais violência e convoca os americanos negros a "se prepararem para a guerra que todos sabemos que é preciso travar". A rede QAnon pega fogo com boatos de que o blaKx está trabalhando com mexicanos, salvadorenhos, porto-riquenhos e muçulmanos, e de que professores das universidades de elite americanas dirigem o movimento nos bastidores. Naquela tarde, o YouTube anuncia que o vídeo do Black Lives Matter é falso, e o retira do ar após 3,7 milhões de visualizações.

Três dias depois, um manifesto anônimo de catorze páginas, intitulado "Liberte-se do jugo", aparece no 8kun. A linguagem, prolixa e combativa, celebra a carnificina e parece assumir parte da responsabilidade, insistindo em dizer que a violência é um corretivo tardio à "política radical de esquerda" das cidades americanas, que são governadas por uma "elite corrupta que odeia a si mesma" e está "matando o país no escuro com suas lâminas silenciosas". O manifesto repete teorias da conspiração que circularam no Telegram nos últimos anos: que os democratas, apoiados por imigrantes e judeus, planejam confiscar as armas da população, abolir as polícias locais, declarar a lei marcial, transformar igrejas em clínicas de aborto e tomar a terra de agricultores brancos para entregá-las a famílias negras a título de indenização. Eles precisam ser detidos, declara o usuário, antes que tomem conta do país e transformem os Estados Unidos numa nação miscigenada, secular e socialista. No dia seguinte, autoridades rastreiam a conta do 8kun e chegam à Countrymen, uma milícia de direita. É quase impossível separar as duas narrativas conflitantes e descobrir a verdade — o país está sitiado pela esquerda ou pela direita? —, mas o FBI determina que é quase certo que a Coutrymen esteja por trás dos ataques.

Repartições do governo, escolas, lugares de culto fecham as portas — tudo para. As pessoas ficam em casa, com medo de fazer compras ou sair para trabalhar. Americanos no país inteiro esperam por ajuda. A presidente eleita Kamala Harris pede calma e tenta convencer seu partido a não empregar tropas federais, temendo que isso estimule mais violência da parte de grupos que ela acredita já serem antigoverno. O Congresso chega a um impasse.

Nos dez dias seguintes, ataques esporádicos continuam, dessa vez em Los Angeles, Boston, Tallahassee, Miami e New Orleans. Os alvos também se ampliam, com ataques a escolas, igrejas e grandes lojas. As pessoas acreditam que o governo faliu. Jennifer Lawson, uma mãe trabalhadora que vive em Maplewood, Nova Jersey, aparece numa entrevista à CNN. Olhando fixamente para a câmera com olhos cansados e inexpressivos, ela diz: "Acho que não há ninguém para me defender ou para defender a minha família. Não sei em quem confiar".

As milícias ficam mais visíveis, alegando por vezes que estão apenas fazendo a vigilância dos bairros, quando na verdade assediam jovens negros, latino-americanos e asiáticos. Já começaram inclusive a ameaçar soldados da Guarda Nacional, juízes, políticos e policiais que resistem a seus apelos para aderir. Elas parecem decididas a assumir o controle de governos

Como seria uma guerra 199

locais e restringir a capacidade do governo federal de aplicar qualquer lei que não seja do agrado dos militantes. Homens de preto com armas automáticas obrigam clínicas de aborto a fecharem as portas e intimidam fregueses de lojas pertencentes a minorias. Ninguém consegue detê-los.

Americanos de esquerda começam a formar milícias próprias para proteger suas famílias e bairros. Policiais locais e agentes federais aos poucos recuam para segundo plano, assumindo papel secundário numa disputa mais ampla entre milícias locais, à medida que cada vez mais americanos são obrigados a tomar partido e escolher um grupo.

Em 13 de janeiro de 2029, uma semana antes da posse, correligionários da futura presidente Harris marcham em Detroit, exigindo leis de controle de armas ainda mais rigorosas e o envio de tropas federais para proteger a cidade. Mas outra multidão também se reuniu perto da sede do Legislativo. Os milicianos incluem indivíduos que aparentemente nem mesmo falam inglês, alguns deles ostentando insígnias associadas ao AfD, da Alemanha, e ao Movimento Imperial Russo, de extrema direita. Logo drones começam a roncar no céu, girando sinistramente sobre os manifestantes. Enquanto os apoiadores de Harris avançam pela rua, os milicianos aparecem para detê-los. O empurra-empurra começa quase de imediato. "Voltem para Portland!", grita alguém. "Este é um estado de verdadeiros patriotas!" Uma pedra voa pelos ares e a vitrine de uma loja se estilhaça. Pessoas sobem em carros. Fogos de artifício explodem.

De repente, alguém faz dois disparos, e a multidão se dispersa. Agentes federais à paisana entram em cena. Lançam bombas de gás lacrimogêneo no meio da multidão agitada, e em seguida disparam balas de borracha contra o grupo de milicianos que aparentemente começou o tiroteio. Vídeos de milicianos sangrando rapidamente chegam à internet. Seguidores furiosos saem por ruas secundárias esmagando para-brisas com bastões de beisebol durante a fuga. Uma bandeira do Black Lives Matter é queimada e jogada dentro de um carro; o veículo pega fogo. Emma Jones, de doze anos, filha de um dos milicianos, é levada às pressas para o hospital com queimaduras. No dia seguinte, morre na UTI. Em todo o Meio-Oeste, seu nome se transforma no grito de guerra de nacionalistas brancos, que acusam "os malucos da esquerda radical" de estimular a violência. A hashtag #Fight4Emma espalha-se pelas redes sociais. No YouTube, influenciadores do movimento QAnon avisam a seus seguidores que a Tempestade finalmente chegou.

No Twitter, o líder da maioria no Senado, John Cornyn, e outros republicanos importantes fazem apelos pela união nacional. Mas esses apelos são abafados pela cacofonia de mensagens conflitantes: "A esquerda radical está tomando conta do país". "Nacionalistas brancos planejam matar qualquer minoria que proteste." "O governo está mancomunado com a direita." "O governo está mancomunado com a esquerda." "O governo não faz nada." A venda de armas e munição dispara. Alimentos enlatados somem das prateleiras dos mercados.

Depois de nove dias seguidos de protestos e tumultos, os moradores de Detroit começam a fugir da cidade. As ruas estão cheias de fumaça. "Minha filha tem medo de dormir à noite", diz Anna Miller, que mora na cidade há trinta anos. Líderes religiosos de Detroit pedem paz e conciliação. Mas a violência não cede; espalha-se para Milwaukee, Filadélfia e Atlanta. "Não queremos briga", diz Elijah Lewis, um mani-

Como seria uma guerra 201

festante de Milwaukee, "mas, se Harris não agir, não vejo o que nos resta fazer."

QUANDO NÓS, nos Estados Unidos, pensamos em guerra civil, costumamos pensar na primeira Guerra Civil do país, que se estendeu de 1861 a 1865. Imaginamos oficiais a cavalo e soldados de infantaria vestidos de azul e cinza investindo uns contra os outros em enormes campos de batalha. Vemos mentalmente a fotografia do presidente Lincoln em Antietam, confabulando com oficiais do lado de fora de uma barraca da União, trajando seu longo casaco e usando uma cartola na cabeça. Ou nos lembramos do Ataque de Pickett, celebrado em pinturas, quando uma massa de soldados confederados avançou contra uma muralha de soldados da União no último dia da Batalha de Gettysburg. Pensamos em corpos espalhados em campos desertos. Em rampas lamacentas e canhões.

Concluímos que uma guerra como essa não poderia voltar a acontecer. Um dos motivos é que o governo americano e suas Forças Armadas são muito mais fortes hoje. Em 1860 as Forças Armadas americanas eram fracas, com apenas 16 mil soldados espalhados pelo imenso continente; a maioria, na verdade, ficava estacionada a oeste do Mississippi, a fim de neutralizar a "ameaça" representada pelos povos nativos.[2] Hoje, as Forças Armadas dos Estados Unidos possuem cerca de 1,3 milhão de soldados na ativa, 900 mil na reserva e aproximadamente 450 mil na Guarda Nacional. Além disso, são capazes de movimentar rapidamente esses soldados para áreas problemáticas. Os confederados não estavam loucos ao pensar que poderiam enfrentar as Forças Armadas ame-

202 *Como as guerras civis começam*

ricanas em 1860. Mas as milícias estão loucas se acham que podem fazer isso hoje.

Há também a questão da geografia. Em 1861, os confederados estavam unidos na decisão de se separar; os líderes dos onze estados do sul concordavam em criar seu próprio país. Isso era possível, em parte, porque os estados estavam geograficamente concentrados numa só região. A maioria dos cidadãos do sul apoiava a secessão; em 1861, havia pouca divergência sobre o que deveriam fazer na esteira da eleição de Lincoln. Hoje, diferentemente, os pretensos secessionistas estão espalhados pelo país, e tentativas de separação — do movimento de independência alasquiano ao movimento secessionista da Cascádia (que reuniria o Oregon, o estado de Washington e a Colúmbia Britânica) — parecem implausíveis. Há também grandes e poderosos bolsões de cidadãos de esquerda vivendo nas áreas urbanas até mesmo dos estados mais conservadores, o que significa que um contingente respeitável de cidadãos seria contra uma medida dessa natureza.

Mas pensar dessa forma — pensar na guerra civil apenas nesses termos — é pobreza de imaginação. As guerras civis hoje têm um aspecto inteiramente diferente. Aqueles que travam guerras contra seus governos no século XXI tendem a evitar de todas as formas o campo de batalha; sabem que quase certamente sairiam perdendo numa guerra convencional contra um governo poderoso. Em vez disso, preferem a estratégia dos fracos: a guerra de guerrilha e o terrorismo. E, cada vez mais, as campanhas internas de terrorismo têm por alvo governos democráticos.[3]

O terror pode ser eficaz numa democracia porque seus alvos — os cidadãos — dispõem de poder político: podem votar

Como seria uma guerra 203

contra políticos incapazes de impedir os ataques. O IRA, o Hamas e os Tigres Tâmeis achavam que quanto mais dor infligissem aos cidadãos comuns, maior a probabilidade de os governos fazerem concessões aos terroristas em troca da paz. De qualquer modo os extremistas ganham: ou convencem os governantes a adotar políticas mais favoráveis a eles (nenhum controle de armas, políticas de imigração mais rigorosas), ou convencem um número suficiente de eleitores a escolher um líder radical mais afinado com eles em termos ideológicos. Além disso, é surpreendentemente fácil lançar mão do terror nas democracias, onde há mais liberdade de movimento e menos vigilância. Existe, também, uma série de restrições constitucionais contra a classificação de grupos domésticos como terroristas, o que lhes dá uma margem de manobra que terroristas de fora não teriam.

Se houver uma segunda guerra civil nos Estados Unidos, os combatentes não se reunirão em campos, nem usarão uniformes. Talvez não tenham sequer comandantes. Eles agirão nas sombras, comunicando-se em fóruns de discussão e redes criptografadas. Suas reuniões ocorrerão em grupos pequenos, em lojas de assistência técnica de aspiradores de pó, em clareiras no deserto ao longo da fronteira do Arizona, em parques públicos no sul da Califórnia ou nas matas nevadas do Michigan, onde farão treinamento militar. Eles entrarão na internet para planejar sua resistência, discutindo estratégias para enfraquecer o governo em todos os níveis e assumir o controle de regiões do país. Promoverão o caos e o medo. E obrigarão os americanos a tomarem partido.

É TÍPICO DOS EXTREMISTAS buscar inspiração para suas crenças em textos canônicos. Os membros da al-Qaeda contavam com um manifesto de trinta páginas de Osama bin Laden intitulado *Declaração de guerra contra os americanos que ocupam a terra dos dois lugares santos*. Os nazistas tinham o *Mein Kampf* de Adolf Hitler, publicado em 1925, catorze anos antes de o Exército alemão invadir a Polônia. Os terroristas líbios podiam recorrer ao *Livro verde* de Muamar Gaddafi — uma homenagem ao *Livro vermelho* de Mao —, em que ele expunha sua visão radical para a reformulação da sociedade líbia.

Nos Estados Unidos, temos *Os diários de Turner*, que o FBI chama de "a Bíblia da direita racista".[4] O livro é o relato fictício de uma revolução ariana que derruba o governo dos Estados Unidos, mas a narrativa — escrita em 1978 por William Pierce, que liderou a Aliança Nacional, um grupo neonazista — oferece um manual de estratégias para transformar o ressentimento racial numa guerra entre raças, descrevendo especificamente como um grupo periférico de ativistas poderia derrubar o governo federal e "despertar" outros brancos para a causa (por meio de ataques terroristas e bombas com alto potencial de provocar fatalidades em massa). Seus temas — a mídia não merece confiança, os agentes federais estão vindo tomar nossas armas, a violência é inevitável — formam uma "inebriante e heroica narrativa que exerce grande apelo para pretensos rebeldes, patriotas e mártires de uma causa", como observou a jornalista Aja Romano.[5] "O livro não só incita seus seguidores a adotarem uma mentalidade de guerra contra os progressistas, mas também ensina que uma guerra de verdade é inevitável."

Os diários de Turner têm inspirado diretamente o terrorismo de extrema direita. Páginas do livro foram encontradas no caminhão de Timothy McVeigh depois do ataque ao prédio federal Alfred P. Murrah, em Oklahoma City. Tanto Patrick Crusius, o suposto atirador do Walmart de El Paso, como John Timothy Earnest, acusado de abrir fogo numa sinagoga em Poway, Califórnia, refletiram ideias de Pierce em seus manifestos. E a influência do livro ficou evidente durante a insurreição no Capitólio.[6] Ele descreve o lançamento de bombas contra a sede do FBI, ataques ao prédio do Capitólio e a instituição do "Dia da Corda", no qual "traidores da raça" — como políticos, advogados, âncoras de TV, juízes, professores e pregadores — são pendurados numa forca. Num vídeo de 6 de janeiro de 2021, um membro dos Proud Boys é visto recomendando a um jornalista a leitura de *Os diários de Turner*.

Mas há também *Siege*, do neonazista James Mason, fã do líder de seita Charles Manson. Nos anos 1980, Mason — que ainda é vivo — escreveu uma série de boletins para o Partido Nazista Americano, nos quais defendia o assassinato e a violência para criar o caos que desestabilizaria o governo do país.[7] Mais tarde, esses escritos foram reunidos num livro. Como informou a ProPublica, Mason incentivava seus discípulos a lançarem uma guerra de guerrilha clandestina para derrubar "o Sistema".[8] Imaginava uma Frente Branca de Libertação descentralizada e de alta mobilidade que executaria incursões-relâmpago a partir do seu esconderijo em "áreas ermas". Mason chegou a divulgar o que os americanos provavelmente vivenciariam primeiro. "Se alguém [pedisse] minha opinião sobre o que buscar", escreveu, "eu diria que uma onda de mortes, ou 'assassinatos' de burocratas do Sistema por homens armados soltos por aí, com uma estratégia bem delineada de antemão, e quase impossíveis de deter."[9]

206 *Como as guerras civis começam*

Em 2017 foi lançada uma nova edição de *Siege*, de 563 páginas, e em junho de 2020 *Os diários de Turner* ocupavam a 46ª posição na lista de mais vendidos da Amazon. Ambos os livros podiam ser comprados na loja, cujo mecanismo de recomendação de leitura sugeria também a aquisição de *White Power, Hunter* (um romance de aventura sobre raça), *Mein Kampf, Revolt Against the Modern World* e *International Jew*. (A Amazon é o maior distribuidor de livros publicados por conta própria e, consequentemente, um site muito popular para vender e distribuir material de extrema direita.)[10] Isso só mudou após o ataque ao Capitólio em janeiro de 2021, depois do qual a Amazon removeu *Siege* e *Os diários de Turner* de seu site.

As guerras civis envolvem cada vez mais algum tipo de limpeza étnica, e, graças em parte a esses textos, há motivos para suspeitar que seria nessa direção que iria uma intensificação da campanha de terror da extrema direita nos Estados Unidos.[11] Em sua tentativa de reajustar a ordem social do país, os terroristas procurariam indispor os cidadãos contra o governo federal; convencer os moderados a aceitarem o novo status quo; silenciar as minorias pela intimidação; e impedir a chegada de novos imigrantes. Além disso, tentariam convencer os americanos comuns de que eles estariam mais seguros se certas pessoas — minorias, liberais, qualquer uma considerada "socialista" — deixassem suas cidades e seus estados, criando um conjunto de etnoestados brancos no interior rural.

Vejamos uma recente decisão do secretário municipal de Stratton, Vermont, de usar a seguinte linguagem na capa do relatório anual da cidade:

Como seria uma guerra 207

Você veio para cá porque não gostava de lá, e agora quer mudar as coisas aqui para que sejam como lá. Não somos racistas, fóbicos ou anti-qualquer-coisa-que-você-seja, apenas gostamos daqui do jeito que as coisas são, e a maioria de nós na verdade se instalou aqui porque aqui não é como lá, onde quer que seja esse lá. Você é bem-vindo, mas por favor pare de tentar fazer com que aqui seja como lá. Se quer que aqui seja como lá, não deveria ter saído de lá e vindo para cá, e está convidado a se retirar e voltar para lá tão logo lhe seja possível.[12]

A migração interna altera a composição étnica e religiosa de uma região, muitas vezes de um jeito que desagrada aos moradores locais, e a limpeza étnica — seja brutal ou sutil — destina-se a reverter esse quadro.

Os cidadãos quase nunca acreditam que uma limpeza étnica poderia acontecer em seu país — lembremo-nos de Daris e Berina em Sarajevo. Mas é aqui que um documento produzido por Gregory Stanton, presidente da Genocide Watch, se revela de extraordinária utilidade. Intitulado "Os dez estágios do genocídio", o documento afirma que os países passam por oito fases antes de chegar a um genocídio, e que uma delas é a remoção de minorias de determinada região pelo uso da força.[13] O governo indiano, numa tentativa de assegurar a maioria hindu na região de Jammu, obrigou muçulmanos a fugirem para o Paquistão entre outubro e novembro de 1947. O desterro rapidamente degenerou na matança de centenas de milhares de muçulmanos por multidões violentas e paramilitares. Em pouco tempo os muçulmanos, que antes representavam 60% da população de Jammu, passaram a ser minoria. O que mais chama a atenção — e causa apreensão — no sistema de Stanton é que os primeiros estágios do genocídio são normais e aparentemente inócuos. De início, os muçulmanos de Jammu foram informados de que estavam sendo "evacuados". Só mais tarde, quando estavam sendo detidos e enfiados em ônibus, ou tentavam cruzar a fronteira, é que eles foram mortos. Se você estiver num país durante os estágios iniciais de um processo de limpeza étnica, talvez nem perceba o caminho perigoso pelo qual esse país está enveredando.

Os estágios um e dois são chamados de "classificação" e "simbolização". Um grupo que está no poder começa a ressaltar as diferenças entre os cidadãos do país, categorizando-os por grupos — como fizeram os colonizadores belgas em Ruanda ao criar carteiras de identidade para os até então indistinguíveis tútsis e hutus —, e então adota certas marcas para se identificar ou para identificar os outros (como os nazistas fizeram ao apropriar-se da suástica e obrigar os judeus a usarem em suas roupas estrelas de davi amarelas). Os Estados Unidos já passaram por ambos os estágios. Consideremos a nossa profunda divisão ideológica: nós nos classificamos por raça, geografia e crenças. Membros das facções de extrema direita do país se apropriaram de símbolos — pensemos na bandeira confederada, que agora está em toda parte, nos chapéus laranja dos Proud Boys ou mesmo nas camisas havaianas ostentadas por extremistas em Charlottesville ou no Capitólio. E membros dos dois partidos já propuseram a emissão de carteiras de identidade nacionais sincronizadas com um banco de dados do governo.[14] O estágio três é o da "discriminação", que é quando um grupo dominante nega ou suprime os direitos de outros pelas leis ou pelos costumes — como fez a maioria budista em Myanmar, tirando dos rohingyas o direito ao voto, os empregos e a cidadania.[15] O estágio quatro, ou "desumanização", segue-se naturalmente: os que estão no poder usam o discurso público para jogar cidadãos comuns contra a minoria-alvo, desqualificando os membros dessa minoria como criminosos (pense nos sérvios com os bosníacos) ou subumanos (pense nos hutus chamando os tútsis de baratas).

Os Estados Unidos já passaram por esses estágios também. A discriminação racial é um velho fato da vida americana. Pesquisas mostram que a probabilidade de os negros que se candidatam a um emprego receberem uma ligação de volta é duas vezes menor que a dos candidatos brancos, ainda que tenham as mesmíssimas qualificações.[16] Outro experimento mostrou que a probabilidade de os legisladores responderem a um e-mail com uma queixa e tomarem alguma providência a respeito da questão é muito maior se o nome do remetente der a impressão de se tratar de uma pessoa branca do que se sugerir se tratar de um negro.[17] As famílias negras conseguem menos empréstimos para comprar casas do que as famílias brancas, e seu acesso fica restrito aos bairros mais pobres.[18] E a recente onda de leis restringindo o voto na Geórgia, no Alabama, em Wisconsin, na Flórida e provavelmente no Texas foi projetada especificamente para atingir as minorias e reduzir o seu comparecimento nas eleições. Trump — assim como os legisladores republicanos e figuras da mídia conservadora que o apoiaram — nos conduziu ao estágio de desumanização, incorporando insultos ao discurso público ao chamar imigrantes de estupradores, animais e assassinos e até mesmo injuriando sua ex-assessora Omarosa Newman, a quem chamou de "cadela".[19] Em maio de 2018, numa reunião da Casa Branca, Trump disse o seguinte a respeito de imigrantes em situação ilegal:

"Vocês não têm ideia de como essas pessoas são más. Não são gente — são animais".[20]

O estágio cinco é o da "organização". É quando um grupo dominante começa a formar um exército ou milícia e a formular planos para erradicar outros grupos. Na Bósnia, Radovan Karadžić, antigo comandante supremo do Exército da República Sérvia, elaborou um plano para exterminar muçulmanos já nos anos 1980.[21] Karadžić imaginava uma força policial secreta que treinaria sérvios para formar grupos paramilitares locais, utilizando armas guardadas em lugares estratégicos na Croácia e na Bósnia. No estágio seis, o da "polarização", o grupo dominante intensifica a propaganda, demonizando e isolando ainda mais o grupo-alvo. Geralmente, a interação entre grupos é desestimulada ou proibida, e membros moderados do grupo dominante — os que resistem a esses esforços ou protestam contra eles — são presos ou mortos. As implacáveis transmissões radiofônicas cheias de ódio disseminadas por extremistas hutus nos meses anteriores ao genocídio em Ruanda foram um exemplo claro disso.

É nesse ponto que os Estados Unidos se encontram hoje: solidamente no estágio cinco, talvez entrando no seis. As milícias, que explodiram na época de Obama, estão cada vez mais organizadas, treinadas e armadas.[22] Stewart Rhodes, veterano do Exército e formado pela Faculdade de Direito de Yale, fundou a Oath Keepers em 2009, e fala em guerra civil desde então. Quando Kyle Rittenhouse, de dezessete anos, supostamente matou duas pessoas durante protestos em Kenosha, Wisconsin, Rhodes o chamou de "um herói, um patriota". E, depois que um partidário de Trump foi morto em Portland, Oregon, tuitou: "O primeiro tiro foi dado, irmão. A guerra civil está

Como seria uma guerra

aqui, neste exato momento". Extremistas do Partido Republicano, bem como seus seguidores, preferem cada vez mais ampliar a propaganda radicalizadora pelo rádio e pela internet. Marjorie Taylor Greene, republicana da Geórgia recém-eleita para o Congresso americano, tem endossado repetidamente o uso da violência contra democratas, dizendo que "a única maneira de recuperar nossa liberdade é conquistá-la ao preço do sangue".[23] Moderados que resistem a essas opiniões, ou que se recusam a adotá-las, como o representante republicano Tom Rice, da Carolina do Sul, e a representante Liz Cheney, do Wyoming, têm sido censurados pelo Partido Republicano, ou até ameaçados de morte, como aconteceu com Peter Meijer, representante republicano do Michigan, depois de votar a favor do impeachment de Donald Trump.[24]

Os extremistas dos Estados Unidos apoiam hoje uma ideia conhecida como aceleracionismo: a convicção apocalíptica de que a sociedade moderna é irrecuperável e seu fim precisa ser apressado, para que uma nova ordem surja. De certa forma, é o seu jeito de falar sobre empurrar o país rumo à insurgência e talvez até mesmo à limpeza étnica. Seus adeptos acreditam que não estão avançando o suficiente pelos meios convencionais — comícios, eleição de políticos de direita — e que, por isso, precisam apressar a mudança pela violência. Como explicou a especialista em terrorismo JJ MacNab, eles estão procurando um pretexto para incitar o conflito, das medidas restritivas contra a covid-19 aos protestos por justiça racial.[25] A esperança deles é que isso provoque uma reação em cadeia de violência, que, por sua vez, leve cidadãos moderados — os olhos agora abertos para a opressão do governo e para a injustiça social — a se juntarem à causa. MacNab vê até a possibilidade de extremistas de direita se juntarem à extrema esquerda:

> Acho que alguns grupos extremistas tradicionalmente de esquerda perceberam que estão no mesmo barco. Estão igualmente insatisfeitos. Sentem-se privados de seus direitos. Não têm controle algum sobre a própria vida, sobre o governo ou sobre o que quer que seja. Esse é o seu jeito de se comportarem mal.[26]

A Atomwaffen Division (AWD) foi o primeiro grupo aceleracionista a conquistar notoriedade, em parte por causa de um documentário divulgado pela ProPublica e pelo *Frontline*, da PBS, em 2018.[27] Fundada dois anos antes no Iron March, um fórum fascista da web ligado ao nacionalista russo Alisher Mukhitdinov, a Atomwaffen, termo alemão para "armas nucleares", é um grupo neonazista, antissemita, fascista e nacional-socialista que acredita que a violência generalizada provocará uma guerra racial e permitirá que eles reconstruam a sociedade como uma utopia branca.

Os especialistas estimam que a AWD tenha de cinquenta a cem membros, todos jovens, todos brancos. O livro de James Mason é leitura obrigatória para os novos recrutas, e os fóruns de discussão do grupo contêm uma série de referências aos *Diários de Turner*. Apesar de pequeno em tamanho, trata-se de um dos mais violentos grupos da direita alternativa nos Estados Unidos,[28] vinculado a múltiplos assassinatos e ataques no país. (Em 2017, ao ser preso pelo assassinato de dois colegas de quarto na Flórida, o ex-membro da AWD Devon Arthurs deixou acima dos corpos um santuário dedi-

Como seria uma guerra

cado aos *Diários de Turner*.) O grupo atualmente está sediado no Texas, onde se reúne em "acampamentos de ódio" para treinar. Além disso, esteve na Europa para praticar com outros grupos de extrema direita. Em 2019 e 2020, o FBI prendeu integrantes da AWD em todo o país, e James Mason declarou a organização morta. (Mason, apesar de idolatrado pelo grupo, não faz parte dele.) No verão de 2020, no entanto, histórias sobre novas células da AWD se espalharam pelas plataformas de notícias. Em agosto de 2020, o grupo mudou de nome, passando a se chamar National Socialist Order (NSO) e adotando uma nova estrutura de liderança.[29]

Membros da AWD estavam entre os participantes do comício Unite the Right, em Charlottesville, berrando coisas como "Vocês não vão tomar o nosso lugar!" enquanto marchavam, segurando tochas.[30] Logo depois do comício, a hashtag #ReadSiege se espalhou pelo Twitter como fogo no mato. Alguns no grupo acharam o evento — e as prisões, o banimento das redes ("desplataformização") e a mídia ruim que vieram em seguida — desanimador, prova de que Mason estivera certo o tempo todo: eles não teriam êxito se permanecessem dentro dos limites da lei. Como disse um ex-membro da AWD para o jornalista investigativo A. C. Thompson (que fez o documentário para a ProPublica), Charlottesville levou o grupo a se voltar para a violência, porque alguns integrantes consideraram seus esforços ineficazes. "Reuniões gigantescas não funcionam", explicou ele.[31] "O máximo que acontece é as pessoas serem presas, perderem o emprego e terem seu nome incluído numa lista de suspeitos do FBI." A resposta, acrescentou ele, era mergulhar na clandestinidade e buscar uma forma de terrorismo de células conhecida como "resistência sem líder".

O termo "resistência sem líder" surgiu nos anos 1950 com um ex-agente da CIA chamado Ulius Amoss, que investigava formas de proteger células de resistência apoiadas pela CIA na Europa Oriental.[32] O conceito foi apropriado por Louis Beam, soldado na Guerra do Vietnã que, depois de voltar para os Estados Unidos, entrou para a Ku Klux Klan. Em 1983, Beam publicou um artigo defendendo a resistência sem líder como a melhor maneira de os nacionalistas brancos continuarem sua luta contra o governo dos Estados Unidos, bem mais poderoso. Beam acreditava que o movimento só teria chance de sobreviver descentralizando-se. Como lembra J. M. Berger, ele imaginava uma série de grupos pequenos e independentes, e até mesmo de atores solitários, coordenando informalmente suas atividades com base em informações distribuídas por meio de folhetos e jornais.[33] Beam também achava importante que os grupos tivessem números reduzidos, porque seria impossível para o FBI identificar, se infiltrar e investigar tantos indivíduos e grupos minúsculos e diversificados. "Mil células fantasmas pequenas [...] seriam um pesadelo para os serviços de inteligência do governo", escreveu.

Mas, numa era pré-internet, era difícil para células pequenas e desconectadas se comunicarem entre si e recrutarem novos membros por meio de folhetos. Isso mudou com as redes sociais. De repente os grupos eram capazes não apenas de coordenar — por intermédio de plataformas como 4chan, Twitter, Facebook, YouTube e Telegram — mas também de atrair milhares de novos membros. Dois grupos na linha de frente dessa revolução on-line foram a al-Qaeda e o Estado Islâmico; a al-Qaeda chegou a criar uma revista on-line chamada *Inspire*, trazendo instruções, passo a passo, sobre como praticar ataques terroristas.[34] Ambos os grupos adotaram a ideia da

Como seria uma guerra 215

resistência sem líder. A estratégia descentralizada da al-Qaeda passou a ser conhecida como "jihad sem líder".

Nos Estados Unidos, o melhor exemplo de movimento de resistência sem líder talvez seja o Boogaloo Bois.[35] Associação informal de diferentes grupos de extrema direita — pró-armas, direita radical, anárquicos —, o movimento se consolidou primeiro no 4chan e depois no Instagram, no Reddit e no Facebook. O Boogaloo não tem uma estrutura de liderança nem seções locais. Não tem manifesto nem sequer uma ideologia plenamente enunciada — pelo menos até o momento —, e seus objetivos finais diferem a depender do grupo que estejamos seguindo no Facebook ou no Telegram. Seus membros, no entanto, estão unidos no desejo de conduzir os Estados Unidos a uma guerra civil para mudar a situação atual. Trata-se sobretudo de jovens brancos que acreditam que uma revolução no país é iminente e necessária. Eles chamam esse duelo de "Guerra Civil 2: Electric Boogaloo", em referência ao filme sobre break, a dança, de 1984 *Breakin' 2: Electric Boogaloo*.[36] (O filme serve de base para uma velha piada na internet sobre sequências cinematográficas, e as floridas camisas havaianas adotadas como uniforme pelos membros do grupo têm origem numa deturpação do termo "boogaloo" em "big luau", ou "grande luau".) Apoiadores do movimento recomendam que as pessoas estejam "prontas para o boogaloo" ou "tragam o boogaloo".[37] Adam Fox, um dos autores do complô para sequestrar a governadora Whitmer, referia-se ao Boogaloo como "a batalha que explodiria se o governo tentasse suprimir os direitos da Segunda Emenda".[38] Outro acusado de participar do complô, Joseph Morrison, o líder da Wolverine Watchmen, referia-se a si mesmo nas redes sociais como "Boogaloo Bunyan".[39]

Não se sabe exatamente de que forma o Boogaloo Bois planeja atingir seus objetivos. Alguns indivíduos simplesmente querem provocar o caos. Outros veem a guerra civil como necessária para combater abusos do governo, especialmente com relação a armas. Outros desejam matar imigrantes. O que está claro, porém, é que os membros do grupo são capazes de aparecer em grandes números. A primeira vez que a maioria dos americanos ouviu falar no movimento Boogaloo foi em janeiro de 2020, quando um bando de homens brancos vestidos com camisas havaianas e portando fuzis de assalto apareceu num gigantesco comício pró-armas em Richmond, Virgínia.[40] As camisas chamaram a atenção; eram numerosas demais para que fosse mera coincidência. O movimento então cresceu rapidamente durante a pandemia de covid-19, com algumas pessoas reagindo ao que consideravam medidas tirânicas de autoridades do governo para privar os americanos de suas liberdades. Homens com camisas havaianas começaram a aparecer maciçamente em protestos em todo o país contra as medidas de isolamento. Na primavera de 2020, um grupo de vigilância identificou 125 grupos "boogaloo" no Facebook.[41] Segundo um relatório, mais de metade havia sido estabelecida entre fevereiro e abril de 2020, à medida que o uso de máscaras e o fechamento do comércio se generalizava no país. No verão daquele ano, havia mais de 10 mil adeptos.

No Facebook, membros do Boogaloo compartilham livros de estratégia militar e manuais de instrução para fabricar explosivos caseiros.[42] Um grupo chegou a compilar um documento descrevendo minuciosamente as linhas de suprimento do governo, para que armas e munição possam ser afanadas, se necessário, além de uma lista de funcionários do governo

Como seria uma guerra 217

a serem, potencialmente, visados ou assassinados.[43] A bíblia do grupo é o *Yeetalonian*, um documento de 133 páginas que aborda o passo a passo para a guerra e ensina como conquistar a simpatia e o apoio do público por meio de propaganda. O Boogaloo Bois já se envolveu em atos de violência em comícios, matou policiais e orquestrou grandes complôs contra o governo.[44] (O grupo miliciano Wolverine Watchmen, envolvido na conspiração para sequestrar a governadora Gretchen Whitmer, inclui apoiadores do Boogaloo. E três homens presos em Las Vegas por incitarem a violência em protestos também fazem parte do movimento.)

Em maio de 2020, o Facebook proibiu o uso de "boogaloo" e termos similares em conjunto com menções a armas ou apelos à ação.[45] Em seguida, mudou seus algoritmos de recomendação, removeu centenas de contas e grupos associados ao movimento e baniu conteúdos do Boogaloo de suas plataformas. Mas os membros do grupo correram para outras redes sociais, como Gab e Telegram, que são criptografadas. Isso só significa que será mais difícil limitar o seu alcance e a sua influência.

Contudo, se houver outra guerra civil, esses serão seus soldados. Atualmente, existem centenas de grupos de extrema direita nos Estados Unidos que acham que o país precisa de um grande conflito para se corrigir. Seus nomes podem mudar — Proud Boys, Three Percenters e Oath Keepers são os maiores no momento —, mas eles têm objetivos semelhantes. Não querem que o governo federal se meta em suas vidas. Defendem menos leis e menos restrições a suas liberdades. Desejam cada vez mais que homens brancos e cristãos estejam no comando. E acreditam que a violência é a maneira de transformar sua visão em realidade.

218   *Como as guerras civis começam*

A NATUREZA DIFUSA e em rápida evolução dos grupos extremistas surgidos dentro do país pode torná-los de difícil penetração e de comportamento imprevisível. Mas examinar a maneira como os terroristas se prepararam para a batalha e a conduziram em outras democracias pode nos ajudar a imaginar como uma guerra civil se desenrolaria nos Estados Unidos. Assim como há grandes e múltiplos *datasets* dedicados a examinar a multidão de fatores que levam à guerra civil, há também *datasets* que examinam as muitas dimensões das campanhas organizadas de terror. Centenas de estudos tentaram descobrir quem são as pessoas que tendem a se envolver com o terror, em que momento costumam fazê-lo e com que eficácia o terror ajuda um grupo rebelde a alcançar seus objetivos. Apesar de cobrirem o terrorismo em geral — e não especificamente o terrorismo doméstico —, esses estudos podem nos ajudar a identificar táticas e estratégias comuns.

Há inúmeras estratégias que os insurgentes tendem a usar contra democracias poderosas. Uma delas é essencialmente a guerra de atrito, envolvendo uma série contínua de ataques contra pessoas e infraestruturas públicas: prédios federais, mercados, escolas, tribunais, sistemas de transporte e redes de eletricidade. Esse tipo de campanha destina-se a infligir dor nos cidadãos até que eles implorem por uma trégua e exijam que o governo ceda às demandas dos terroristas. O Hamas empregou essa estratégia durante anos, detonando bombas em ônibus em Jerusalém, Nablus e Berseba; lançando ataques suicidas em cafeterias de Tel Aviv; ocultando explosivos para atingir carros em ruas movimentadas de Haifa; e bombardeando clínicas de saúde, shopping centers e postos de controle. O ataque da al-Qaeda nos Estados Unidos no

Como seria uma guerra 219

Onze de Setembro também foi parte de uma guerra de atrito; veio depois de uma série de ataques contra outros alvos americanos, incluindo duas embaixadas dos Estados Unidos na África e o destróier USS *Cole*. A estratégia funcionou: convenceu os Estados Unidos a retirarem seus soldados da Arábia Saudita, um dos principais objetivos da al-Qaeda.

Se as demandas dos grupos de extrema direita nos Estados Unidos forem ignoradas, eles podem recorrer à mesma estratégia. Uma campanha clássica de guerra de atrito visaria edifícios de grande valor, infraestrutura e pessoas — qualquer coisa que possa infligir dor financeira ou psicológica na população dos Estados Unidos. Isso incluiria não apenas igrejas e sistemas de metrô, mas prédios do Federal Reserve, capitólios estaduais ou monumentos em Washington, D.C. Além disso, atingiria cidadãos com maior probabilidade de votar em candidatos liberais, como imigrantes ou aqueles que vivem em cidades ou estados decisivos. Extremistas violentos continuariam a atacar esses locais e indivíduos independentes até que os governantes fizessem as concessões exigidas, ou até que os eleitores substituíssem seus políticos por outros mais simpáticos à causa dos terroristas.

Outra estratégia é a intimidação. Se você não consegue derrubar o governo central, então pode utilizar a violência para subjugar a população. A violência dirigida pode ser usada para intimidar agentes do governo federal — policiais, servidores públicos, membros do Congresso e do Judiciário — e convencê-los a não aplicar as leis. É para isso que servem as ameaças de morte contra republicanos do Congresso como Peter Meijer. Extremistas violentos podem atacar e matar políticos liberais que votem a favor do controle de armas, juízes que decidam a favor do direito ao aborto ou policiais que protejam as liberdades civis de imigrantes. Mas também podem atacar republicanos moderados que não façam o que eles desejam. As milícias se tornam uma forma de justiçamento destinada a impedir a implementação de mudanças sociais. Os cartéis mexicanos de drogas adotaram essa estratégia contra juízes e policiais que recusavam suborno para fazer vista grossa ao lucrativo negócio das drogas. Quando corpos decapitados começaram a aparecer nas ruas de Ciudad Juárez e Tijuana, os agentes do governo passaram a hesitar muito mais em aplicar a lei, e os cartéis de drogas e seus chefões ficaram mais livres para agir.

Já vimos esse tipo de estratégia em ação nos Estados Unidos. A intimidação era a tática preferida da Ku Klux Klan, que respondeu à ampliação dos direitos civis pelo governo recorrendo à violência e ao assassinato para suprimir o voto negro, controlar os Legislativos estaduais e fazer valer a supremacia branca no Sul.[46] A intimidação também tem sido a tática dos terroristas antiaborto quando atacam clínicas da Planned Parenthood ou os médicos que realizam o procedimento. Se o governo não torna o aborto ilegal, então esses extremistas recorrem à violência para impedir que as mulheres tenham acesso aos procedimentos e aos médicos necessários. Esse mesmo pensamento motivou Patrick Crusius, o acusado do tiroteio em El Paso. Em seu manifesto, ele escreveu que o massacre deveria servir de "incentivo" para que latino-americanos deixassem o país.[47]

Num país impregnado de armas, milícias legais e leis de porte ostensivo, políticos e cidadãos têm boas razões para sentir medo. Isso é ainda mais verdadeiro nas áreas rurais, onde o alcance do governo federal é menor e onde jurisdições superpostas dos governos federal, estadual e local deixam os cida-

Como seria uma guerra

dãos inseguros sobre quem está realmente no comando. Um dos atributos próprios dos Estados Unidos é sua estrutura federal descentralizada, mas isso também deixa o país vulnerável à possibilidade de elementos desonestos e criminosos assumirem o controle de uma região — conquistando até mesmo o apoio da polícia local. Milícias em nível estadual são legais em 22 estados, e durante a pandemia elas muitas vezes se posicionaram como defensoras dos pequenos negócios que insistiam em permanecer abertos apesar do lockdown decretado pelo governo.[48] Em Kenosha, Wisconsin, uma convocação do ex-vereador Kevin Mathewson para que cidadãos armados protegessem a cidade na esteira dos protestos do Black Lives Matter atraiu centenas de homens para a cidade. Quando Kyle Rittenhouse foi acusado de matar dois manifestantes e ferir um terceiro, seu advogado argumentou que o envolvimento do adolescente na milícia era uma necessidade. "Ele estava em Kenosha exercendo seu direito e seu dever de proteger a comunidade, uma vez que o governo estadual e o governo local mostraram-se inteiramente incapazes de cumprir com sua atribuição básica de garantir a lei e a ordem."[49]

Há também uma estratégia de terror conhecida como "maior oferta". Ela é usada quando um grupo militante compete com outros para consolidar seu domínio. O Hamas adotou os ataques suicidas em parte para mostrar que era mais dedicado à causa palestina do que o seu principal concorrente, a Fatah. O Estado Islâmico, que mais tarde entraria na guerra civil da Síria, voltou-se para os sequestros e os assassinatos brutais em parte para se distinguir de um grupo rival, o Jabhat al-Nusra. Grupos rebeldes que adotam ideologias e métodos extremos costumam ter melhor desempenho na guerra do que grupos mais moderados.[50] Isso ocorre porque costumam atrair uma força de combate mais empenhada e partidários mais determinados. Grupos extremistas também tendem a exercer maior poder psicológico oferecendo maiores recompensas: honra, status de mártir e glória na outra vida. Além disso, uma ideologia extrema isola os menos dedicados a uma causa, reduzindo problemas relacionados a mau desempenho, mudança de lado ou traição.

Ainda não vimos a estratégia da maior oferta nos Estados Unidos, mas é fácil imaginá-la aqui à medida que os grupos de direita proliferam. O que o Estado Islâmico fez no Iraque e na Síria serve de modelo: o grupo investiu pesadamente em propaganda pela internet, anunciando sua força militar e divulgando tanto os atos brutais que estava disposto a cometer como os serviços públicos que pretendia oferecer às populações locais. Ao entrar numa cidade, rapidamente atacava os líderes da oposição.[51] Se isso viesse a ocorrer nos Estados Unidos, veríamos um grupo extremo, como a Atomwaffen, adotando atos de violência cada vez mais brutais, para provar ser mais forte, mais capaz e mais dedicado à causa do que outros grupos.

Uma última estratégia de terror é a "frustração". Os terroristas adotam essa tática quando temem que grupos mais moderados — os que abandonam a violência em troca de concessões do governo, por exemplo — façam acordos e subvertam o objetivo maior de estabelecer um novo etnoestado, quando as relações entre grupos insurgentes mais moderados e o governo começam a melhorar, e acordos de paz parecem iminentes. Os terroristas sabem que a maioria dos cidadãos não apoiará a continuação da violência depois que um acordo entrar em vigor. Quando radicais iranianos sequestraram 52 americanos

Como seria uma guerra   223

em Teerã, em 1979, não foi porque as relações entre os Estados Unidos e o Irã estivessem piorando, e sim porque havia sinais de reaproximação: três dias antes, Mehdi Bazargan, primeiro-ministro iraniano relativamente moderado, e Zbigniew Brzezinski, conselheiro de segurança nacional dos Estados Unidos, tinham aparecido juntos numa fotografia trocando um aperto de mãos.[52] Os radicais sabiam que a reconciliação entre os dois países seria um desastre para si, e por essa razão fizeram o que estava a seu alcance para impedir que isso acontecesse. Negociações de paz árabe-israelenses e conversas entre protestantes e católicos na Irlanda do Norte também foram "frustradas" dessa maneira.

Nos Estados Unidos, poderíamos imaginar os Proud Boys, os Three Percenters e os Oath Keepers por fim formando uma aliança. (Grupos rebeldes em guerras civis costumam unir forças, ainda que apenas temporariamente.) O novo grupo unificado poderia então decidir assinar um acordo de paz com o governo federal, garantindo que não haja nenhuma legislação futura sobre controle de armas, ou que a imigração seja significativamente reduzida — ou quaisquer outros termos aceitáveis para a maioria dos apoiadores do grupo. Por definição, os grupos antigoverno e os grupos supremacistas brancos mais radicais ficariam de fora desse acordo, porque nenhuma concessão os ajudaria a atingir seu objetivo final: o estabelecimento de um etnoestado branco. Seu único recurso, então, seria tentar frustrar o acordo. E a melhor maneira de fazer isso seria desencadeando uma guerra civil.

Para tanto, eles provavelmente precisariam de apoio estrangeiro. O IRA, em grande parte, sobreviveu graças ao substancial respaldo financeiro de americanos de origem irlandesa que moravam nos Estados Unidos. Os rebeldes Contras na Nicarágua só puderam continuar lutando porque foram financiados pelos americanos. Os rebeldes na região do Donbass, na Ucrânia, dependiam da assistência material e da mão de obra da vizinha Rússia.[53] E o êxito do Hezbollah deveu-se em grande parte ao patrocínio da Síria, do Irã e do Líbano. Nos Estados Unidos, grupos terroristas poderiam ser ajudados por inimigos externos (China, Rússia e Irã) e por grupos de supremacistas brancos simpatizantes de sua causa em outros países de maioria branca (Canadá, Ucrânia, Reino Unido). Graças à internet, isso seria fácil. A China e a Rússia poderiam, sem grande dificuldade, fornecer dinheiro e materiais para grupos de extrema direita. A Ucrânia poderia oferecer treinamento e experiência de combate. E o interior do Canadá poderia proporcionar refúgio seguro para grupos visados pelo governo americano. O movimento Rise Above, grupo supremacista branco baseado na Califórnia, viajou à Ucrânia para treinar com o Batalhão de Azov. Como informa Tim Hume em artigo na *Vice*, o Batalhão de Azov tem distribuído panfletos em concertos neonazistas na Europa, produzido vídeos de propaganda e encabeçado conferências da extrema direita na Escandinávia. Eles venderam a guerra na Ucrânia como uma forma de dar experiência de combate a grupos de extrema direita — experiência que pode ser usada depois para treinar outros militantes. Como disse a Hume a analista de inteligência Mollie Saltskog: "Temos agora uma rede global de supremacistas brancos violentos que podem facilmente manter contato em diferentes plataformas, voltar para casa, espalhar essa propaganda, conduzir treinamentos ou seguir para a próxima luta".[54]

Como seria uma guerra 225

Os passos em direção à limpeza étnica costumam ser tão graduais que é difícil percebê-los. Mas, de acordo com "Os dez estágios do genocídio", há uma mudança perceptível no estágio sete. Conhecido como o estágio de "preparação", é nele que um grupo dominante forma um exército. Os líderes também doutrinam a população para lhes incutir o temor de se tornarem vítimas, afirmando que, "se não os matarmos, eles nos matarão". É depois dessa catequese que o país pode rapidamente explodir nos estágios oito e nove — os da "perseguição" e do "extermínio" —, passando, em seguida, para o estágio final, o da "negação", quando os criminosos negam ter cometido crimes. A Turquia ainda se recusa a admitir o genocídio de armênios, cem anos depois do evento.

O estágio sete é significativo, em outras palavras, porque é quando a lógica do genocídio se desenvolve como uma forma de autodefesa. É comum achar que a limpeza étnica é motivada pelo ódio. Há ódio, claro, mas o verdadeiro combustível é o medo — o medo de que você esteja sob ameaça e seja vulnerável.[55] Os empreendedores da violência exploram essa apreensão, despertando o instinto de sobrevivência que nos leva a destruir nossos inimigos antes que eles nos destruam. Nos julgamentos de Nuremberg, Hermann Göring foi entrevistado por um jovem psicólogo americano, Gustave Gilbert, que lhe disse que achava que as pessoas comuns não queriam ser arrastadas para a guerra. Göring respondeu:

Ora, é claro que as pessoas não querem a guerra. Por que um sujeito que vive numa fazenda vai querer arriscar a vida na guerra se o melhor que lhe pode acontecer na guerra é voltar para a fazenda são e salvo? [...] É sempre muito simples manipular as pessoas. [...] Basta dizer que elas estão sendo atacadas e denunciar os pacifistas por falta de patriotismo e por exporem o país a um perigo ainda maior.[56]

Esse medo existencial leva a uma corrida armamentista interna, na qual um grupo é induzido a sentir-se inseguro e, numa tentativa de sentir-se mais seguro, forma milícias e compra armas, o que, por sua vez, faz o grupo rival sentir-se inseguro, e também formar milícias e adquirir armas — o que, então, leva o primeiro grupo a armar-se ainda mais. Os dois lados acreditam estar tomando medidas defensivas, mas o efeito disso é criar ainda mais insegurança, com tendência a evoluir para a guerra. Os sérvios comuns na Bósnia não queriam a guerra. Nem os hutus comuns em Ruanda. Seus líderes, no entanto, precisavam que os cidadãos comuns lutassem em seu nome, para conquistar poder. A solução? Dizer àqueles em seu grupo que eles logo seriam atacados, levando muitos a agirem. Os organizadores do genocídio em Ruanda usaram os jornais e a rádio estatal para divulgar ideias falsas: que os tútsis eram recém-chegados que não tinham direito à terra e perpetuavam o empobrecimento dos hutus, e que estes tinham o direito de se proteger. Um relatório do Human Rights Watch concluiu que "foi particularmente a última ideia — a de que os hutus estavam sendo ameaçados e precisavam se defender — que teve mais êxito em mobilizar ataques contra os tútsis a partir de 1990, até o genocídio de 1994".[57]

Uma população armada aumenta a probabilidade desse tipo de dilema de segurança. A venda de armas de fogo nos Estados Unidos bateu um recorde histórico em 2020, com 17 milhões de unidades vendidas entre janeiro e outubro.[58] Os

Como seria uma guerra 227

compradores eram, na maioria, conservadores, que tendem a adquirir armas em resposta a vitórias eleitorais democratas (16,6 milhões de armas de fogo foram vendidas em 2016, como resultado da candidatura de Hillary Clinton, que defendia uma forte legislação antiarmas). Foi o maior número de armas de fogo vendidas num único ano em toda a história dos Estados Unidos, de acordo com o economista-chefe da consultoria de pesquisa Small Arms Analytics. Muitas vendas foram para pessoas que nunca tinham comprado uma arma antes, sugerem os dados, e os pesquisadores da Universidade da Califórnia em Davis descobriram que esses novos proprietários foram motivados sobretudo pelo medo da anarquia e da instabilidade do governo. De acordo com Kareem Shaya, defensora da Segunda Emenda, "o traço comum é a incerteza, um sentimento de que, 'se ninguém vai tomar conta de mim, quero ser capaz de me defender se a situação chegar a um ponto crítico'".[59]

Se os Estados Unidos vão se ver ou não num dilema da segurança vai depender de os grupos de esquerda — liberais, minorias, moradores urbanos — decidirem ou não que também precisam se armar. Há indícios de que isso já começou a acontecer: a associação informal de ativistas de esquerda conhecida como antifa, que se define como oposição ao fascismo, ao nacionalismo e ao racismo, ficou mais ativa nos últimos anos. Na primavera de 2017, por exemplo, a antifa lançou martelos, canos e explosivos de fabricação caseira contra manifestantes da direita alternativa na Califórnia; dois anos depois, a polícia matou um membro da antifa que se preparava para detonar um tanque de propano numa instalação do Serviço de Imigração e Controle Aduaneiro dos Estados Unidos em Washington.

Um movimento mais amplo na esquerda parece estar crescendo. Em 2019, apenas 8% dos incidentes de terrorismo eram cometidos por grupos de esquerda; em 2020, foram 20%.[60] Grupos armados, como a Socialist Rifle Association — que se dedica "a oferecer a pessoas da classe trabalhadora as informações necessárias para que possam se armar efetivamente em defesa própria e da comunidade"[61] — e a Not Fucking Around Coalition, grupo miliciano nacionalista negro que apoia o autopoliciamento e o treinamento no uso de armas de fogo em comunidades negras, apareceram em Louisville, Kentucky, na esteira do assassinato de Breonna Taylor, e em Stone Mountain, Geórgia, a fim de protestar contra o maior monumento confederado do país.[62] A Redneck Revolt, que prega a "defesa organizada de nossas comunidades", foi fundada em 2009 e reformada no verão de 2016.[63] Seus membros têm aparecido em protestos para proteger minorias, bem como em feiras de armas, mercados de pulgas, feiras estaduais e corridas da stockcar, para tentar conter o recrutamento de pessoas por grupos supremacistas brancos.

De qualquer forma, ainda que os grupos de esquerda se armem, não são eles que vão provocar o duelo final, em parte porque seus membros, quase sempre minorias étnicas, historicamente sofreram repressão; as milícias negras não têm sido tão bem toleradas quanto as milícias brancas. O movimento de esquerda, com sua associação informal de subgrupos, também é mais diversificado, incluindo desde anarquistas, ambientalistas radicais e ativistas dos direitos dos animais até antiglobalistas, anticapitalistas e defensores do direito às armas, o que dificulta a coordenação. Mais importante ainda, no entanto, é que os grupos de esquerda simplesmente têm menos a perder num mundo em transformação, e menos a ganhar com a violência.

Como seria uma guerra 229

A coalizão de minorias que apoia o Partido Democrata e os extremistas que lutariam em seu nome sabem que o tempo é seu aliado: desde que o sistema não seja manipulado de maneira absurda a fim de prejudicá-los, eles são a futura maioria. Apesar disso, o fantasma de radicais de esquerda fazendo demonstrações de força é o que os extremistas de direita vão invocar para provocar o medo e, em última análise, justificar sua própria violência. É a prova que eles vão usar a fim de conquistar mais apoio para o seu movimento. Trump já deu o exemplo quando ele e sua equipe de segurança nacional afirmaram que a maior ameaça de terrorismo doméstico nos Estados Unidos vem da antifa, empregando recursos para erradicar os grupos de esquerda e ao mesmo tempo ignorando os grupos de extrema direita. Dizer que a esquerda é violenta e está cheia de terroristas é uma boa narrativa de medo — cria um inimigo comum e reforça a ideia de autodefesa.

Não é preciso que uma grande porcentagem da população esteja envolvida para que haja limpeza étnica num país. Pequenos números de cidadãos bem armados — com a ajuda da polícia e das Forças Armadas — quase sempre bastam para levar ao estágio nove, a fase de "extermínio". Com efeito, Benjamin Valentino, da Faculdade de Dartmouth, descobriu que um número surpreendentemente pequeno de pessoas é capaz de se organizar e mobilizar para cometer genocídios em grande escala.[64] Basta que o restante da população cruze os braços, o que pode ser facilmente conseguido com intimidação. Na Bósnia, por exemplo, a violência de Višegrad foi perpetrada por um homem, Milan Lukić, e quinze camaradas bem armados, incluindo seu irmão e um primo. A maioria dos cidadãos não participou da luta.

Os Estados Unidos não estão à beira do genocídio. Mas, se as milícias se expandirem rapidamente e os empreendedores da violência conseguirem provocar histeria entre os cidadãos quanto à necessidade de autodefesa, o estágio sete talvez surja no horizonte. Se as milícias ficarem mais ousadas e a sensação de insegurança aumentar, o terrorismo de direita nos Estados Unidos talvez alcance um objetivo mais imediato: empurrar o país ainda mais voluntariamente para o autoritarismo. Campanhas contínuas de terror costumam fazer os cidadãos penderem ideologicamente para a direita, a favor de candidatos da lei e da ordem; isso costuma trazer políticos ainda mais conservadores para o poder. Foi o que ocorreu em Israel durante a segunda intifada. O terror fez o público israelense pender para a direita, em apoio de um projeto pró-segurança da extrema direita.[65] Algo parecido aconteceu nos Estados Unidos depois do Onze de Setembro; um grande estudo revelou que os ataques, apesar de lançados por terroristas estrangeiros, tornaram os cidadãos mais ativos na política, mais envolvidos nas Forças Armadas e mais propensos a deixarem a condição de independentes e se filiarem aos republicanos.[66]

Há indícios de que os americanos de fato apoiariam um governo mais autoritário. O número daqueles com uma visão negativa da democracia cresceu de 9% em 1995 para 14% em 2016.[67] Enquanto isso, um estudo recente, de autoria de dois cientistas políticos de Yale, revelou que apenas 3,5% dos americanos — republicanos ou democratas — deixariam de votar em seu candidato se ele dissesse ou fizesse alguma coisa antidemocrática, como fechar seções eleitorais.[68] A fé no governo despencou: de 1964 a 2019, a fatia de americanos que acreditam que Washington está fazendo "o que é correto" encolheu de

Como seria uma guerra 231

77% para 17%.[69] Os americanos também estão perdendo a fé uns nos outros: a porcentagem dos que não confiam na capacidade do eleitorado de tomar boas decisões políticas subiu de 35% em 1997 para 59% em 2019.[70] Talvez mais preocupante ainda, a parcela dos que veriam um "governo militar" como algo bom aumentou de apenas 7% em 1995 para 18% em 2018.[71]

Foi uma sorte para os Estados Unidos que seu primeiro presidente autocrático moderno não fosse nem inteligente nem tivesse traquejo político. Outros republicanos, mais ambiciosos e mais competentes — Tom Cotton, Josh Hawley —, observaram os acontecimentos e vão procurar se sair melhor. Tentarão adotar os 88 milhões de apaixonados seguidores de Trump, sabendo que o Partido Republicano fará tudo o que esses eleitores desejarem. Ou novos políticos surgirão, com novas regras de sua autoria. Até onde irão esses líderes? Até que ponto vamos permitir que isso aconteça?

8. Como impedir uma nova guerra civil americana

QUANDO EU ESTAVA NA FACULDADE, em meados dos anos 1980, meus colegas e eu fomos solicitados a identificar em que lugar do mundo era mais provável que uma guerra civil explodisse. Sem hesitação, respondemos: na África do Sul.[1] O sistema de apartheid do país, que impunha a segregação entre grupos étnicos definidos pelo governo — brancos, negros e mestiços —, estava sob crescente pressão, com a maioria negra da população resistindo às restrições e a minoria branca dominante respondendo com violência. Em 1976, o governo tinha feito disparos contra multidões de estudantes negros, matando pelo menos 176, num incidente que provocou indignação internacional. Mas, em vez de introduzir reformas, o regime do apartheid adotou uma política de "assalto total" contra os cidadãos negros, declarando em 1985 um estado de emergência que permitia prisões indiscriminadas, assassinatos pela polícia e tortura.

A África do Sul reunia todos os fatores de risco associados à guerra civil: em 1988 era uma anocracia, como vinha sendo havia décadas, pontuando apenas +4 no índice de democracia dos sistemas políticos. Possuía um governo de minoria que alijava as pessoas do poder com base em questões raciais. Além disso, os cidadãos brancos se consideravam herdeiros legítimos

Como impedir uma nova guerra civil americana 233

do país. Achavam que qualquer mudança para um governo da maioria significaria perda de status político. Condições semelhantes tinham sido observadas na Rodésia, país logo ao norte da África do Sul onde ocorrera uma guerra civil brutal.

Mas então um acontecimento afastou a África do Sul da beira do precipício. Em 1986, em resposta à opressão cada vez mais forte do governo do apartheid, os mais importantes parceiros comerciais do país — os Estados Unidos, a Comunidade Europeia e o Japão — lhe impuseram sanções econômicas. A África do Sul já tinha passado por uma recessão, e, em 1989, ao se tornar presidente, substituindo o inflexível P. W. Botha, F. W. de Klerk tomou uma importante decisão: priorizar a sobrevivência do país. Embora fosse membro da agremiação governante, o Partido Nacional, De Klerk era também um pragmático. Se a economia entrasse em colapso, a riqueza dos brancos também entraria. Três de cada quatro sul-africanos eram negros; se ele insistisse na dominação dos brancos, estes não teriam como vencer a guerra civil subsequente. Assim, De Klerk revogou a suspensão do Congresso Nacional Africano e de outros partidos negros de libertação, que já durava 29 anos, restaurou a liberdade de imprensa e soltou prisioneiros políticos, incluindo o líder do CNA, Nelson Mandela.

A África do Sul estava mais perto da guerra civil em 1989 do que os Estados Unidos estão hoje. O estado de apartheid que os sul-africanos brancos tinham criado para suprimir os negros era muito mais repressivo do que o pseudoestado de apartheid que os Estados Unidos tiveram até 1965. Os negros sul-africanos eram proibidos de se casar com brancos, estabelecer negócios nas partes brancas da cidade ou ter acesso a praias, hospitais e parques designados como "apenas para brancos".

234   *Como as guerras civis começam*

Além disso, a história da África do Sul como anocracia era mais profunda que a dos Estados Unidos contemporâneos, tendo durado décadas, enquanto os Estados Unidos tinham acabado de entrar na zona intermediária. A África do Sul também abrigava dois grandes grupos que se consideravam filhos do solo: tanto negros como brancos reivindicavam o direito histórico à terra. Nos Estados Unidos, apenas um grupo (além da marginalizada e relativamente pequena população de povos nativos) fazia essa reivindicação. A ameaça de um conflito sangrento na África do Sul no final dos anos 1980 faz o perigo nos Estados Unidos hoje parecer insignificante, e mesmo assim o país conseguiu evitar a guerra.

A África do Sul nos recorda o poder dos líderes — empresariais, políticos, de oposição. Líderes fazem concessões diante do perigo, ou decidem lutar. Botha preferiu lutar. De Klerk e Mandela preferiram trabalhar juntos. Mandela e outros líderes negros poderiam ter rejeitado termos que permitiram que os brancos preservassem uma parcela significativa de poder político e econômico. De Klerk poderia ter se recusado a conceder aos negros plenos direitos civis e controle majoritário do governo. Botha não estava disposto a fazer o que De Klerk fez. O mesmo se aplica ao presidente Assad na Síria. Ele preferiu não fazer concessões à maioria sunita, apesar dos enormes custos da inflexibilidade. Os protestantes do Ulster não fizeram concessões aos católicos irlandeses. Maliki não fez concessões aos sunitas do Iraque. Mandela, de início a favor da resistência violenta, poderia ter defendido a violência étnica — poderia ter sido um empreendedor étnico, explorando a raiva e o rancor de seus compatriotas negros para assumir o controle total da África do Sul por meio da guerra civil. Mas, em vez disso, pregou a conciliação, a união

Como impedir uma nova guerra civil americana 235

e a paz. Foram os líderes no comando da África do Sul que pouparam o país de mais conflitos e carnificina.

Em 1993, De Klerk e Mandela receberam o Prêmio Nobel da Paz. Há críticos que sustentam que De Klerk não merecia o prêmio; tinha sido parte do sistema que oprimiu os sul-africanos negros durante décadas e só fez concessões para sobreviver. Foi Mandela, afirmam eles, que salvou o país. Isso é verdade apenas em parte. Mandela sem dúvida tinha a vantagem moral; outros líderes que tivessem passado 27 anos num cárcere, a maioria deles, teria desejado vingança, especialmente se contasse com uma vantagem demográfica tão avassaladora. Mas as ações de De Klerk não foram menos essenciais. Se ele tivesse se recusado a negociar, se não tivesse concordado em fazer reformas políticas significativas, os negros sul-africanos acabariam se rebelando, com ou sem Mandela. Foi o que vimos na Síria em 2011, quando Assad preferiu lançar bombas contra o próprio povo. Foi o que vimos na Irlanda do Norte no final dos anos 1960 e começo dos anos 1970, quando o governo britânico despachou soldados para a região, em vez de mediadores. De Klerk tomou uma decisão diferente.

Muitas vezes a violência nasce de um senso de injustiça, de desigualdade e de insegurança — e da percepção de que esses temores e queixas não serão corrigidos pelo sistema vigente. Mas os sistemas podem mudar. Ninguém achava que os sul-africanos brancos fossem reformar um sistema projetado especificamente para consolidar sua dominação, porém quando os custos de manter essa dominação ficaram altos demais, e empresários atingidos por sanções começaram a insistir em reformas, eles desmontaram o sistema. Se a África do Sul pôde se reformar, os Estados Unidos também podem.

Eu gostaria de ser capaz de pegar todos os fatos e números reunidos pelos especialistas ao longo dos últimos cinquenta anos para dizer exatamente o que vai acontecer com os Estados Unidos. Mas mesmo com os melhores dados é impossível prever o futuro. Tudo o que nos resta fazer é tentar, junto com nossos compatriotas, moldar esse futuro de uma forma positiva e pacífica. Os cientistas políticos passaram décadas estudando as forças por trás das guerras civis e a dinâmica do terrorismo; esses insights podem ser usados não apenas para prever a guerra, mas para evitá-la. Sabemos por que as democracias entram em declínio. Sabemos por que as facções surgem e quais são as condições em que prosperam. Sabemos quais são os primeiros sinais de alerta e as táticas usadas por extremistas violentos. Grupos como o Proud Boys possuem um manual de estratégia. Mas não há razão para que o povo americano não possa escolher construir o futuro; nós também temos um manual de estratégia.

Guerras civis são raras[2] — em qualquer ano que se escolha, menos de 4% dos países que preenchem seus pré-requisitos mergulham de fato no confronto armado —, mas, onde acontecem, tendem a se repetir.[3] Entre 1945 e 1996, em mais de um terço das guerras civis houve um segundo conflito. Desde 2003, com a exceção dos conflitos na Líbia e na Síria, todas as guerras civis foram uma continuação — a reprise de uma guerra anterior. Os líderes desses movimentos (ou de suas encarnações modernas) entram na clandestinidade ou desaparecem, aguardando o momento em que os rancores sejam reacendidos ou em que o governo volte a se enfraquecer. Então começam a

Como impedir uma nova guerra civil americana 237

formar um novo movimento. Mesmo que os líderes e soldados originais estejam mortos há muito tempo, é muito comum que velhas linhas divisórias não tenham sido reparadas, e que os mitos e histórias continuem vivos. Grupos étnicos, sobretudo aqueles em declínio, muitas vezes travam uma segunda guerra porque as condições que motivaram suas queixas originais não foram resolvidas, ou até pioraram. A geração seguinte de combatentes viveu com a perda e testemunhou o rebaixamento do seu povo. Eles estão decididos a tomar de volta o que acham que lhes pertence por direito. Croatas e sérvios lutaram muitas vezes ao longo da história. Assim também os sunitas e os xiitas no Iraque. E a guerra entre os moros e o governo filipino assumiu várias versões, com grupos desaparecendo e reaparecendo sob novas formas. Etiópia, Myanmar e Índia viveram múltiplas guerras civis. Os especialistas chamam esse fenômeno de "armadilha do conflito", e, embora ele seja obviamente ruim para os combatentes, é bom para observadores de fora.[4] Países como China e Estados Unidos, que só conheceram uma guerra civil, podem aprender com os erros alheios.

Em 2014, fui contratada pelo Banco Mundial para estudar a armadilha do conflito. Examinei todas as guerras civis ocorridas no mundo entre 1945 e 2009, e eis o que descobri: a maioria dos países que conseguiram evitar uma segunda guerra civil havia mostrado uma grande aptidão para fortalecer a qualidade da sua governança.[5] Investiram ainda mais nos processos democráticos e ganharam pontos no índice de democracia dos sistemas políticos. Foi o que Moçambique fez em 1992, ao final de sua guerra civil, quando abandonou o unipartidarismo e introduziu eleições multipartidárias. Na esteira de um conflito encerrado em 2003, a Libéria reforçou as restrições institucionais ao poder presidencial e lutou por uma maior independência do Judiciário. Os países que fomentaram ambientes políticos mais transparentes e participativos e limitaram o poder do Executivo tornaram-se menos suscetíveis a reviver episódios de violência.

Melhorar a qualidade da governança de um país se mostrou significativamente mais importante do que melhorar sua economia. Em outro grande estudo encomendado pelo Banco Mundial, James Fearon examinou a questão econômica. Quando um país rico tinha um governo pior do que os especialistas esperavam, levando em conta sua prosperidade, revelou-se que ele corria "um risco significativamente maior de eclosão de guerra civil nos anos seguintes".[6] Assim, é mais provável que um país rico como os Estados Unidos viva uma guerra civil quando seu governo se torna menos eficiente e mais corrupto, ainda que sua renda per capita permaneça a mesma.[7]

Antes desse estudo, sabíamos que a anocracia colocava o país num risco maior de guerra civil, mas não sabíamos exatamente por quê. O que tornava as anocracias particularmente vulneráveis? Ou, dito de outra maneira, que características da democracia eram menos ou mais importantes? Fearon descobriu que "todas as coisas boas tendem a andar juntas", mas três traços se destacavam: o "Estado de direito" (a aplicação igual e imparcial do processo legal); "voz e responsabilização" (o grau de participação dos cidadãos na escolha do seu governo, bem como as liberdades de expressão e associação e uma imprensa livre); e a "eficácia governamental" (a qualidade dos serviços públicos e a qualidade e independência do serviço civil).[8] Essas três características mostram até que ponto um governo serve a seu povo e até que ponto as instituições políticas são fortes, legítimas e responsabilizáveis. Melhoras na governança tendem a reduzir o risco subsequente de guerra.

A qualidade da governança americana tem declinado desde 2016, de acordo com a escala do Polity, e desde 2015, segundo a escala do V-Dem. Isso pode ser visto claramente no que diz respeito à responsabilização. Eleições livres são o principal mecanismo de responsabilização numa democracia, mas, diferentemente de muitos outros países, os Estados Unidos não dispõem de um sistema de gerenciamento de eleições independente e centralizado. De acordo com a cientista política Pippa Norris, especialista em eleições e diretora fundadora do Projeto de Integridade Eleitoral da Universidade Harvard, quase todas as novas democracias que passam por uma fase de transição estabelecem um sistema independente e centralizado de gestão eleitoral para proteger a integridade das eleições.[9] Isso ajuda a criar confiança no processo eleitoral. Foi o que fizeram o Uruguai, a Costa Rica e a Coreia do Sul ao criar suas democracias. Grandes democracias federativas, como Austrália, Canadá, Índia e Nigéria, também gerenciam suas eleições dessa maneira. O sistema eleitoral do Canadá é administrado pelo Elections Canada, e todos os eleitores seguem os mesmos procedimentos, onde quer que residam.[10]

Um sistema independente e centralizado de gestão eleitoral estabelece um procedimento-padrão para desenhar e imprimir cédulas de votação e para tabular votos com precisão e segurança, sem contaminação político-partidária.[11] Ele é capaz de resolver disputas jurídicas sem o envolvimento de tribunais politizados. Num relatório de 2019, o Projeto de Integridade Eleitoral examinou leis e processos eleitorais de vários países

240 *Como as guerras civis começam*

e descobriu que a qualidade das eleições americanas de 2012 a 2018 foi "inferior à de quaisquer outras democracias longamente estabelecidas e sociedades ricas".[12] Os Estados Unidos receberam a mesma nota do México e do Panamá, e ficaram abaixo da Costa Rica, do Uruguai e do Chile. É por essa razão que é bem mais fácil espalhar rumores de fraude eleitoral nos Estados Unidos, e que os americanos são mais propensos a questionar os resultados dos pleitos.

O direito ao voto também tem sido cada vez mais politizado, com os republicanos repetidamente rearranjando as cartas contra as minorias. O fortalecimento da Lei dos Direitos de Voto certamente contribuiria para eliminar a supressão de eleitores e aumentar a confiança popular no sistema. Outra reforma importante seria o registro automático de eleitores, pelo qual qualquer pessoa que interagisse com o Departamento de Veículos Motorizados seria automaticamente registrada para votar, salvo manifestação expressa em contrário. Em estados que já adotam o registro automático, como Califórnia, Oregon e Washington, a medida resultou num grande aumento da participação eleitoral.[13] Essa é a coisa mais fácil que poderíamos fazer para tornar nosso governo mais participativo e, portanto, mais democrático. Essas medidas não vão sossegar a extrema direita — sua visão de uma nação branca cristã baseia-se em negar o direito de voto às minorias —, mas o fortalecimento geral do sistema ganharia apoio dos americanos moderados, aumentando sua confiança na legitimidade dos líderes.

Os Estados Unidos também poderiam se inspirar na pequena onda de rejuvenescimento democrático que vem ocorrendo, mesmo num momento em que a democracia perde terreno no mundo todo. O Canadá e a Escandinávia têm sido

Como impedir uma nova guerra civil americana 241

pioneiros nesse aspecto. O Canadá se concentrou em reafirmar o direito ao voto desde que o Partido Liberal, de centro-esquerda, conquistou a maioria de votos em 2015.[14] A Lei de Modernização Eleitoral de 2018 eliminou requisitos de identificação dos eleitores, restringiu doações e gastos de campanha independentes e de partidos políticos, ampliou o direito ao voto para incluir todos os canadenses no exterior (mesmo aqueles que já residem fora do país há mais de cinco anos e não planejam voltar), aumentou a privacidade do eleitor, conferiu ao comissário eleitoral mais poderes de investigação, proibiu doações estrangeiras e exigiu que plataformas on-line como Google e Facebook "criem um registro de anúncios políticos digitais", para que os cidadãos possam ver quem está tentando influenciar as eleições.[15] Em 2020, o Canadá recebeu uma das notas mais altas em liberdade e democracia no relatório da Freedom House.

Nos Estados Unidos, a prática do *gerrymandering* — que consiste em retraçar os limites de distritos congressionais de modo a favorecer este ou aquele partido — tende a beneficiar candidatos mais extremados, uma vez que para passar pelas eleições primárias é preciso apelar aos eleitores mais extremados em tais distritos. Esses eleitores comparecem em números maiores, porque tendem a se envolver mais emocionalmente com os resultados. Apenas os legisladores federais — os De Klerks dos Estados Unidos — têm poder para instituir uma reforma nacional do sistema. Isso diminuiria a influência de eleitores extremistas nos dois partidos e aumentaria consideravelmente o potencial para a cooperação bipartidária.

O governo americano poderia também incentivar a cooperação bipartidária — e ajudar a evitar conflitos — revendo o sistema do colégio eleitoral, que é, à sua maneira, uma espécie de *gerrymandering* político. O sistema americano é estruturado de modo a exacerbar a divisão urbano-rural, concedendo a estados pequenos um poder desproporcional no Senado. Desde 2000, dois presidentes perderam no voto popular mas ganharam a eleição com vitórias no colégio eleitoral. A mudança para um sistema baseado na primazia do voto popular evitaria esse tipo de situação, tornando praticamente impossível vencer sem passar por cima das divisões raciais. Querem saber como enfraquecer as destrutivas facções étnicas nos Estados Unidos? Façam o voto de cada cidadão ter o mesmo valor, em vez de dar tratamento preferencial ao voto branco e rural.

Esse tipo de reforma, no entanto, é improvável. Eliminar o colégio eleitoral por meio de uma emenda à Constituição exigiria o apoio de uma supermaioria, o que é muito difícil de conseguir, visto que a rejeição do sistema atual colocaria o Partido Republicano em desvantagem. Mas o Congresso poderia se empenhar em resolver outro fator responsável pela perda de fé dos americanos na democracia: a ideia de que o governo trabalha mais a favor de grupos especiais de interesse do que a favor dos eleitores. Graças à decisão da Suprema Corte no caso Cidadãos Unidos vs. Comissão Eleitoral Federal, em 2010, doadores individuais podem contribuir com quantidades ilimitadas de dinheiro para fazer a balança política pender a favor dos candidatos que defendem seus interesses, em vez dos interesses do país. O pequeno grupo de indivíduos que doam bilhões de dólares para lançar campanhas duvidosas também tende a ser muito mais extremado ideologicamente do que o cidadão americano médio. Para evitar essa situação, o governo federal deveria fechar brechas no levantamento

Como impedir uma nova guerra civil americana 243

de fundos para candidatos e ocupantes de cargos, como já o fizeram o Canadá e outros países, e reinstituir regras de financiamento de campanha.

Esses problemas eleitorais prejudicam a percepção de legitimidade do governo, enfraquecem a democracia dos Estados Unidos e pioram a governança. Além disso, empurram o país para a zona da anocracia. Hoje, os americanos desconfiam do seu governo. Acreditam, com razão, que suas instituições democráticas muitas vezes deixam de servir aos interesses do povo. A solução não é abandonar a democracia, mas aprimorá-la. Os Estados Unidos precisam reformar seu governo para torná-lo mais transparente aos eleitores, e mais imparcial e inclusivo para todos os cidadãos. Em vez de manipular as instituições para servir a determinado grupo e a interesses corporativos cada vez mais restritos, os Estados Unidos precisam mudar de rumo, amplificando as vozes dos cidadãos, facilitando a responsabilização do governo, melhorando os serviços públicos e erradicando a corrupção. Precisamos garantir que todos os americanos votem, que todos os votos tenham o mesmo valor, e que, por sua vez, esses votos influenciem as políticas adotadas por Washington. Os americanos só vão recuperar a confiança no governo quando estiver claro que este serve aos cidadãos e não aos lobistas, aos bilionários e a um grupo cada vez menor de eleitores rurais.

Os americanos precisam ser instruídos sobre as principais alavancas de poder em nossa democracia, e sobre as maneiras como podem ser manipuladas. Segundo o organizador comunitário Eric Liu, "é muito grande o número de pessoas que são profunda e voluntariamente analfabetas em relação ao poder: o que é, que formas assume, quem o tem, quem não o tem, por que é como é, de que maneira é exercido".[16] E se os americanos continuarem ignorando como o poder funciona na política, pessoas com objetivos nefastos hão de aparecer e tomá-lo para si. Uma pesquisa de opinião de 2016 conduzida pelo Annenberg Public Policy Center revelou que um em cada quatro americanos não sabia dizer quais eram os três poderes.[17] É por isso que a educação cívica, há décadas em declínio, precisa ser restabelecida. Ela ensina aos jovens como nossa democracia funciona, os valores, os hábitos e as normas que são necessários para mantê-la. Um grupo de seis ex-secretários de Educação dos Estados Unidos, tanto democratas como republicanos, propôs recentemente a reabilitação da educação cívica por meio de um projeto chamado Como Educar para a Democracia Americana.[18] Eles lembraram que gastamos mil vezes mais por estudante na educação em ciência, tecnologia, engenharia e matemática do que em história e educação cívica.[19] As diretrizes "cultivam a divergência civil e o patriotismo reflexivo" — tarefa urgente agora que nossas instituições democráticas estão muito vulneráveis e precárias. Um currículo de educação cívica para o século XXI não só formaria um eleitorado mais forte para contrabalançar o poder das elites, mas também levaria a uma fé e a uma confiança maiores no sistema. "Nossa democracia", segundo Liu, "só funciona se um número suficiente de pessoas acreditar que a democracia funciona."[20]

A MAIORIA DAS PESSOAS só percebe que está a caminho da guerra civil quando a violência passa a ser uma característica da vida diária. Noor, em Bagdá, Berina e Daris Kovac, em

Sarajevo, e Mikhail Minakov e Anton Melnik, na Ucrânia, todos confessam que só viram a guerra chegar quando já era tarde.[21] Quando entenderam que alguma coisa tinha mudado, as milícias já operavam nas ruas e líderes extremistas estavam sedentos de guerra.

E esses líderes, claro, têm um incentivo para manter os cidadãos comuns desatentos ao trabalho das milícias. De início, pelo menos, elas operam sem virar de cabeça para baixo a vida normal, embora lhe dando, aos poucos, uma nova forma, para proteger seus objetivos mais amplos de possíveis contramedidas. É um padrão histórico. Milton Mayer, jornalista americano que viajou à Alemanha em 1951, perguntou às pessoas comuns como era a vida diária nos anos de ascensão de Hitler ao poder. Um homem, padeiro, repetiu o refrão: "A gente não tinha tempo para pensar. Era tanta coisa acontecendo".[22] Outro alemão, filólogo, disse que era tão difícil para as pessoas verem aquilo "desenvolver-se dia a dia como era para o agricultor em seu campo ver o milho crescer. Até que um dia a coisa está acima da sua cabeça".

Nossas próprias predisposições psicológicas muitas vezes nos impedem de reconhecer ameaças internas. É muito mais fácil culpar gente de fora por uma ação hedionda do que nossos compatriotas. É mais provável, por exemplo, que policiais minimizem o perigo representado por indivíduos que vivem nas comunidades que eles conhecem — quase sempre comunidades brancas — do que o perigo representado por aqueles com quem têm menos familiaridade. Não é de surpreender que tenhamos uma tendência a ver terroristas estrangeiros como parte de um movimento maior, enquanto o terrorismo doméstico é visto como raro e isolado. Na verdade, diferentemente de países como o Canadá, os Estados Unidos só designam como organização terrorista grupos estrangeiros (não nacionais).[23] Não há uma lei que criminalize o terrorismo doméstico — nenhum dos insurgentes do Capitólio poderia ser preso por essa razão. Muitos americanos simplesmente se recusam a acreditar que nossa maior ameaça vem de dentro.

Políticos de esquerda e de direita também relutam em discutir o problema do terrorismo doméstico americano por razões políticas: ou se beneficiam ativamente do apoio de extremistas, ou temem os custos políticos de se voltarem contra eles. Essa cegueira coletiva, deliberada ou não, tem nos colocado numa posição precária. Estamos mais preparados, como país, para combater inimigos externos, como a al-Qaeda, do que para desarmar os terroristas domésticos, ainda que estes sejam atualmente mais virulentos e mais perigosos. Se quisermos evitar a guerra civil, precisamos investir em descobrir e neutralizar esses extremistas os mesmos recursos que investimos no caso dos estrangeiros.

Nisso já estamos atrasados. Os Estados Unidos têm sido muito vagarosos para identificar a infiltração da extrema direita em seus serviços de segurança, uma ameaça comum na preparação para a guerra civil.[24] Um relatório de 2009 produzido pelo Departamento de Segurança Interna observou que "o extremismo de direita" vinha crescendo.[25] A equipe responsável pelo relatório, encabeçada por Daryl Johnson, tinha começado a vasculhar sites e fóruns de discussão extremistas na internet em 2007 e ficou surpresa com o que descobriu: manuais de fabricação de bomba, treinamento em armas, e centenas de vídeos de recrutamento de milícias (no YouTube). O relatório de Johnson sugeria que veteranos talvez fossem

Como impedir uma nova guerra civil americana

especialmente suscetíveis a recrutamento, com base numa avaliação de 2008 do FBI que revelou que mais de duzentos indivíduos com experiência militar haviam aderido a organizações supremacistas brancas desde o Onze de Setembro.[26] O relatório, no entanto, provocou uma grita entre congressistas republicanos e grupos de veteranos, e o Departamento de Segurança Interna foi pressionado a retirá-lo.

Mas Johnson tinha feito uma descoberta importante. Embora as redes das Forças Armadas e da polícia sejam vastas, e as simpatias por supremacistas brancos estejam longe de ser dominantes, há, ainda assim, alguma sobreposição. Um relatório do FBI de 2006, "Infiltração de supremacistas brancos na polícia", narrava com detalhes a influência do nacionalismo branco nas forças policiais. "Ter pessoas dentro de agências policiais", dizia o relatório, "tem sido, historicamente, e continuará sendo um trunfo desejável para grupos supremacistas brancos que buscam saber de antemão o interesse que despertam e as ações planejadas contra eles por parte da polícia."[27] Um relatório subsequente, de 2015, revelou que "terroristas domésticos" de direita e antigoverno pareciam estar usando contatos na polícia para ter acesso a dados de inteligência e evitar serem descobertos.[28]

De fato, o recrutamento de ex-combatentes parece fortalecer um movimento.[29] Janet Lewis, especialista em guerra civil da Universidade George Washington, descobriu que quase todos os grupos rebeldes capazes de crescer e resistir em Uganda o faziam, em parte, porque conseguiam atrair antigos soldados e policiais para a sua causa. Ex-militares e policiais oferecem um grupo de indivíduos já prontos, com treinamento e experiência para atuar como soldados eficientes. O relatório de 2009 do

Departamento de Segurança Interna também identificou esse fenômeno e concluiu que "extremistas de direita [nos Estados Unidos] tentarão recrutar e radicalizar veteranos a fim de explorar suas aptidões e seu conhecimento".[30]

Se Obama demorou para responder à ameaça de terrorismo doméstico, viesse de fora ou de dentro de agências governamentais, Trump simplesmente a ignorou. Em vez disso, continuou a política do governo, em vigor desde o Onze de Setembro, de concentrar-se agressivamente no terrorismo islâmico. Quando o pressionavam sobre a questão do terrorismo doméstico, ele repetidamente apontava para os militantes de esquerda como o verdadeiro perigo. O diretor do FBI, Christopher Wray, insistiu na ameaça representada por grupos de direita, e a resposta de Trump foi criticá-lo publicamente. A atrapalhada reação policial aos ataques no Capitólio revelou a incapacidade geral de compreender a verdadeira ameaça — e o alcance — do extremismo nos Estados Unidos. Depois do ataque, Wray disse ao Comitê Judiciário do Senado que as prisões de supremacistas brancos tinham quase triplicado nos três anos anteriores. Advertiu que o terrorismo doméstico estava "desenvolvendo metástases em todo o país".[31]

Conter esse câncer deve ser uma prioridade. O declínio das milícias depois das bombas em Oklahoma City foi, em grande parte, resultado de uma agressiva estratégia contraterrorista de governos tanto democratas como republicanos. A escala imensa do ataque a bomba provocou mudanças reais dentro do FBI: em menos de um ano, dobrou o número de Forças-Tarefas Conjuntas de Terrorismo (JTTF) — unidades que se utilizam da expertise de várias agências e de vários níveis da polícia — e houve um aumento nos programas de treinamento com dis-

Como impedir uma nova guerra civil americana

positivos perigosos para policiais locais, federais e estaduais.[32] Em 1996, a Lei Antiterrorismo e Pena de Morte Efetiva foi aprovada, levando à contratação de mais centenas de investigadores pelo FBI. Em 1997, várias das novas JTTFs foram responsáveis por impedir atos de terrorismo doméstico pela Ku Klux Klan e por outros grupos supremacistas brancos.[33] Depois do ataque em Oklahoma City, o FBI recrutou mais de 1400 investigadores para peneirar três toneladas de provas e identificar o terrorista Timothy McVeigh sem quaisquer fotos digitais.[34] O vice-procurador-geral Merrick B. Garland foi o homem encarregado da investigação, e, como novo procurador-geral do governo Biden, também supervisionará a investigação do ataque ao Capitólio.[35] Dessa maneira, ajudará a definir a resposta americana ao terrorismo doméstico na próxima década.

COMO DEVERIA SER A RESPOSTA dos Estados Unidos? Se soubermos o que os terroristas querem, e de que maneira provavelmente buscarão atingir seus objetivos, poderemos formular nossa própria contraestratégia, recorrendo à experiência de outros países. Da mesma maneira que os extremistas usam táticas comuns para desestabilizar democracias, também existem métodos já testados em campo para minar e desativar seus esforços.

A melhor maneira de neutralizar uma insurgência incipiente é reformar um governo degradado: reforçar o Estado de direito, dar a todos os cidadãos acesso igual ao voto e melhorar a qualidade dos serviços governamentais. Nas palavras de David Kilcullen, ex-consultor especial de contrainsurgência no governo de George W. Bush e estrategista-chefe de contraterrorismo no Departamento de Estado, a coisa mais importante que os governos podem fazer é "resolver queixas e corrigir problemas de governança que criam as condições que os extremistas exploram".[36] Se os Estados Unidos não mudarem de rumo, o perigo crescerá.

No caso dos Estados Unidos, o governo federal deveria renovar seu empenho em atender às necessidades dos cidadãos mais vulneráveis, sejam brancos, negros ou pardos. Precisamos reverter cinquenta anos de serviços sociais em declínio, investir em redes de previdência e em capital humano, passando por cima de divisões raciais e religiosas, e dar prioridade a educação básica de qualidade, assistência médica universal e salário mínimo mais alto. Neste exato momento, muitos americanos da classe trabalhadora e da classe média vivem "a um passo da catástrofe", o que faz deles recrutas em potencial para militantes. Investir numa reforma política real e em segurança econômica dificultaria sua cooptação por nacionalistas brancos e impediria o surgimento de uma nova geração de extremistas de direita.

É assim que a maioria dos governos responde à possibilidade de insurgência — instituindo as reformas necessárias para evitar a guerra —, e quase sempre dá certo. O IRA insistiu ativamente numa guerra de atrito contra a Grã-Bretanha, exigindo tratamento mais justo, e continuou a lançar ataques terroristas até que Westminster por fim concordasse em fazer reformas. O governo americano não deveria fazer concessões a extremistas — a criação de um etnoestado branco seria desastrosa para o país —, nem isentá-los das leis federais, mas poderia tentar resolver ressentimentos que afetam uma vasta faixa de cidadãos, melhorando padrões de vida e aumentando a mobilidade social depois de décadas de declínio. Como disse Robert A. Johnson, chefe do Institute for New Economic Thinking, se os Estados Unidos investissem "muito mais dinheiro e energia [...] em sistemas de ensino público, parques e recreação, artes e assistência médica, muitíssimas feridas da sociedade poderiam ser curadas. Nós praticamente desmontamos essas coisas".[37]

Governos que se empenham em demonstrar eficiência recebem um benefício extra. Não só dificultam a radicalização dos moderados pelos extremistas, mas também enfraquecem sua capacidade de competir com o Estado na oferta de serviços. A popularidade do Hamas foi desenvolvida com base nos benefícios que o grupo oferecia a palestinos negligenciados pelo governo israelense, e não nos ataques que lançava contra civis israelenses. Em certa medida, o apoio da população depende, em última análise, de quem oferece melhores serviços e mais proteção. Hoje, por exemplo, os legisladores americanos poderiam reformar as leis de imigração, definindo um caminho a ser percorrido para a obtenção da cidadania e reduzindo o número de imigrantes em situação ilegal — certificando-se, ao mesmo tempo, de que *todos* os cidadãos, sejam brancos, negros ou pardos, tenham acesso a moradia decente e oportunidade de cursar o ensino superior e se tratar efetivamente da dependência química. O governo deveria, é claro, adotar uma política de tolerância zero com o ódio e punir o terrorismo doméstico, mas também poderia minar o apoio ao extremismo dando ouvido às queixas legítimas dos cidadãos.

Há momentos, porém, em que as demandas dos insurgentes são perigosas para a democracia, não deixando ao governo outra opção que não seja retaliar. O presidente Lincoln agiu de forma correta quando se recusou a discutir formalmente com os estados confederados em busca de um acordo sobre a escravidão. Nesses casos, o governo deve prender e processar os insurgentes, apreendendo seus bens de modo a dificultar suas operações. Os governos também deveriam adotar a estratégia de "decapitação de liderança", que consiste em prender o líder ou os líderes de um grupo terrorista a fim de acelerar o seu colapso. Às vezes há recursos jurídicos. Depois do comício da Unite the Right em Charlottesville, uma equipe da Faculdade de Direito de Georgetown moveu uma ação contra os manifestantes, citando uma arcaica lei estadual que proíbe a reunião de "milícias não autorizadas".[38] Quase todos os grupos que participaram do comício agora estão proibidos de voltar à cidade como grupo armado de duas ou mais pessoas.

Nos Estados Unidos, ações na justiça têm sido particularmente eficazes contra a Ku Klux Klan.[39] Em 1980, três de seus membros entraram atirando num bairro negro de Chattanooga. Queimaram uma cruz nos trilhos da ferrovia e, em seguida, usando uma espingarda de chumbo, feriram quatro mulheres negras a duas quadras de distância. Estilhaços de vidro feriram uma quinta. As mulheres moveram uma ação e receberam 535 mil dólares. Mais importante ainda, o juiz proibiu a Ku Klux Klan de se envolver em atos de violência em Chattanooga. Isso significa que, se violarem a ordem, membros da Klan em Chattanooga podem ser responsabilizados criminalmente. Em outro caso, em 1981, um homem chamado Michael Donald entrou numa loja em Mobile, Alabama, e foi sequestrado por dois membros da United Klans of America que queriam se vingar da absolvição de um negro na morte de um policial branco.[40] Depois de espancado, Donald teve a garganta cortada e foi enforcado; tinha dezenove anos. O

Southern Poverty Law Center processou o United Klans of America, então um dos maiores grupos da Ku Klux Klan, em nome da mãe de Michael, Beulah Mae Donald, usando como base a Lei dos Direitos Civis de 1870. A sra. Donald recebeu 7 milhões de dólares de indenização pela perda do filho. O grupo faliu e a sra. Donald se tornou a proprietária de sua sede.

Os governos podem também frustrar as tentativas de intimidação dos extremistas. A intimidação funciona porque a população local não acredita que o governo seja capaz de cuidar dela ou de protegê-la contra a violência. A melhor maneira de enfrentar essa situação é não só restabelecer a confiança das pessoas na legitimidade do governo, mas garantir a aplicação adequada da lei e da justiça. Trata-se de um jeito de mostrar que o governo é capaz de proteger a população e identificar e punir os criminosos, e desestimular os cidadãos a buscarem a proteção dos extremistas, o que costuma ser o primeiro passo para convencer moderados a mudarem de lado. Se os cidadãos no interior de Nevada ou do Oregon souberem que o governo federal está no comando, e não um xerife de extrema direita, talvez fiquem menos dispostos a apoiar uma milícia. Essa estratégia, porém, pode ter reações adversas, sobretudo no oeste, onde as pessoas são mais propensas a temer a usurpação pelo governo de suas terras ou liberdade. Nesse caso, o governo poderia recrutar agentes federais oriundos daquelas áreas, ou respaldar forças de segurança que os cidadãos locais considerem legítimas. Isso pode contribuir para aumentar a confiança e a aceitação do governo mesmo em lugares temerosos da interferência excessiva de autoridades federais.

E que tal dar um lance maior? Cidadãos locais tendem a gravitar em torno do grupo que lhes pareça mais capaz de

254   *Como as guerras civis começam*

oferecer segurança e sucesso. *Se você garantir a segurança da minha família e me arranjar um bom emprego, terá meu apoio.* Governos podem enfraquecer o apoio a extremistas resolvendo queixas, oferecendo benefícios a todos os cidadãos e dando provas concretas de que trabalhar dentro do sistema é mais proveitoso do que sair dele. O governo dos Estados Unidos, com sua imensa riqueza e capacidade institucional, tem mais recursos para oferecer do que qualquer grupo insurgente; e, se as pessoas sentirem que o governo está do seu lado, não vão precisar de insurgentes. Oferecer serviços essenciais pode ajudar o país a romper o ciclo de perda de esperança e descrença no governo.[41]

O que acontece quando insurgentes desejam impedir um acordo com o governo? Os legisladores e cidadãos moderados têm que acreditar que os extremistas não podem frustrar um acordo ou impedir reformas fazendo ameaças de morte ou ameaçando outras ações violentas. Nos Estados Unidos, um acordo provavelmente assumiria a forma de uma legislação de controle de armas ou reforma nas leis de imigração, e os membros do Congresso precisariam se sentir seguros para apoiar publicamente essas medidas. O tratado de paz da Irlanda do Norte, o Acordo de Belfast, deu certo em parte porque previa um referendo popular, que revelou que o acordo contava com o apoio da maioria esmagadora de católicos e protestantes. Governos podem impedir que extremistas sequestrem a legislação divulgando o apoio popular a reformas e identificando e punindo aqueles que ameacem ou recorram à violência num esforço para impedi-las.

Como impedir uma nova guerra civil americana 255

Vivemos em tempos profundamente partidários, e é comum ouvirmos pessoas descreverem a polarização como a raiz dos nossos problemas. Os liberais ficaram mais liberais, os conservadores mais conservadores, e há pouca chance de os dois lados chegarem a um acordo. A polarização, afirmam os comentaristas, está acabando com os Estados Unidos.

Mas a polarização política não aumenta a probabilidade de guerra civil. O que aumenta a probabilidade de guerra civil é a faccionalização — quando cidadãos formam grupos com base em distinções étnicas, religiosas ou geográficas e os partidos políticos se tornam predatórios, excluindo rivais e adotando políticas basicamente em benefício próprio e do seu eleitorado. E nada instiga e acelera tanto a faccionalização quanto as redes sociais. Depois de 6 de janeiro, as pessoas insistiam em me perguntar: o que devemos fazer? Precisamos de um policiamento melhor? De leis melhores contra o terrorismo doméstico? Será que o FBI precisa se infiltrar mais agressivamente nas milícias de extrema direita? Minha primeira resposta era uma só: basta tirar o megafone das redes sociais para baixarmos o volume dos valentões, dos teóricos da conspiração, dos robôs, dos trolls, das máquinas de desinformação, dos traficantes do ódio e dos inimigos da democracia. A raiva coletiva dos Estados Unidos despencaria quase de imediato, como ocorreu quando Donald Trump perdeu a capacidade de alcançar cada americano vinte vezes por dia, todos os dias. (Como comentou o jornalista Matthew Yglesias no Twitter: "É meio estranho que a desplataformização de Trump tenha funcionado perfeitamente, sem qualquer desvantagem perceptível".)[42] Conter a disseminação do ódio e da desinformação reduziria imensamente o risco de guerra civil.

256 *Como as guerras civis começam*

Um dos principais motores do faccionalismo sempre foram as teorias da conspiração. Se quiser incitar as pessoas à ação, ofereça a elas um "outro" como alvo. Enfatize um complô de bastidores para prejudicar o grupo a que elas pertencem. Convença-as de que um inimigo está comandando o país em detrimento delas. Foi exatamente isso que fizeram os senhores de escravos no sul nos anos que antecederam a Guerra Civil. Eles descreviam os abolicionistas como uma ameaça existencial ao seu estilo de vida. Hoje, as redes sociais tornaram as teorias da conspiração mais virulentas, mais poderosas. Modernos teóricos da conspiração como Alex Jones, do Infowars, pintam imigrantes e judeus como uma ameaça existencial. Como disse Voltaire, "quem nos faz acreditar em coisas absurdas pode nos levar a cometer atrocidades".[43]

Esse tipo de paranoia sempre fez parte do tecido da vida americana. Mas uma nova teoria da conspiração criou raízes durante a era Trump: o QAnon, um movimento periférico que alega que uma cabala secreta de importantes pedófilos democratas está tramando para derrubar Trump. Uma pesquisa de opinião de dezembro de 2020 revelou que 17% dos americanos — *quase um em cada cinco* — concordam com a seguinte declaração: "Um grupo de elites adoradoras de Satã que dirige uma rede de sexo infantil está tentando controlar a nossa política".[44] Talvez ainda mais nocivo seja o fato de que seguidores do QAnon se juntaram a milhões de partidários de Trump para espalhar a Grande Mentira — a ideia de que a eleição de 2020 foi roubada e de que os democratas estão dispostos a trapacear para se manter no poder. Nas semanas seguintes ao caos de 6 de janeiro de 2021, Facebook, YouTube e Twitter agiram vigorosamente contra o QAnon, removendo contas e páginas associadas ao grupo.[45]

Como impedir uma nova guerra civil americana   257

Não tem que ser assim. Os Estados Unidos são o país onde a indústria das redes sociais nasceu e abrigam as cinco grandes empresas de tecnologia que controlam a maior parte das informações divulgadas nas redes sociais. O governo americano regula todas as indústrias — de fornecedores de serviços públicos a fabricantes de remédio e processadores de alimento — para promover o bem comum. Por amor à democracia e à coesão social, as redes sociais deveriam ser acrescentadas à lista. O impacto seria global. De fato, acontecimentos em Charlottesville e em outros lugares inspiraram movimentos de extrema direita no mundo inteiro. A insurreição no Capitólio revelou que movimentos baseados nos Estados Unidos fazem parte de uma rede global de extremismo. Enquanto correligionários de Trump marchavam da Casa Branca para o Capitólio, propagandistas da direita alternativa em Berlim torciam por eles. Em Tóquio, manifestantes se reuniam portando bandeiras do Sol Nascente. Regular as redes sociais provavelmente fortaleceria as democracias no mundo inteiro.

Outra medida capaz de reduzir o faccionalismo seria inibir a intrusão estrangeira. Governos estrangeiros há muito procuram influenciar o desfecho de guerras civis. Os Estados Unidos enviaram bilhões de dólares para Chiang Kai-shek, numa tentativa de ajudá-lo a vencer os rebeldes comunistas de Mao. Países europeus enviaram suprimentos para a Confederação durante a nossa Guerra Civil. Os Estados Unidos travaram batalhas por procuração com a União Soviética em guerras civis em países como Nicarágua, El Salvador, Guatemala, Peru, Angola, Camboja, Vietnã e Laos.

Hoje, no entanto, qualquer país, qualquer grupo e qualquer indivíduo podem usar a internet para desestabilizar um adversário. Rivais dos Estados Unidos estão profundamente empenhados em atiçar conflitos civis no país, dando apoio a determinados grupos ou estimulando os dois lados. Vladimir Putin, ex-agente da KGB, compreendeu há muito tempo o poder da desinformação. Outros se atualizaram. O Projeto de Estudos Empíricos de Conflitos, juntamente com uma equipe de especialistas da Universidade de Princeton, descobriu que a Rússia, a China, o Irã e a Arábia Saudita lançaram campanhas clandestinas nas redes sociais 55 vezes entre 2013 e 2018 a fim de tentar influenciar a política interna de outros países.[46] A maioria das campanhas examinadas pela equipe de Princeton (65%) visava difamar uma figura pública, quase sempre um político, para eleger seu adversário. (Entre 2012 e 2017, por exemplo, sete dos dez artigos on-line mais lidos sobre Angela Merkel eram farsas, de acordo com o BuzzFeed.)[47] Os Estados Unidos foram o alvo principal desses ataques, mas não o único. Grã-Bretanha, Alemanha e Austrália, entre outros, também foram visadas. Quase todos os ataques foram contra democracias.

As redes sociais criaram as condições perfeitas para o faccionalismo, tornando mais fácil para outsiders semearem a desconfiança e a divisão. Em 2016, uma conta do Facebook chamada Blacktivist, supostamente ligada a organizadores do movimento Black Lives Matter baseados em Baltimore, compartilhou vídeos de brutalidade policial e informações sobre comícios futuros.[48] Também pôs à venda mercadorias com o selo "Blacktivist", como camisetas trazendo os dizeres "Jovem, talentoso e negro". A página chegou a receber 360 mil curtidas — mais do que a página oficial do Black Lives Matter. A CNN informou mais tarde que a Blacktivist era uma das mais de 470 contas ligadas a um esforço do Kremlin para se infiltrar no

Como impedir uma nova guerra civil americana 259

movimento Black Lives Matter. O objetivo maior, segundo os especialistas, era aumentar a tensão racial, regional e religiosa nos Estados Unidos.

A ameaça é muito séria. É como se uma potência estrangeira contratasse mercenários para lutar em solo americano. Os Estados Unidos são um gigante tecnológico e militar, mas a internet e as redes sociais deixaram nossa democracia vulnerável a ataques. Antigamente, se você quisesse ajudar um movimento radical em outro país, soltava folhetos de aviões, distribuía livros e jornais, mandava conselheiros instruírem soldados e contrabandeava armas e munição pelas fronteiras. Agora, tudo o que precisa fazer é dominar a narrativa nas redes sociais, e ver o faccionalismo criar raízes.

Os Estados Unidos, supostamente, são um modelo de democracia, um farol de liberdade, mas deixamos o dinheiro e o extremismo se infiltrarem em nossa vida política. Podemos fortalecer nossas instituições democráticas e nossa sociedade: foi o que fizemos com o New Deal, quando o governo pôs as pessoas para trabalhar, tirou muitas da pobreza e restaurou sua crença no sistema econômico, despertando novamente uma sensação de esperança. Foi o que fizemos na época dos direitos civis, quando os cidadãos exigiram direitos e liberdades iguais para os afro-americanos e o governo respondeu a esse apelo, satisfazendo um desejo de equidade e justiça.

E podemos fazê-lo outra vez, ao recuperar e mediar nosso discurso público, a fim de sairmos do caminho da autossegregação, do faccionalismo predatório, e restaurarmos nossa esperança na saúde de longo prazo do país. Já estamos vendo iniciativas nesse sentido em nível local: em todos os estados, grupos de cidadãos começaram a formar pequenas organi-

260 *Como as guerras civis começam*

zações para tentar restaurar os valores cívicos.[49] Um desses grupos é o Citizen University, fundado por Eric Liu, filho de imigrantes chineses, e Jená Cane, neta de uma família que foi dona de escravos e lutou pela Confederação. Ambos dedicam a vida a reconstruir a sociedade civil dos Estados Unidos — uma quadra, um bairro, uma cidade de cada vez. Segundo Cane,

> queremos acabar com o mito de que somos uma sociedade rude e individualista, quando a verdade é que, ao longo da nossa história, sempre que ocorre um desastre, ou que uma comunidade precisa ser reconstruída, ou que as pessoas passam por necessidades, nos unimos para ajudar uns aos outros. É assim que nós somos.[50]

Um dos programas do Citizen University chama-se Sábado Cívico.[51] A repórter Jen Boynton esteve num Sábado Cívico em Athens, Tennessee, em 2019. E o que ela viu foram quase setenta pessoas comparecerem a um decadente parque no centro da cidade para participar de um encontro que mais parecia uma versão cívica de um culto religioso, no qual os cidadãos se juntavam para adorar a Constituição e consolidar sua fé na democracia. Em vez de começarem com uma oração, eles abriram com o Juramento de Fidelidade. Em vez de cantarem um hino, leram um poema de um autor americano. Em vez de passagens da Bíblia, leram a Declaração de Independência. O primeiro Sábado Cívico foi realizado em 2016, em Seattle, e Liu e Cane (que são casados) torceram muito — rezaram — para que as pessoas aparecessem. E elas apareceram em grandes levas; mais de duzentas se amontoaram na livraria que patrocinava o evento. Cinco meses depois, oitocentas pessoas compareceram. O que as pessoas realmente querem,

Como impedir uma nova guerra civil americana 261

disse Liu, é um senso de comunidade. Hoje, Sábados Cívicos são realizados em mais de trinta cidades de grande e pequeno porte em todo o país, sejam republicanas ou democratas, de Indianápolis, Phoenix e Kansas City a Southern Pines, na Carolina do Norte. "A grande maioria das pessoas nos Estados Unidos", disse Liu, "deseja ser parte de uma versão saudável dos americanos, não da versão 6 de janeiro."[52]

E temos também a EmbraceRace, uma pequena empresa sem fins lucrativos em Amherst, Massachusetts. Fundada em 2016 por dois pais de crianças mestiças, seu objetivo é ajudar outros pais a criarem filhos num mundo onde a raça é apreciada e abraçada. O BriteHeart é outro grupo apartidário com sede no Tennessee que se dedica a fortalecer a participação cívica. De acordo com Kate Tucker, que ajuda a dirigir o grupo, "não sabemos se o Tennessee é um estado republicano. Sabemos que é um estado com baixo índice de votação".[53] O Living Room Conversations e o Braver Angels são grupos que reúnem pessoas de esquerda e de direita com o objetivo de reumanizar "o outro".

Há muitas organizações desse tipo surgindo em todo o país, à medida que os americanos se dão conta de que nossa democracia é frágil e de que é preciso agir para preservá-la. É no nível local — igrejas, associações de voluntários e grupos de base — que podemos mais uma vez nos juntar e reaprender o poder da cidadania e da comunidade. Nossa história e nossos ideais comuns podem nos inspirar e guiar, revivendo nosso orgulho nacional num sistema que seja verdadeiramente do povo, para o povo e pelo povo.

No último verão, durante os preparativos para a eleição de 2020, meu marido, Zoli, e eu nos vimos fazendo uma pergunta que não nos tinha ocorrido antes: será que estava chegando a hora de deixarmos nosso país?

Minha mãe imigrou para os Estados Unidos vindo de uma cidadezinha minúscula na Suíça onde as mulheres do seu cantão só conquistaram o direito ao voto em 1991. Sua vida numa pequena cidade leiteira tinha sido difícil, e não havia possibilidade de chegar à faculdade. Ela se mudou para Nova York em 1958 e se apaixonou pelo beisebol, pelos negócios e pela simpatia e descontração dos americanos. Jamais quis voltar. Meu pai partiu para Nova York de uma pequena cidade na Baviera, onde passara a Segunda Guerra Mundial. Abriu um pequeno negócio e fez dele um sucesso. "Só nos Estados Unidos isso poderia acontecer", diz ele.

Zoli, que veio do Canadá para fazer faculdade nos Estados Unidos, tem a sua história de imigrante também. O pai fugiu da Hungria para o Canadá em 1956, depois que os russos chegaram e reprimiram as manifestações estudantis. Zoli e eu temos muitos passaportes: suíço, canadense, húngaro, alemão. Mas os Estados Unidos são o nosso lar. O feriado mais feliz na nossa casa em San Diego é o Dia de Ação de Graças. Ele representa tudo aquilo por que somos gratos: amigos, família, comida. Os Estados Unidos deram à nossa família o dom de ir atrás dos nossos sonhos. O dom de sermos nós mesmos. O dom de nos sentirmos seguros e livres e de prosperar.

É nos Estados Unidos que eu quero viver. Mas, em novembro, depois da eleição, Zoli e eu começamos a discutir seriamente um Plano B. Joe Biden tinha vencido, mas Trump e muitos republicanos faziam o possível para anular os resultados. Quando

Como impedir uma nova guerra civil americana

houve o ataque ao Capitólio, em 6 de janeiro, parecia que o país tinha chegado a um momento decisivo. Eu sabia, pelas minhas pesquisas, o que acontece com as pessoas que demoram demais a sair das zonas de combate. Daris teve a sorte de sobreviver ao cerco de Sarajevo. Muitos vizinhos não tiveram.

Nas férias de Natal, Zoli renovou nossos passaportes. Chegamos a pensar se fazia sentido pedir cidadania húngara para nossa filha, Lina. No fim das contas, decidimos ir para o Canadá, aonde poderíamos chegar de carro em menos de um dia, se fosse preciso. A Suíça seria a segunda opção. Estávamos acostumados a fazer planos de emergência em nossas viagens a países propensos a conflito: "Se houver um golpe no Zimbábue quando estivermos lá, o que faremos?". Mas agora, de repente, estávamos traçando uma rota de fuga do nosso próprio país, nosso querido país. Era difícil acreditar.

Os pais fundadores poderiam ter criado o sistema político que bem entendessem. Poderiam ter ungido George Washington rei, estabelecido uma aristocracia, dividido a rica terra da América e se tornado lordes. Mas estavam decididos a criar uma democracia. A ideia desse sistema existia — no limitado modelo oferecido pelos gregos antigos, e nos escritos de Hume, Locke, Rousseau e outros filósofos políticos —, mas não a realidade. Nenhum país jamais tentara a democracia nessa escala, num território tão vasto, onde tantas pessoas governassem a si mesmas. Madison, Hamilton e John Jay tentaram prever todos os desafios que o novo país enfrentaria: poder estadual contra poder federal; como impedir a ditadura da maioria; a ameaça de facções destrutivas. Sabiam que um país assim seria ruidoso, insubmisso e propenso a conflitos. Apesar disso, insistiram, acreditando que um mundo melhor e mais livre era possível.

264   *Como as guerras civis começam*

De outro ponto de vista, claro — compartilhado por milhões —, o sonho foi um pesadelo. Os Estados Unidos foram criados para servir a homens brancos proprietários de terras. Os próprios fundadores eram senhores de escravos e não acreditavam que estes fossem merecedores de direitos e liberdades, ou mesmo que fossem seres humanos plenos. Da mesma forma, não acreditavam que trabalhadores brancos sem terra pudessem ocupar cargos públicos, ou que as mulheres tivessem direito a opinião sobre tais assuntos. Eram tolerantes e progressistas, mas apenas pelos padrões da época. E, mesmo que fossem suficientemente visionários para pôr em prática a ideia de que todos os homens e mulheres são iguais, teria sido impossível para eles prever as muitas mudanças que os Estados Unidos haveriam de enfrentar. Industrialização. Megacidades. Carros. Eles não tinham como prever a riqueza futura e o futuro poder militar do país, ou as mudanças trazidas pela globalização. Internet? Mudanças climáticas? Viagens a Marte? São coisas que não poderiam imaginar.

Os Estados Unidos encontram-se diante de um desafio monumental: criar uma verdadeira democracia multiétnica, capaz de sobreviver e prosperar enquanto a migração global continua a moldar a demografia e a identidade do país. O mundo passou por mudanças drásticas desde os anos 1700. A democracia não é mais apenas para homens brancos donos de fazendas. Agora inclui mulheres; famílias rurais, urbanas e suburbanas; pessoas que nasceram aqui e pessoas que arriscaram a vida vindo para cá; brancos, negros, pardos, mestiços, e todas as cores intermediárias. Precisamos de todos: países que tentam conter a imigração lentamente morrem, porque sua população míngua. Nossa democracia terá que proteger os direitos de pequenos

Como impedir uma nova guerra civil americana   265

grupos ao mesmo tempo que forja uma identidade nacional inclusiva. Precisamos mostrar ao mundo que a transição para uma democracia multiétnica pode ser feita pacificamente, sem prejuízo para a prosperidade.

Os Estados Unidos serão a primeira democracia ocidental onde os cidadãos brancos vão perder o status de maioria. Isso deve acontecer em 2045, mas outros países estão na fila. Por volta de 2050, os cidadãos brancos serão minoria no Canadá e na Nova Zelândia. A mudança provavelmente ocorrerá no Reino Unido em 2066, e em todos os países de língua inglesa até 2100. Partidos de extrema direita em todos esses países têm feito advertências sinistras sobre o fim da dominação branca, e para atiçar o ódio enfatizam os grandes custos — econômicos, sociais, morais — dessa transformação.

Mas isso é um mito, o último de uma longa série de fábulas inventadas por gente que vê o poder como um jogo em que o ganho de um significa a perda de outro. Muitas cidades americanas já demonstraram o erro desse raciocínio. Em Birmingham e Memphis — e outras cidades que fizeram a transição de maioria branca para maioria negra —, prefeitos negros têm sido eleitos com o apoio de eleitores brancos. Os brancos que temiam que a liderança negra levasse à represália negra e ao declínio econômico branco perceberam que seus temores eram infundados. Sua vida continuou praticamente a mesma de antes, enquanto a vida dos moradores negros melhorou. As pessoas aprenderam que ter um partido multiétnico no poder não era uma ameaça ao seu bem-estar.[54] Um novo equilíbrio pacífico foi alcançado.

A Califórnia é outro exemplo de sucesso.[55] Desde que se tornou de minoria branca, em 1998 (o Texas veio em seguida, em 2004), o estado viu sua economia crescer 200%.[56] O desemprego caiu quase 3%.[57] O PIB per capita subiu 52,5%. Mudei-me para a Califórnia em 1996. Vivo sessenta quilômetros ao norte da fronteira mexicana e leciono num campus que é apenas 21% branco. Todos os dias tenho a visão de um futuro mais promissor: estudantes ávidos, imigrantes trabalhadores.

A transição da Califórnia enfrentou uma resistência feroz.[58] Em 1994, o estado aprovou a Proposta 187, a medida conhecida como "Salve Nosso Estado", proibindo imigrantes em situação ilegal de usufruir de serviços públicos como assistência médica e educação. O referendo fez do estado o primeiro nos tempos modernos a aprovar uma legislação importante destinada a conter a imigração e punir os imigrantes em situação ilegal. O governador Pete Wilson, um republicano, foi reeleito sem dificuldade fazendo campanha a favor da proposta, publicando anúncios que mostravam imagens granuladas de imigrantes cruzando em massa a fronteira. Ele era a versão californiana do empreendedor étnico. A maneira como explorou o medo dos brancos — defendendo, por exemplo, políticas de justiça criminal mais severas — revelou-se uma estratégia vencedora. Quanto maior a população minoritária, maior a ameaça à supremacia branca, e maior a retaliação branca.

Mas tudo começou a mudar quando a Califórnia se tornou um estado em que as minorias passaram a ser majoritárias. E, à medida que elas acumularam apoio suficiente para exercer poder político, o estado começou a abraçar sua diversidade, tateando o caminho na direção de políticas que beneficiassem não apenas cidadãos brancos, mas também cidadãos negros e imigrantes — como leis assegurando educação escolar para residentes no estado e carteiras de

Como impedir uma nova guerra civil americana

motorista para imigrantes em situação ilegal. Seguiram-se grandes aumentos em gastos com educação e importantes reduções na população carcerária, o que melhorou a prosperidade e o bem-estar de todos os residentes. Em menos de três décadas, o estado se livrou da reputação de ativismo anti-imigração para se tornar um modelo progressista de políticas de imigração e inclusão. A Califórnia ainda enfrenta muitos desafios: tem um quarto dos sem-teto do país e ocupa o quarto lugar na lista de desigualdade de renda.[59] Recentemente, testemunhou também uma série de ataques a idosos asiáticos residentes no estado. Está longe de ser uma utopia. Mas sua trajetória do medo racial para a ampla aceitação racial mostra o que é possível fazer.

Para cumprir a promessa de uma verdadeira democracia multiétnica, temos que atravessar um profundo perigo. Precisamos reforçar nossos processos democráticos, sair da zona da anocracia e pôr um freio nas redes sociais, o que ajudará a reduzir o faccionalismo. Assim, teremos chance de evitar uma segunda guerra civil. Se conseguirmos, ficaremos talvez em posição de enfrentar outra ameaça iminente: as mudanças climáticas. O aquecimento do planeta aumentará a quantidade e a severidade dos desastres naturais, pondo em risco nossas cidades costeiras e provocando ondas de calor, incêndios florestais, furacões e secas. Com certeza aumentará também a migração do sul global para o norte branco, mais rico. Na ausência de uma resposta forte e eficaz do governo, isso destruirá o nosso tecido social. Meus alunos sabem desses desafios, e se sentem inspirados e estimulados a fazer alguma coisa a respeito. São a nova face do sonho americano. Quando fico deprimida, penso neles. Não há lugar melhor para estar do que numa sala de aula lotada de estudantes que são os primeiros da família a chegar à universidade, estudantes decididos a mudar o mundo.

Zoli e eu renovamos nossos passaportes em dezembro, mas não temos intenção de ir embora. Amamos demais este país para deixá-lo. Se os Estados Unidos mostram o caminho para o resto do mundo, então a Califórnia mostra o caminho para o resto dos Estados Unidos, e queremos estar aqui para ajudar na transição. Preciso acreditar que os Estados Unidos não chegaram ao fim da sua história e sim estão no começo de uma nova era extraordinária, em que teremos a possibilidade de corresponder ao lema da nossa fundação: *"E Pluribus Unum"* — de muitos, um. Da união de muitos, nos tornaremos um só.

Agradecimentos

Quando comecei a escrever este livro, em 2018, não contei a muitas pessoas que era sobre uma possível segunda guerra civil nos Estados Unidos. Aqueles a quem contei tendiam a me olhar com preocupação. Para eles, jamais haveria outra guerra civil nos Estados Unidos, e pensar o contrário era um exercício de exploração do medo alheio — talvez até irresponsável. Será que eu ia mesmo seguir essa linha de raciocínio equivocada?

Eu gostaria que eles estivessem certos. Quando o manuscrito estava quase concluído, milhares de americanos invadiram o Capitólio, e o presidente dos Estados Unidos pedia que lutassem caso fosse removido do cargo. De repente, o texto parecia profético.

Escrever um livro é uma experiência solitária e incerta. É um ato de fé: na capacidade do autor de fazer justiça ao assunto, na clareza e imparcialidade de sua visão, e em que o livro encontrará um público. Mas é também um processo colaborativo. Desde o início fui abençoada com amigos, colegas e estranhos que me concederam generosamente o seu tempo. Eles responderam a perguntas intermináveis, checaram meu trabalho e me indicaram novas e promissoras direções; eu não teria sido capaz de escrever este livro sem a sua graciosa ajuda.

Tenho uma enorme dívida com Amanda Cook, minha editora na Penguin Random House e minha maior defensora. Ela abraçou o projeto desde o início e me persuadiu de maneira gentil a escrever o livro que ela e o mundo gostariam de ler. Agradeço também a Gareth Cook — o meu encantador de livros —, que me ensinou a construir uma narrativa rigorosa e a contar histórias ao mesmo tempo ricas e interessantes. Ele foi implacável, mas bondoso, exigente, mas generoso, inflexível, mas entusiástico. Este livro teria sido muito diferente sem ele.

Precisei juntar muitos fios de pesquisa para construir estes capítulos, e da ajuda de uma comunidade de especialistas. Monty Marshall, com inabalável bom humor, respondeu a centenas de e-mails sobre dados da Força-Tarefa de Instabilidade Política e do Polity. Ele me forneceu uma montanha de informações gratuitas, e por isso lhe sou profundamente grata. Richard English respondeu a minhas perguntas sobre os distúrbios da Irlanda do Norte, certificando-se de que eu tinha entendido bem os fatos. Lars-Erick Cedderman, Simon Hug e Kristian Gleditsch responderam com a maior satisfação a minhas minuciosas indagações sobre guerras civis étnicas, explicando as nuances de diferentes descobertas estatísticas. Jim Fearon, David Laitin e Jesse Driscoll leram o manuscrito e atuaram como meus "canários" na mina de carvão; se o livro não passasse em seu teste de olfato, provavelmente não passaria no teste de outros especialistas em guerra civil. Agradeço também a Judybeth Tropp, Chris Parker, Steph Haggard, Rose McDermott, Paul Frymer, Ken Pollack, Zachary Steinert-Threlkeld, Gregoire Phillips, Nico Ravanillo, Isaac Pelt, Jacob Glashof, Seth G. Jones e Jonathan Moller, que rapidamente responderam às minhas perguntas sobre determinadas partes do livro. Agradeço aos alunos que, no inverno de 2020, assistiram às minhas aulas sobre guerra civil na UC San Diego, e me ajudaram a lidar com as grandes ideias que formavam a estrutura do livro. Por fim, agradeço a Marin Strmecki e à Smith-Richardson Foundation pelo apoio financeiro, bem como a meu reitor, Peter Cowhey, e a Nancy Gilson, da GPS, que se certificaram de que eu tivesse tempo para escrever ao longo de dois anos que acabaram por se revelar muito difíceis.

Tive a boa sorte de entrevistar uma série de pessoas extraordinárias. Agradeço a Noor, Berina e Daria Marcov, Mikhail Minakov, Anton Melnik, Jonathan Powell, Lukas Pietrzak, Jená Cane e Eric Liu, por me contarem suas histórias pessoais, por vezes penosas. Agradeço também a James Fearon, David Laitin, Monty Marshall, Erica Chenoweth, Christian Davenport e Jay Ulfelder, por compartilharem comigo seu conhecimento sobre conflitos violentos e não violentos, bem como suas ideias sobre a situação atual dos Estados Unidos. Aprendi muito com cada um deles.

Autumn Brewington não é apenas uma querida amiga, mas também uma editora extraordinária. Leu as primeiríssimas partes do ma-

Agradecimentos

nuscrito com seu característico entusiasmo, incentivando-me a prosseguir ao mesmo tempo que me afastava do risco de escrever como uma acadêmica. Tive a sorte de contar com uma equipe de assistentes de pesquisa durante todo o processo. Meu obrigado a Summer Bales, Ama Debrah, Wendy Wagner e Wakako Maekawa. E um obrigado maior ainda a Natalie Boyer, que realizou a indispensável pesquisa de todos os fatos aqui citados, por mais obscuros que fossem. Ela teve o dom de sintetizar enormes quantidades de material complicado em sumários simples, que pude usar com facilidade. Hilary McClellen apareceu de repente no fim do processo para fazer a checagem de fatos do livro inteiro. Seu fluxo de animados e-mails tornou a meticulosa fase final surpreendentemente agradável.

Escrever requer ainda o amor e o apoio de bons amigos. Agradeço a Lindi Nicol, Ronan Brown, Emilie Hafner-Burton, Angela Amoroso, Shannon Delaney, Amy Mueller, Tim Burke, Casey Burke, Jeannie Chufo, Nindy Leroy, Donn Van Winkle, Chris Parker, Mary Braunwarth, Ernie Villanueva, Giselle Brown, Camryn Delaney, Lina e Christian Waage, Marie e Faheem Hasnain, Colette e Glynn Bolitho, Laura e Ethan Boyer, Emma e John Spence e aos clãs Hajnal/ Licharz/ McGrath por estarem sempre verificando se estava tudo bem comigo, mesmo nos meus momentos mais mal-humorados.

Mas a maior dívida que tenho é para com a minha família. Minha filha, Lina, viveu a vida inteira à sombra dos meus estudos de guerras civis. Aguentou viagens a antigas zonas de conflito e viu coisas que a maioria das crianças pequenas não vê. Numa viagem particularmente difícil ao norte do Laos (com sete anos), ela se virou para mim com lágrimas nos olhos e disse: "Por que a gente não vai para um lugar normal, como o Havaí ou Mammoth, como todo mundo? Ninguém vai ao Laos, Mamãe!". Mas, acima de tudo, ela teve que dividir a mãe com uma tela de computador numa época em que preferiríamos estar dançando, ou cozinhando, ou fazendo qualquer outra coisa juntas. Ela é a minha maior alegria e fonte de orgulho. Amo-a imensamente e cada vez mais.

E, por fim, agradeço a Zoli. Quando assinei o contrato para escrever o livro, virei-me para ele e disse: "Não consigo fazer isso sem você". Então, sem se queixar, ele cuidou de tudo — de tudo mesmo

— em nossa vida para que eu pudesse me dedicar apenas a escrever. E, no fim do dia, me esperava com grandes braços abertos, uma taça de vinho e todo o amor e adoração que eu poderia desejar. Ele tem sido meu maior apoio, meu melhor amigo e confidente, minha inspiração sobre como viver uma vida honrada e solidária, e a pessoa que torna todas as coisas melhores. É o melhor ser humano que conheço.

Notas

Introdução [pp. 9-20]

1. "GR Vac Shop Owner Picking Up the Pieces After Business and Home Raided", Fox 17, 9 out. 2020; Aaron C. Davis et al., "Alleged Michigan Plotters Attended Multiple Anti-Lockdown Protests, Photos and Videos Show", *The Washington Post*, 1º nov. 2020; "Accused Leader of Plot to Kidnap Michigan Governor Was Struggling Financially, Living in Basement Storage Space", *The Washington Post*, 9 out. 2020.
2. "Governor Whitmer Signs 'Stay Home, Stay Safe' Executive Order". Gabinete da governadora Gretchen Whitmer, 23 mar. 2020; "Stay-Home Order Violators Face $500 Fines; Jail Possible", *The Detroit News*, 23 mar. 2020.
3. Matt Zapotosky, Devlin Barrett e Abigail Hauslohner, "FBI Charges Six Who It Says Plotted to Kidnap Michigan Gov. Gretchen Whitmer, as Seven More Who Wanted to Ignite Civil War Face State Charges", *The Washington Post*, 8 out. 2020.
4. Aaron C. Davis et al., "Alleged Michigan Plotters Attended Multiple Anti-Lockdown Protests, Photos and Videos Show", *The Washington Post*, 1º nov. 2020.
5. "Michigan Kidnapping Plot, Like So Many Other Extremist Crimes, Foreshadowed on Social Media", *The Washington Post*, 8 out. 2020.
6. Matt Zapotosky, Devlin Barrett e Abigail Hauslohner, "FBI Charges Six Who It Says Plotted to Kidnap Michigan Gov. Gretchen Whitmer"; Gus Burns, Roberto Acosta e John Tunison, "The Ties That Bind the Men Behind the Plot to Kidnap Gov. Whitmer", *MLive*, 20 out. 2020.
7. "Northern Michigan Town Grapples with Plot to Kidnap Gov. Whitmer from Local Vacation Home", *MLive*, 9 out. 2020; Nicholas Bogel-Burroughs, Shaila Dewan e Kathleen Gray, "FBI Says Michigan Anti-Government Group Plotted to Kidnap Gov. Gretchen Whitmer", *The New York Times*, 8 out. 2020.

8. Nicholas Bogel-Burroughs, Shaila Dewan e Kathleen Gray, "FBI Says Michigan Anti-Government Group Plotted to Kidnap Gov. Gretchen Whitmer"; Gus Burns, Roberto Acosta e John Tunison, "Ties That Bind the Men Behind the Plot to Kidnap Gov. Whitmer".

9. "Michigan Charges 8th Man in Alleged Domestic Terrorism Plot to Kidnap Gov. Whitmer", NPR, 15 out. 2020.

10. "What We Know About the Alleged Plot to Kidnap Michigan's Governor", *The New York Times*, 9 out. 2020.

11. "Trump Criticizes Whitmer After FBI Foiled Plot to Kidnap Michigan Governor", *MLive*, 8 out. 2020.

12. Nicholas Bogel-Burroughs, Shaila Dewan e Kathleen Gray, "FBI Says Michigan Anti-Government Group Plotted to Kidnap Gov. Gretchen Whitmer".

13. Jack A. Goldstone et al., "A Global Model for Forecasting Political Instability", *American Journal of Political Science*, v. 54, pp. 190-208, jan. 2010.

14. O nome original do grupo era State Failure Task Force — Força-Tarefa Falência do Estado.

15. "Antigovernment Movement", Southern Poverty Law Center. Disponível em: <www.splcenter.org/fighting-hate/extremist-files/ideology/antigovernment>. Acesso em: 7 maio 2022.

16. "Defected Soldiers Formed Free Syrian Army", NPR, 20 jul. 2012; Emile Hokayem, *Syria's Uprising and the Fracturing of the Levant*. Abingdon, Oxfordshire: Routledge, 2017.

17. "U.S. Law Enforcement Failed to See the Threat of White Nationalism. Now They Don't Know How to Stop It", *The New York Times*, 3 nov. 2018.

18. Janet I. Lewis, *How Insurgency Begins: Rebel Group Formation in Uganda and Beyond*. Cambridge: Cambridge University Press, 2020, pp. 31-6.

19. Ibid.

20. Entrevista da autora com Berina Kovac, 16 jul. 2020. Berina Kovac é um pseudônimo.

1. O perigo da anocracia [pp. 21-47]

1. Entrevista da autora com Noor, 1º jul. 2020. Noor é um pseudônimo.

2. "15 Years After U.S. Invasion, Some Iraqis are Nostalgic For Saddam Hussein Era", NPR, 30 abr. 2018.

Notas

3. "Fateful Choice on Iraq Army Bypassed Debate", *The New York Times*, 17 mar. 2008; "Report Cites Americans for Purging Baath Party Members", *The New York Times*, 6 jul. 2020.

4. "Debate Lingering on Decision to Dissolve the Iraqi Military", *The New York Times*, 21 out. 2004; James P. Pfiffner, "U.S. Blunders in Iraq: De-Baathification and Disbanding the Army", *Intelligence and National Security*, v. 25, pp. 76-85, fev. 2010; Thomas E. Ricks, *Fiasco: The American Military Adventure in Iraq*. Nova York: Penguin, 2006.

5. Daniel Byman, "An Autopsy of the Iraq Debacle: Policy Failure or Bridge Too Far?", *Security Studies*, v. 17, pp. 599-643, dez. 2008.

6. Ibid.

7. "The Struggle for Iraq: The Occupation; Troops Hold Fire for Negotiations at 3 Iraqi Cities", *The New York Times*, 12 abr. 2004.

8. Entrevista da autora com Noor, 1º jul. 2020.

9. "Author Describes Rescue of Baghdad's Zoo Animals", NPR, 7 mar. 2007.

10. "Human Rights Declaration Adopted by UN Assembly", *The New York Times*, 11 dez. 1948; UN General Assembly, Resolution 217 A (III), Universal Declaration of Human Rights, A/RES/3/217A, 10 dez. 1948.

11. "Despite Global Concerns About Democracy, More Than Half of Countries Are Democratic". Pew Research Center, 14 maio 2019, citando o Polity5 Project, Center for Systemic Peace.

12. "Remarks by the President at the 20th Anniversary of the National Endowment for Democracy". United States Chamber of Commerce, 6 nov. 2003.

13. "Globally, Broad Support for Representative and Direct Democracy". Pew Research Center, 16 out. 2017.

14. Samuel P. Huntington, "How Countries Democratize", *Political Science Quarterly*, v. 106, pp. 579-616, inverno 1991-2.

15. "Armed Conflict by Region 1946-2019", Uppsala Conflict Data Program, 20.1 Data (UCDP 20.1 data); "Global Trends in Governance, 1800-2018", Polity5 Project, Center for Systemic Peace.

16. A. C. Lopez e D. D. P. Johnson, "The Determinants of War in International Relations", *Journal of Economic Behavior and Organization*, 2017.

17. UCDP 20.1 data.

18. Esta frase é uma citação de Barbara F. Walter em Sean Illing, "Is America's Political Violence Problem Getting Worse? I Asked 7 Experts", *Vox*, 30 out. 2018.

19. Havard Hegre et al., "Toward a Democratic Civil Peace? Democracy, Political Change, and Civil War, 1816-1992", *American Political Science Review*, mar. 2001; Kristian Skrede Gledtisch, *All International Politics Is Local: The Diffusion of Conflict, Integration, and Democratization*. Ann Arbor: University of Michigan Press, 2002; Zachary M. Jones e Yonatan Lupu, "Is There More Violence in the Middle?", *American Journal of Political Science*, 2018.

20. Monty G. Marshall e Ted Robert Gurr, *Peace and Conflict 2003: A Global Survey of Armed Conflicts, Self-Determination Movements, and Democracy*. College Park, Md.: Center for International Development and Conflict Management, University of Maryland, 2003.

21. Note-se que a Primeira República da Espanha teve uma eleição democrática em 1873.

22. Vanessa A. Boese, "How (Not) to Measure Democracy", *International Area Studies Review*, v. 22, n. 2, pp. 95-127, 2019; Andrea Vaccaro, "Comparing Measures of Democracy: Statistical Properties, Convergence, and Interchangeability", *European Political Science*, 2021.

23. Fareed Zakaria, *The Future of Freedom: Illiberal Democracy at Home and Abroad*. Nova York: W. W. Norton, 2003.

24. Daniel C. Esty et al., "State Failure Task Force Report: Phase II Findings", *Environmental Change and Security Project Report*, v. 5, verão 1999.

25. Ibid.

26. Entrevista da autora com Noor, 1º jul. 2020.

27. Janet I. Lewis, *How Insurgency Begins*, cap. 6.

28. "Gamsakhurdia Wins Presidential Election", UPI, 27 maio 1991; "Tbilisi Battle Ends as President Flees", *The Washington Post*, 7 jan. 1992; "In Crushing Blow to Georgia, City Falls to Secessionists", *The New York Times*, 28 set. 1993.

29. "The Fall of Suharto: The Overview; Suharto, Besieged, Steps Down After 32-Year Rule in Indonesia", *The New York Times*, 21 maio 1998.

30. "New Leader Vows Early Elections for Indonesians", *The New York Times*, 26 maio 1998; "Indonesia Changed, But Who Deserves the Credit?", *The New York Times*, 13 jun. 1999.

31. Para uma história mais completa da revolta, ver especialmente Richard Chauvel, *Nationalists, Soldiers and Separatists: The Ambonese Islands from Colonialism to Revolt, 1880-1950*. Leiden, Holanda: KITLV Press, 1990.

Notas

32. Citado por Kautsar, ativista de Achém, em Slobodan Lekic, "The Legacy of East Timor: Other Indonesian Provinces Feel Stirrings of Separatism", *Montreal Gazette*, 7 nov. 1999.

33. Patrick M. Regan e Sam R. Bell, "Changing Lanes or Stuck in the Middle: Why Are Anocracies More Prone to Civil Wars?", *Political Research Quarterly*, v. 63, n. 4, pp. 747-59, dez. 2010.

34. "Abiy Ahmed: Ethiopia's Prime Minister", BBC, 11 out. 2019; "In Ethiopian Leader's New Cabinet, Half the Ministers Are Women", *The Washington Post*, 16 out. 2018.

35. Entrevista com a autora, 1º fev. 2019.

36. "Ethiopia: Thousands Protest After Deadly Ethnic Violence", Al Jazeera, 17 set. 2018.

37. "Why Is Ethiopia at War with Itself?", *The New York Times*, 2 jul. 2021.

38. Roderic Ai Camp, "Democratizing Mexican Politics, 1982-2012". In: William H. Beezley (Org.). *Oxford Research Encyclopedia of Latin American History*. Nova York: Oxford University Press, 2015.

39. "Polity5 Annual Time-Series, 1946-2018", Center for Systemic Peace.

40. "Democracy in Poland Is in Mortal Danger", *The Atlantic*, 9 out. 2019.

41. Zach Beauchamp, "It Happened There: How Democracy Died in Hungary", *Vox*, 13 set. 2018.

42. Ibid.

43. "Autocratization Turns Viral: Democracy Report 2021", V-Dem Institute, mar. 2021.

44. Steven Levitsky e Daniel Ziblatt, *How Democracies Die*. Nova York: Crown, 2018.

45. "Polity5 Annual Time-Series, 1946-2018", Center for Systemic Peace.

46. Os números no eixo y representam a probabilidade de que uma guerra civil comece num país em particular num determinado ano, a depender da nota do seu regime político. Numa anocracia com nota +1, por exemplo, a probabilidade de uma guerra civil é mais de seis vezes maior do que numa democracia plena com nota +10.

47. "Ukraine Protests After Yanukovych EU Deal Rejection", BBC, 30 nov. 2013; "Pro-European Businessman Claims Victory in Ukraine Presidential Vote", *The New York Times*, 25 maio 2014.

48. Entrevista da autora com Anton Melnik, 30 jun. 2020. Anton Melnik é um pseudônimo.

278   *Como as guerras civis começam*

49. "Russians Find Few Barriers to Joining Ukraine Battle", *The New York Times*, 9 jun. 2014.
50. "Why Ukraine's Government, Which Just Collapsed, Is Such a Mess", *Vox*, 25 jul. 2014.
51. Entrevista da autora com Mikhail Minakov, 1º jul. 2020.
52. "Pro-Russia Protesters Seize Ukraine Buildings, Kiev Blames Putin", Reuters, 6 abr. 2014; "Ukraine: President Calls Emergency Meeting Over Protests", BBC, 7 abr. 2014.
53. "Autocratization Turns Viral: Democracy Report 2021", V-Dem Institute, mar. 2021.
54. "How Venezuela Went from a Rich Democracy to a Dictatorship on the Brink of Collapse", *Vox*, 19 set. 2017.
55. Christian Davenport, "State Repression and Political Order", *Annual Review of Political Science*, 15 jun. 2007.
56. Entrevista da autora com Noor, 1º jul. 2020.

2. O avanço das facções [pp. 48-80]

1. "Thousands Join Ceremonies for Tito's Return to Belgrade", *The Washington Post*, 6 maio 1980; "Leaders Gathering for Tito's Funeral", *The New York Times*, 7 maio 1980.
2. Essa passagem foi citada em Robert D. Kaplan, *Balkan Ghosts: A Journey Through History*. Nova York: St. Martin's Press, 1993, p. 52.
3. Alex N. Dragnich, *Serbs and Croats: The Struggle in Yugoslavia*. Nova York: Harcourt Brace, 1992, p. 102.
4. Vesna Pesic, "Serbian Nationalism and the Origins of the Yugoslav Crisis". United States Institute of Peace, abr. 1996.
5. Misha Glenny, *The Balkans: Nationalism, War, and the Great Powers, 1804-2012*. Toronto: House of Anansi Press, 2012; Anton Logoreci, "Riots and Trials in Kosovo", *Index on Censorship*, v. 11, pp. 23-40, 1982; "Yugoslavia Destroyed Its Own Economy", *The Wall Street Journal*, 28 abr. 1999.
6. Monica Duffy Toft, *The Geography of Ethnic Violence: Identity, Interests, and the Indivisibility of Territory*. Princeton, N.J.: Princeton University Press, 2003.
7. "1 Million Serbs Cheer Their Nationalist Leader in Kosovo", Associated Press, 28 jun. 1989; Paul R. Bartrop, *Modern Genocide: A Documentary and Reference Guide*. Santa Barbara, Calif.: ABC-CLIO, 2019, p. 64.

Notas

8. "On Language: Ethnic Cleansing", *The New York Times*, 14 mar. 1993.
9. James D. Fearon e David D. Laitin, "Sons of the Soil, Migrants, and Civil War", *World Development*, v. 39, n. 2, pp. 199-211, fev. 2011.
10. Donald L. Horowitz, *Ethnic Groups in Conflict*. Berkeley: University of California Press, p. 234.
11. Paul Collier e Anke Hoeffler, "Greed and Grievance in Civil War", *Oxford Economic Papers*, v. 56, pp. 563-95, out. 2004; James D. Fearon e David D. Laitin, "Ethnicity, Insurgency, and Civil War", *American Political Science Review*, v. 97, n. 1, pp. 75-90, fev. 2003.
12. Entrevista da autora com Monty Marshall, 22 set. 2020.
13. Andreas Wimmer, *Waves of War: Nationalism, State Formation, and Ethnic Exclusion in the Modern World*. Cambridge: Cambridge University Press, 2013, p. 5.
14. "Political Instability Task Force: New Findings". Wilson Center, 5 fev. 2004.
15. Joshua R. Gubler e Joel Sawat Selway, "Horizontal Inequality, Crosscutting Cleavages, and Civil War", *Journal of Conflict Resolution*, v. 56, pp. 206-32, abr. 2012.
16. Tanja Ellingsen, "Colorful Community or Ethnic Witches' Brew? Multiethnicity and Domestic Conflict During and After the Cold War", *Journal of Conflict Resolution*, v. 44, n. 2, pp. 228-49; Paul Collier e Anke Hoeffler, "Greed and Grievance in Civil War"; Joan Esteban e Gerald Schneider, "Polarization and Conflict: Theoretical and Empirical Issues", *Journal of Peace Research*, mar. 2008.
17. "Croatian Cityscape: Stray Dogs, Rows of Wounded, Piles of Dead", *The New York Times*, 21 nov. 1991.
18. Zlatko Dizdarević, *Sarajevo: A War Journal*. Nova York: Fromm International, 1993, p. 112.
19. Stefano DellaVigna et al., "Cross-Border Media and Nationalism: Evidence from Serbian Radio in Croatia", *American Economic Journal: Applied Economics*, v. 6, pp. 103-32, jul. 2014.
20. "Murder of the City", *The New York Review*, 27 maio 1993; "A War on Civilians: The Struggle for Land in Bosnia Is Waged Mainly by Serbs with Help from Belgrade", *The New York Times*, 18 jul. 1992.
21. V. P. Gagnon Jr., "Ethnic Nationalism and International Conflict: The Case of Serbia", *International Security*, v. 19, n. 3, pp. 130-66, inverno 1994-5; V. P. Gagnon Jr., *The Myth of Ethnic War: Serbia and Croatia in the 1990s*. Ithaca, N.Y.: Cornell University Press, 2006.

22. George W. Downs e David M. Rocke, "Conflict, Agency, and Gambling for Resurrection: The Principal-Agent Problem Goes to War", *American Journal of Political Science*, maio 1994; Rui de Figueiredo e Barry Weingast, "The Rationality of Fear: Political Opportunism and Ethnic Conflict". In: Barbara F. Walter e Jack Snyder (Orgs.). *Civil Wars, Insecurity, and Intervention*. Nova York: Columbia University Press, 1999, pp. 261-302.

23. "Sudan President Seeks to 'Liberate' South Sudan", bbc, 19 abr. 2012.

24. "Baratas" era um termo usado na revolução hutu em 1959 para se referir a rebeldes tútsis "correndo confusamente" de noite pelas fronteiras. Agradeço a James Fearon por essa referência. "Trial of Ex-Quebec Resident on Genocide Charges Stirs Ethnic Tensions in Rwanda", *National Post*, 17 nov. 2013.

25. "Media Controls Leave Serbians in the Dark", *The Washington Post*, 18 out. 1998.

26. Misha Glenny, *The Fall of Yugoslavia: The Third Balkan War*. Londres: Penguin Books, 1996, p. 66.

27. Ibid., p. 161.

28. "And Now, Dovidjenja, Sarajevo", *The New York Times*, 21 fev. 1984.

29. Entrevista da autora com Berina Kovac, 16 jul. 2020.

30. Entrevista da autora com Daris Kovac, 16 jul. 2020. Daris Kovac é um pseudônimo.

31. Ibid.

32. "For Sarajevo Serbs, Grief Upon Grief", *The New York Times*, 26 abr. 1995.

33. Kemal Kurspahić, *Prime Time Crime: Balkan Media in War and Peace*. Washington, D.C.: Institute of Peace Press, 2003, pp. 102-3.

34. Entrevista da autora com Berina Kovac, 16 jul. 2020.

35. Roger D. Petersen, *Understanding Ethnic Violence: Fear, Hatred, and Resentment in Twentieth-Century Eastern Europe*. Cambridge: Cambridge University Press, 2002, p. 238.

36. "Serbs, Croats Met Secretly to Split Bosnia", *Los Angeles Times*, 9 maio 1992.

37. Tom Gallagher, *The Balkans After the Cold War: From Tyranny to Tragedy*. Londres: Routledge, 2003.

38. "The Warlord of Visegrad", *The Guardian*, 10 ago. 2005.

39. "Serb Forces Overwhelm Key Town", *The Washington Post*, 15 abr. 1992; "War Is Over — Now Serbs and Bosniaks Fight to Win Control of a Brutal History", *The Guardian*, 23 mar. 2014.

Notas 281

40. Entrevista da autora com Berina Kovac, 16 jul. 2020.
41. Entrevista da autora com Daris Kovac, 16 jul. 2020.
42. "Firebrand Hindu Cleric Ascends India's Political Ladder", *The New York Times*, 12 jul. 2017.
43. "India Is Changing Some Cities' Names, and Muslims Fear Their Heritage Is Being Erased", NPR, 23 abr. 2019; "India's New Textbooks Are Promoting the Prime Minister's Favorite Policies, Critics Allege", *The Washington Post*, 1º jul. 2018.
44. "India Revokes Kashmir's Special Status, Raising Fears of Unrest", *The New York Times*, 5 ago. 2019; "India Says the Path to Citizenship Will Get Easier, But Muslims See a Hindu Plot", *The Wall Street Journal*, 11 dez. 2019.
45. "India Has to Create More Jobs. Modi May Need Some Help from State Governments", CNBC, 6 jun. 2019.
46. "Jair Bolsonaro: Brazil's Firebrand Leader Dubbed the Trump of the Tropics", BBC, 31 dez. de 2018; "How Jair Bolsonaro Entranced Brazil's Minorities — While Also Insulting Them", *The Washington Post*, 24 out. 2018.
47. Entrevista da autora com Berina Kovac, 16 jul. 2020.
48. Entrevista da autora com Daris Kovac, 16 jul. 2020.
49. "Serbia Arrests Seven Over 1995 Srebrenica Massacre", BBC, 18 mar. 1995.
50. "A Bloody Failure in the Balkans", *The Washington Post*, 8 fev. 1993; "Yugoslavia Transformed: National Intelligence Estimate", Director of Central Intelligence, National Foreign Intelligence Board, 18 out. 1990.

3. As consequências sombrias da perda de status [pp. 81-102]

1. Há múltiplos relatos da vida de Matalam, alguns que se contradizem, e nenhum é inteiramente confiável.
2. Thomas M. McKenna, *Muslim Rulers and Rebels: Everyday Politics and Armed Separatism in the Southern Philippines*. Berkeley: University of California Press, 1998.
3. Ibid.
4. Thomas M. McKenna, "The Origins of the Muslim Separatist Movement in the Philippines". Asia Society. Disponível em: <asiaso-

282   *Como as guerras civis começam*

ciety.org/origins-muslim-separatist-movement-philippines>. Acesso em: 7 maio 2022.

5. Thomas M. McKenna, *Muslim Rulers and Rebels*, p. 146.

6. Anabelle Ragsag, *Ethnic Boundary-Making at the Margins of Conflict in the Philippines: Everyday Identity Politics in Mindanao*. Singapura: Springer, 2020.

7. Thomas M. McKenna, *Muslim Rulers and Rebels*, p. 146.

8. Ibid., pp. 147-50.

9. John J. Herz, "Idealist Internationalism and the Security Dilemma", *World Politics*, v. 2, n. 2, pp. 157-80, jan. 1950; Robert Jervis, "Cooperation Under the Security Dilemma", *World Politics*, v. 30, n. 2, pp. 167-214, jan. 1978; Barry R. Posen, "The Security Dilemma and Ethnic Conflict", *Survival*, v. 35, n. 1, pp. 27-41, primavera 1993.

10. "Mass Arrests and Curfew Announced in Philippines", *The New York Times*, 24 set. 1972.

11. Thomas M. McKenna, *Muslim Rulers and Rebels*, p. 157; Ruben G. Domingo, "The Muslim Secessionist Movement in the Philippines: Issues and Prospects". Naval Postgraduate School, jun. 1995. Tese.

12. "Philippines-Mindanao (1971 — First Conflict Deaths)". Project Ploughshares. Disponível em: <ploughshares.ca/pl-armedconflict/philippines=-mindanao1971--first-combat-deaths/#:~:text-Total%3A%20At%20least%201002C63%20people,by%20the%20 40%2Dyear%20conflict>. Acesso em: 7 maio 2022.

13. Para excelentes pesquisas sobre o tema, ver Lars-Erik Cederman, Andreas Wimmer e Brian Min, "Why Do Ethnic Groups Rebel? New Data and Analysis", *World Politics*, v. 62, pp. 87-119, 2010; Halvard Buhaug, Lars-Erik Cederman e Jan K. Rød, "Disaggregating Ethno-Nationalist Civil Wars: A Dyadic Test of Exclusion Theory", *International Organization*, v. 62, pp. 531-51, 2008.

14. Roger D. Petersen, *Understanding Ethnic Violence*, 2002.

15. James Fearon e David Laitin, "Sons of the Soil, Migrants, and Civil War", pp. 199-211.

16. "Prospect Theory: An Analysis of Decision Under Risk", *Econometrica*, v. 47, pp. 263-91, 1979.

17. "Georgia/Abkhazia: Violations of the Laws of War and Russia's Role in the Conflict". *Human Rights Watch*, v. 7, n. 7, mar. 1995. Disponível em: <www.hrw.org/reports/1995/Georgia2.htm#P117-4464>. Acesso em: 7 maio 2022; Jared Ferrie, "Can They Ever Go Home? The

Notas

Forgotten Victims of Georgia's Civil War", *New Humanitarian*, 27 maio 2019. Disponível em: <www.thenewhumanitarian.org/news-feature/2019/05/27/Abkhazia-georgia-civil-war-forgotten-victims>. Acesso em: 7 maio 2022.

18. O termo foi cunhado por Myron Weiner, cientista político do MIT, e desenvolvido por David Laitin. Myron Weiner, *Sons of the Soil: Migration and Ethnic Conflict in India*. Princeton, N.J.: Princeton University Press, 1978; James Fearon e David Laitin, "Sons of the Soil, Migrants, and Civil War".

19. David D. Laitin, "Immigrant Communities and Civil War", *International Migration Review*, v. 43, pp. 35-59, 2009.

20. R. G. Crocombe, *Asia in the Pacific Islands: Replacing the West*. Suva, Fiji: IPS Publications, 2007.

21. David D. Laitin, "Language Games", *Comparative Politics*, v. 20, n. 3, pp. 289-302, abr. 1988.

22. Donald L. Horowitz, *Ethnic Groups in Conflict*, p. 194.

23. "The Economic Basis of Assam's Linguistic Politics and Anti--Immigrant Movements", *The Wire*, 27 set. 2018.

24. "Ethnic and Religious Conflicts in India", *Cultural Survival Quarterly*, set. 1983.

25. Myron Weiner, "The Political Demography of Assam's Anti--Immigrant Movement". *Population and Development Review*, v. 9, pp. 279-92, jun. 1983.

26. Ibid.

27. Ibid.

28. Ibid.

29. Sandhya Goswami, *Assam Politics in Post-Congress Era: 1985 and Beyond*. Nova Delhi: SAGE Publications, 2020.

30. Ibid.

31. Sanjib Baruah, "Immigration, Ethnic Conflict, and Political Turmoil — Assam, 1979-1985", *Asian Survey*, v. 26, pp. 1184-206, nov. 1986.

32. Sanjib Baruah, "Immigration, Ethnic Conflict, and Political Turmoil".

33. Manash Firaq Bhattacharjee, "We Foreigners: What It Means to Be Bengali in India's Assam", Al Jazeera, 26 fev. 2020.

34. "Nellie Massacre — How Xenophobia, Politics Caused Assam's Genocide", *Quint*, 18 fev. 2020; Makiko Kimura, *The Nellie Massacre of 1983: Agency of Rioters*. Nova Delhi: SAGE Publications, 2013.

284   *Como as guerras civis começam*

35. Myron Weiner, "Political Demography of Assam's Anti-Immigrant Movement".

36. James D. Fearon, "Governance and Civil War Onset", World Development Report 2011 Background Paper, 31 ago. 2010.

37. Tim Judah, *In Wartime: Stories from Ukraine.* Nova York: Crown, 2016.

38. Lars-Erik Cederman, Kristian Skrede Gleditsch e Halvard Buhaug, *Inequality, Grievances, and Civil War.* Cambridge: Cambridge University Press, 2013; Ted Robert Gurr, "Why Minorities Rebel: A Global Analysis of Communal Mobilization and Conflict Since 1945", *International Political Science Review,* 1993; F. Stewart, "Social Exclusion and Conflict: Analysis and Policy Implications". Relatório preparado pelo Departamento de Desenvolvimento Interno do Reino Unido, Londres, 2004.

39. Federico V. Magdalena, "Population Growth and Changing Ecosystems in Mindanao", *Philippine Quarterly of Culture and Society,* v. 25, pp. 5-30, 1997.

40. Kanta Kumari Rigaud et al., "Groundswell: Preparing for Internal Climate Migration". World Bank, 2018.

41. Colin P. Kelley et al., "Climate Change in the Fertile Crescent and Implications of the Recent Syrian Drought", *Proceedings of the National Academy of Sciences,* v. 112, pp. 3241-6, 17 mar. 2015.

42. Carl-Friedrich Schleussner et al., "Armed-Conflict Risks Enhanced by Climate-Related Disasters in Ethnically Fractionalized Countries", *Proceedings of the National Academy of Sciences,* v. 113, pp. 9216-21, 16 ago. 2016.

4. Quando a esperança morre [pp. 103-28]

1. James Waller, *A Troubled Sleep: Risk and Resilience in Contemporary Northern Ireland.* Nova York: Oxford University Press, 2021.

2. Peter Taylor, *The Provos: The IRA and Sinn Fein.* Londres: Bloomsbury, 2014, p. 44.

3. Ibid., p. 50.

4. Eamonn Mallie e Patrick Bishop, *The Provisional IRA.* Londres: Corgi, 1987.

5. Gerry Adams, *Before the Dawn: An Autobiography.* Dublin: Brandon, 1996, p. 51.

Notas 285

6. Esta conclusão se baseia na minha interpretação de estudos de caso qualitativos e em entrevistas com líderes políticos de grupos rebeldes.

7. Richard English, *Armed Struggle: The History of the IRA*. Nova York: Oxford University Press, 2003, p. 121.

8. Sam Dagher, *Assad or We Burn the Country: How One Family's Lust for Power Destroyed Syria*. Nova York: Little, Brown, 2019, p. 158.

9. Wendy Pearlman, *We Crossed a Bridge and It Trembled: Voices from Syria*. Nova York: Custom House, 2017, p. 145.

10. "Assad Blames Conspirators for Syrian Protests", *The Guardian*, 30 mar. 2011.

11. Wendy Pearlman, *We Crossed a Bridge*, p. 100.

12. David W. Lesch, "Anatomy of an Uprising: Bashar al-Assad's Fateful Choices That Launched the Civil War". In: Mark L. Haas e David W. Lesch (Orgs.), *The Arab Spring: The Hope and Reality of the Uprisings*. Boulder, Colo.: Westview Press, 2017.

13. Mary Elizabeth King, *A Quiet Revolution: The First Palestinian Intifada and Nonviolent Resistance*. Nova York: Nation Books, 2007, pp. 2-4, 205.

14. "Post-Conflict Risks", *Journal of Peace Research*, v. 45, pp. 461-78, jul. 2008; Lars-Erik Cederman et al., "Elections and Ethnic Civil War", *Comparative Political Studies*, v. 46, pp. 387-417, mar. 2013.

15. Ibid.

16. Entrevista com Brendan Hughes, "Behind the Mask: The IRA and Sinn Fein", *Frontline*, 21 out. 1997.

17. Thomas S. Szayna et al., "Conflict Trends and Conflict Drivers: An Empirical Assessment of Historical Conflict Patterns and Future Conflict". Santa Monica, Calif.: RAND Corporation, 2017; Erica Chenoweth, *Civil Resistance: What Everyone Needs to Know*. Nova York: Oxford University Press, 2021.

18. Global Protest Tracker, Carnegie Endowment for International Peace, 2020.

19. Erica Chenoweth, *Civil Resistance*.

20. "From Chile to Lebanon, Protests Flare Over Wallet Issues", *The New York Times*, 23 out. 2019.

21. Lars-Erik Cederman et al., "Elections and Ethnic Civil War".

22. Adam Przeworski, *Democracy and the Market: Political and Economic Reforms in Eastern Europe and Latin America*. Cambridge: Cambridge University Press, 1991.

23. Marta Reynal-Querol, "Political Systems, Stability and Civil Wars", *Defence and Peace Economics*, v. 13, pp. 465-83, fev. 2002.

24. Lars-Erik Cederman et al., "Elections and Ethnic Civil War".

25. Maury Klein, *Days of Defiance: Sumter, Secession, and the Coming of the Civil War*. Nova York: Alfred A. Knopf, 1997.

26. James D. Fearon, "Governance and Civil War Onset"; Jason Lyall e Isaiah Wilson, "Rage Against the Machines: Explaining Outcomes in Counterinsurgency Wars", *International Organization*, v. 63, pp. 67-106, 2009; Luke N. Condra e Jacob N. Shapiro, "Who Takes the Blame? The Strategic Effects of Collateral Damage", *American Journal of Political Science*, v. 56, pp. 167-87, jan. 2012; Mark Irving Lichbach, "Deterrence or Escalation? The Puzzle of Aggregate Studies of Repression and Dissent", *Journal of Conflict Resolution*, v. 31, pp. 266-97, jun. 1987.

27. Wendy Pearlman, *We Crossed a Bridge*, p. 66.

28. "Israel Says That Hamas Uses Civilian Shields, Reviving Debate", *The New York Times*, 23 jul. 2014.

29. Carlos Marighella, "Minimanual of the Urban Guerilla", *Survival: Global Politics and Strategy*, v. 13, pp. 95-100, 1971; David B. Carter, "Provocation and the Strategy of Terrorist and Guerrilla Attacks", *International Organization*, v. 70, pp. 133-73, jan. 2016.

30. Richard English, *Armed Struggle*, p. 122.

31. Paddy Woodworth, "Why Do They Kill? The Basque Conflict in Spain", *World Policy Journal*, v. 18, pp. 1-12, 2001.

32. Erica Chenoweth, *Civil Resistance*.

33. Barbara F. Walter, *Reputation and Civil War: Why Separatist Conflicts Are So Violent*. Cambridge: Cambridge University Press, 2009.

34. Stefan Lindemann e Andreas Wimmer, "Repression and Refuge: Why Only Some Politically Excluded Ethnic Groups Rebel", *Journal of Peace Research*, v. 55, pp. 305-19, maio 2018; Stathis N. Kalyvas, *The Logic of Violence in Civil War*. Nova York: Cambridge University Press, 2006.

35. Entrevista da autora com Jonathan Powell, jul. 2011.

5. O acelerador [pp. 129-58]

1. Matthew Bowser, "Origins of an Atrocity: Tracing the Roots of Islamophobia in Myanmar", *AHA Today*, 25 jun. 2018.

Notas 287

2. Ibid.
3. Afroza Anwary, "Atrocities Against the Rohingya Community of Myanmar", *Indian Journal of Asian Affairs*, v. 31, p. 93, 2018.
4. Christina Fink, "Dangerous Speech, Anti-Muslim Violence, and Facebook in Myanmar", *Journal of International Affairs*, v. 71, pp. 43--52, 2018.
5. Steve Stecklow, "Why Facebook Is Losing the War on Hate Speech in Myanmar", Reuters, 15 ago. 2018.
6. Paul Mozur, "A Genocide Incited on Facebook, with Posts from Myanmar's Military", *The New York Times*, 15 out. 2018.
7. Peter Shadbolt, "Rights Group Accuses Myanmar of 'Ethnic Cleansing'", CNN, 22 abr. 2013.
8. "Facebook Bans Rohingya Group's Posts as Minority Faces 'Ethnic Cleansing'", *The Guardian*, 20 set. 2017.
9. Para uma extensa e excelente análise do estupro como tática de guerra civil, ver Dara Kay Cohen, *Rape During Civil War*. Ithaca: Cornell University Press, 2016.
10. Post do Information Committee, Facebook, 5 set. 2017; "Rohingya Crisis: Aung San Suu Kyi Breaks Silence on Myanmar Violence", NBC News, 6 set. 2017.
11. Com base na medição de democracia eleitoral liberal feita pelo V-Dem, que atingiu um recorde em 2011; 2012 foi o ponto alto na medição de democracia participativa. Não só o declínio líquido em democracia foi maior do que os avanços, mas, continuamente, mais países caíram no índice de democracia liberal do que subiram; Michael Coppedge et al., "V-Dem Codebook v10", Varieties of Democracy (V-Dem) Project.
12. "Autocratization Surges — Resistance Grows, Democracy Report 2020", V-Dem Institute, mar. 2020.
13. "Individuals Using the Internet (% of Population)". World Bank, 2016.
14. "Ethiopia Violence: Facebook to Blame, Says Runner Gebrselassie", BBC, 2 nov. 2019.
15. "Hate Speech on Facebook Is Pushing Ethiopia Dangerously Close to a Genocide", *Vice*, 14 set. 2020.
16. "Autocratization Turns Viral, Democracy Report 2021", V-Dem Institute, mar. 2021.
17. "State of the News Media 2013: Pew Research Center's Project for Excellence in Journalism", *Journalist's Resource*, 18 mar. 2013; "News Use Across Social Media Platforms 2016", Pew Research Center, 26 maio 2016.

288   *Como as guerras civis começam*

18. "Social Media in 2020: A Year of Misinformation and Disinformation", *The Wall Street Journal*, 11 dez. 2020.

19. "Myanmar's Killing Fields", *Frontline*, 8 maio 2018; "Myanmar Rohingya: What You Need to Know About the Crisis", BBC, 23 jan. 2020; Mohshin Habib et al., *Forced Migration of Rohingya: An Untold Experience*. Ottawa: Ontario International Development Agency, 2018; "Rohingya Crisis: Villages Destroyed for Government Facilities", BBC, 10 set. 2019.

20. Ver o site de Tristan Harris para o Center for Humane Technology, que apresenta este argumento.

21. William J. Brady et al., "Emotion Shapes the Diffusion of Moralized Content in Social Networks", *Proceedings of the National Academy of Sciences*, v. 114, pp. 7313-18, jul. 2017.

22. "Critical Posts Get More Likes, Comments, and Shares Than Other Posts". Pew Research Center, 21 fev. 2017.

23. "The Making of a YouTube Radical", *The New York Times*, 8 jun. 2019.

24. "What's New About Conspiracy Theories?", *The New Yorker*, 5 abr. 2019; Eli Pariser, *The Filter Bubble: How the New Personalized Web Is Changing What We Read and How We Think*. Nova York: Penguin, 2012; Eytan Bakshy et al., "Political Science: Exposure to Ideologically Diverse News and Opinion on Facebook", *Science*, v. 348, pp. 1130-2, 5 jun. 2015.

25. Peter Pomerantsev, *This Is Not Propaganda: Adventures in the War Against Reality*. Nova York: PublicAffairs, 2019, p. 125.

26. Manoel Horta Ribeiro et al., "Auditing Radicalization Pathways on YouTube", *Proceedings of the 2020 Conference on Fairness, Accountability, and Transparency*, jan. 2020, pp. 131-41.

27. "He Incited Massacre, But Insulting Aung San Suu Kyi Was the Last Straw", *The New York Times*, 29 maio 2019.

28. "Facebook Admits It Was Used to Incite Violence in Myanmar", *The New York Times*, 6 nov. 2018.

29. Jen Kirby, "Mark Zuckerberg on Facebook Role in Ethnic Cleansing in Myanmar: 'It's a Real Issue'", *Vox*, 2 abr. 2018; Matthew Smith, "Facebook Wanted to Be a Force for Good in Myanmar. Now It Is Rejecting a Request to Help with a Genocide Investigation", *Time*, 18 ago. 2020; Anthony Kuhn, "Activists in Myanmar Say Facebook Needs to Do More to Quell Hate Speech", NPR, 14 jun. 2018.

30. Steve Stecklow, "Why Facebook Is Losing the War on Hate Speech in Myanmar".

Notas

31. Ibid.; "Myanmar's Coup and Violence, Explained", *The New York Times*, 24 abr. 2021.
32. "Myanmar President Htin Kyaw Resigns", bbc, 21 mar. 2018.
33. "Facebook Takes a Side, Barring Myanmar Military After Coup", *The New York Times*, 3 mar. 2021.
34. "Why a Protest Leader in Myanmar Is Reluctantly Giving Up Nonviolence and Preparing for Combat", *Mother Jones*, 31 mar. 2021.
35. "What Happens When the Government Uses Facebook as a Weapon?", *Bloomberg Businessweek*, 7 dez. 2017.
36. Ibid.
37. "Official Count: Duterte Is New President, Robredo Is Vice President", cnn, 17 maio 2016.
38. "'I Held Back Tears': Young Filipinos Vote in Divisive Midterm Election", *Vice*, 13 maio 2019.
39. Sean Williams, "Rodrigo Duterte's Army of Online Trolls", *The New Republic*, 4 jan. 2017.
40. Sanja Kelly et al., "Freedom on the Net 2017: Manipulating Social Media to Undermine Democracy", Freedom House, 2017.
41. Ibid.
42. Fadi Quran, "The Bully's Pulpit". Center for Humane Technology. Podcast *Your Undivided Attention*, episódio 20, 22 jun. 2020. Disponível em: <www.humanetech.com/podcast/20-the-bullys-pulpit>. Acesso em: 7 maio 2022.
43. "Jair Bolsonaro, Brazil's President, Is a Master of Social Media", *Economist*, 14 mar. 2019.
44. "Ministra das mulheres confessa que é gay", YouTube, 28 fev. 2013.
45. "In Brazil, a President Under Fire Lashes Out at Investigators", *The New York Times*, 29 maio 2020.
46. Ricardo F. Mendonça e Renato Duarte Caetano, "Populism as Parody: The Visual Self-Presentation of Jair Bolsonaro on Instagram", *International Journal of Press/ Politics*, v. 26, pp. 210-35, jan. 2021.
47. Em setembro de 2020, o Facebook suspendeu 155 dessas contas após descobrir que faziam parte de uma rede de contas compradas baseada na China. Além delas, contas falsas abertas por policiais e funcionários do governo também foram removidas. Entusiasta da China, o presidente filipino tem usado cambalachos chineses de internet para aumentar a popularidade em seu próprio país. Furioso com o

fechamento das contas, Duterte repreendeu o Facebook com duros comentários, mas continua a depender da empresa para manter sua base eleitoral. Ver também "Facebook Removes Chinese Accounts Active in Philippines and U.S. Politics", Reuters, 22 set. 2020.

48. Sean Williams, "Rodrigo Duterte's Army of Online Trolls".

49. "The Global Machine Behind the Rise of Far-Right Nationalism", *The New York Times*, 10 ago. 2019.

50. Amy Watson, "Sweden: Usage of Digital News Sources, 2020", *Statista*, 28 abr. 2021.

51. "Swedish Far-Right Wins First Seats in Parliament", bbc, 20 set. 2010.

52. Danielle Lee Tomson, "The Rise of Sweden Democrats: Islam, Populism and the End of Swedish Exceptionalism". Brookings Institution, 26 mar. 2020.

53. Angry Foreigner. Canal do YouTube. Disponível em: <www.youtube.com/channel/UC8kfozcrJkz7muZg2C_J-XQ>. Acesso em: 26 abr. 2021.

54. Lennart Matikainen. Canal do YouTube. Disponível em: <www.youtube.com/channel/UCMkVJrQM6YRUymwGamEJNNA> Acesso em: 26 abr. 2021.

55. "pm Modi Crosses 60 Million Followers on Twitter", *Times of India*, 19 jul. 2020.

56. Arnab Goswami, "Indian News Channel Fined in uk for Hate Speech About Pakistan", *The Guardian*, 23 dez. 2020.

57. "The Billionaire Yogi Behind Modi's Rise", *The New York Times*, 26 jul. 2018.

58. "How YouTube Radicalized Brazil", *The New York Times*, 11 ago. 2019.

59. "How Far-Right Extremists Rebrand to Evade Facebook's Ban", *National Observer*, 10 maio 2019.

60. "Marine Le Pen's Internet Army", *Politico*, 3 fev. 2017.

61. "Marine Le Pen Defeated but France's Far Right Is Far from Finished", *The Guardian*, 7 maio 2017; "Marine Le Pen's Financial Scandal Continues", *The Atlantic*, 30 jun. 2017; "Far-Right Wins French Vote in eu Election, But Macron Limits Damage", Reuters, 26 maio 2019.

62. "Why the Right Wing Has a Massive Advantage on Facebook", *Politico*, 26 set. 2020.

63. "Undercover with a Border Militia", *Mother Jones*, nov./ dez. 2016.

64. Vera Mironova, *From Freedom Fighters to Jihadists: Human Resources of Non-State Armed Groups*. Nova York: Oxford University Press, 2019.

Notas   291

65. "Facebook Groups Act as Weapons Bazaars for Militias", *The New York Times*, 6 abr. 2016.

66. "The Strategy of Violent White Supremacy Is Evolving", *The Atlantic*, 7 ago. 2019.

67. "The Year in Hate and Extremism 2020: Hate Groups Became More Difficult to Track Amid Covid and Migration to Online Networks". Southern Poverty Law Center, 1º fev. 2021.

68. "Inside the Surreal World of the Islamic State's Propaganda Machine", *The Washington Post*, 20 nov. 2015.

69. Vera Mironova, *From Freedom Fighters to Jihadists*, p. 8.

70. Renée DiResta, "To Russia with Likes (Part 2)". Center for Humane Technology. Podcast *Your Undivided Attention*, episódio 6, 1º ago. 2019. Disponível em: <www.humanetech.com/podcast/6-from-russia-with-likes-part-2>. Acesso em: 7 maio 2022.

6. Já estamos perto? [pp. 159-94]

1. "How a Presidential Rally Turned into a Capitol Rampage", *The New York Times*, 12 jan. 2021; "Trump's Full Speech at D.C. Rally on January 6", *The Wall Street Journal*, 7 fev. 2021.

2. "77 Days: Trump's Campaign to Subvert the Election", *The New York Times*, 31 jan. 2021.

3. "'Be There. Will Be Wild!': Trump All but Circled the Date", *The New York Times*, 6 jan. 2021.

4. "President Trump Remarks at Georgia U.S. Senate Campaign Event", C-Span, 4 jan. 2021.

5. "Former President Donald Trump's January 6 Speech", CNN, 8 fev. 2021.

6. Katherine Stewart, "The Roots of Josh Hawley's Rage", *The New York Times*, 11 jan. 2021.

7. "Arrested Capitol Rioters Had Guns and Bombs, Everyday Careers and Olympic Medals", Reuters, 14 jan. 2021.

8. "Trump Urges Crowd to 'Knock the Crap Out of' Anyone with Tomatoes", *Politico*, 1º fev. 2016.

9. "Trump on Protester: 'I'd Like to Punch Him in the Face'", *Politico*, 23 fev. 2016.

10. "Trump Says Maybe '2nd Amendment People' Can Stop Clinton's Supreme Court Picks", ABC News, 9 ago. 2016.

11. "Man Charged After White Nationalist Rally in Charlottesville Ends in Deadly Violence", *The New York Times*, 12 ago. 2017.

12. "Trump Tweets 'Liberate' Michigan, Two Other States with Dem Governors", *The Detroit News*, 17 abr. 2020; "Trump Tweets Support for Michigan Protesters, Some of Whom Were Armed, as 2020 Stress Mounts", CNN, 1º maio 2020.

13. "Former President Donald Trump's January 6 Speech", CNN, 8 fev. 2021.

14. "Inside the Remarkable Rift Between Donald Trump and Mike Pence", *The Washington Post*, 11 jan. 2021.

15. Courtney Subramanian, "A Minute-by-Minute Timeline of Trump's Day as the Capitol Siege Unfolded on Jan. 6", *USA Today*, 11 fev. 2021.

16. Ibid.

17. "Deleted Tweets from Donald J. Trump, R-Fla", ProPublica, 8 jan. 2021.

18. "Polity5 Annual Time-Series, 1946-2018", Center for Systemic Peace.

19. Diferentemente do V-Dem, a escala do Polity não leva em conta o sufrágio em sua medição da democracia.

20. Arthur M. Schlesinger, Jr., *The Imperial Presidency*. Nova York: Houghton Mifflin, 1973; "America Is Living James Madison's Nightmare", *The Atlantic*, out. 2018.

21. "Clash Between Trump and House Democrats Poses Threat to Constitutional Order", *The New York Times*, 7 maio 2019.

22. "Trump Accelerates the Unrest", *Axios*, 7 abr. 2020.

23. "Forceful Removal of Protesters from Outside White House Spurs Debate", *The Wall Street Journal*, 2 jun. 2020.

24. "Trump's Full June 1 Address at the Rose Garden", *The Washington Post*, 1º jun. 2020.

25. "Polity5 Annual Time-Series, 1946-2018", Center for Systemic Peace; "Mapped: The World's Oldest Democracies". World Economic Forum, 8 ago. 2019.

26. "Elections Results Under Attack: Here Are the Facts", *The Washington Post*, 11 mar. 2021; "Fact Check: Courts Have Dismissed Multiple Lawsuits of Alleged Electoral Fraud Presented by Trump Campaign", Reuters, 12 fev. 2021; "By the Numbers: President Donald Trump's Failed Efforts to Overturn the Election", *USA Today*, 6 jan. 2021.

27. "Arizona Governor Becomes Latest Trump Target After Certifying Biden's Win", NBC News, 2 dez. 2020; "Trump Pressured Georgia Secretary of State to 'Find' Votes", *The Wall Street Journal*, 4 jan. 2021.

Notas

28. "Trump Fires Mark Esper, Defense Secretary Who Opposed Use of Troops on U.S. Streets", *The New York Times*, 9 nov. 2020.
29. "Opinion: All 10 Living Former Defense Secretaries: Involving the Military in Election Disputes Would Cross into Dangerous Territory", *The Washington Post*, 3 jan. 2021.
30. "Conspiracy Charges Filed Over Capitol Riot", *The Wall Street Journal*, 19 jan. 2021.
31. Jack A. Goldstone et al., "A Global Model for Forecasting Political Instability".
32. Entrevista da autora com Monty Marshall, 22 set. 2020.
33. Anna Lührmann e Matthew Wilson, "One-Third of the World's Population Lives in a Declining Democracy. That Includes the United States", *The Washington Post*, 4 jul. 2018.
34. James D. Fearon, "Governance and Civil War Onset"; Barbara F. Walter, "Why Bad Governance Leads to Repeat Civil War", *Journal of Conflict Resolution*, v. 59, pp. 1242-72, out. 2015.
35. "*The Federalist* Number 10", 22 nov. 1787. *Founders Online*, National Archives.
36. E a raça está se alinhando com a religião, sobretudo com uma religião de direita. Cristãos evangélicos são os mais fortes esteios do Partido Republicano. Em 2020, oito em cada dez evangélicos brancos votaram em Trump. Do outro lado está uma mistura de ateus, agnósticos, judeus e muçulmanos. Eles apoiam, esmagadoramente, o Partido Democrata. Biden conquistou o apoio de 72% dos ateus e agnósticos, 68% dos eleitores judeus e 64% dos muçulmanos; Elana Schor e David Crary, "AP VoteCast: Trump Wins White Evangelicals, Catholics Split". Associated Press, 6 nov. 2020.
37. Zoltan L. Hajnal, *Dangerously Divided: How Race and Class Shape Winning and Losing in American Politics*. Cambridge: Cambridge University Press, 2020.
38. Ibid.
39. "South Reverses Voting Patterns; Goldwater Makes Inroads, But More Electoral Votes Go to the President", *The New York Times*, 4 nov. 1964.
40. "What Republicans Must Do to Regain the Negro Vote", *Ebony*, abr. 1962.
41. "In Changing U.S. Electorate, Race and Education Remain Stark Dividing Lines". Pew Research Center, 2 jun. 2020.

42. "Alex Jones". Southern Poverty Law Center. Disponível em: <www. splcenter.org/fighting-hate/extremist-files/individual/alex-jones>. Acesso em: 27 abr. 2021.

43. "Trump Retweets Video of Apparent Supporter Saying 'White Power'", NPR, 28 jun. 2020.

44. "Franjo Tudjman's Nationalist Ideology", *East European Quarterly*, v. 31, pp. 449-72, 1997.

45. "Religion and Right-Wing Politics: How Evangelicals Reshaped Elections", *The New York Times*, 28 out. 2018; "Ronald Reagan's Long--Hidden Racist Conversation with Richard Nixon", *The Atlantic*, 30 jul. 2019.

46. Tim Carman, "New Limits on Food and Water at Georgia's Polls Could Hinder Black and Low-Income Voters, Advocates Say", *The Washington Post*, 9 abr. 2021.

47. Correspondência da autora com Monty Marshall, 14 dez. 2020. Ver também o Polity Change File de 2016.

48. "Why Reconstruction Matters", *The New York Times*, 28 mar. 2015.

49. "'The Civil War Lies on Us Like a Sleeping Dragon': America's Deadly Divide — and Why It Has Returned", *The Guardian*, 20 ago. 2017.

50. Pippa Norris, "Measuring Populism Worldwide", *Party Politics*, v. 26, pp. 697-717, nov. 2020.

51. "Trump Wins CPAC Straw Poll, but Only 68 Percent Want Him to Run Again", *The New York Times*, 28 fev. 2021; "Trump Wins CPAC Straw Poll on the 2024 Presidential Primary, with 55 Percent Support", *Vox*, 1º mar. 2021.

52. "Cruz Says Supreme Court 'Better Forum' for Election Disputes Amid Electoral College Objection Push", Fox News, 3 jan. 2021.

53. "The 147 Republicans Who Voted to Overturn Election Results", *The New York Times*, 7 jan. 2021.

54. Para um excelente relato de como os americanos brancos se tornaram mais reacionários como resultado de uma perda de status, ver Matt A. Barreto e Christopher S. Parker, *Change They Can't Believe In: The Tea Party and Reactionary Politics in Contemporary America*. Princeton, N.J.: Princeton University Press, 2013.

55. "Census: Minority Babies Are Now Majority in United States", *The Washington Post*, 17 maio 2012.

56. Ibid.

Notas   295

57. "All About the Hamiltons", *The New Yorker*, 2 fev. 2015.
58. William Emmons et al., "Why Is the White Working Class in Decline?". Blog *On the Economy*. Federal Reserve Bank of St. Louis, 20 maio 2019.
59. "Full Text: 2017 Donald Trump Inauguration Speech Transcript", *Politico*, 20 jan. 2017.
60. "Down the Breitbart Hole", *The New York Times*, 16 ago. 2017; "Who Is Mike Cernovich? A Guide", *The New York Times*, 5 abr. 2017.
61. Andrew Guess et al., "Less Than You Think: Prevalence and Predictors of Fake News Dissemination on Facebook". *Science Advances*, v. 5, 9 jan. 2019.
62. Samantha Bradshaw e Philip N. Howard, "The Global Disinformation Order: 2019 Global Inventory of Organised Social Media Manipulation". Project on Computational Propaganda, 2019. Documento de trabalho.
63. Claire Wardle, "Stranger Than Fiction". Center for Humane Technology. Podcast *Your Undivided Attention*, episódio 14, 30 mar. 2020. Disponível em: <www.humanetech.com/podcast/14-stranger-than-fiction>. Acesso em: 7 maio 2022.
64. Diana C. Mutz, "Status Threat, Not Economic Hardship, Explains the 2016 Presidential Vote", *Proceedings of the National Academy of Sciences*, v. 115, pp. E4330-9, maio 2018.
65. Justin Gest, *The New Minority: White Working-Class Politics in an Age of Immigration and Inequality*. Oxford: Oxford University Press, 2016.
66. Rachel Wetts e Robb Willer, "Privilege on the Precipice: Perceived Racial Status Threats Lead White Americans to Oppose Welfare Programs", *Social Forces*, v. 97, pp. 793-822, dez. 2018.
67. "Racial Prejudice, Not Populism or Authoritarianism, Predicts Support for Trump Over Clinton", *The Washington Post*, 26 maio 2016.
68. "Trump Is the First Modern Republican to Win the Nomination Based on Racial Prejudice", *The Washington Post*, 1º ago. 2016.
69. Ilyana Kuziemko e Ebonya Washington, "Why Did the Democrats Lose the South? Bringing New Data to an Old Debate", *American Economic Review*, v. 108, pp. 2830-67, 2018; Rory McVeigh et al., "Political Polarization as a Social Movement Outcome: 1960s Klan Activism and Its Enduring Impact on Political Realignment in Southern Counties, 1960 to 2000", *American Sociological Review*, v. 79, pp. 1144-71, dez. 2014.

70. Donald R. Kinder e Lynn M. Sanders, *Divided by Color: Racial Politics and Democratic Ideals*. Chicago: University of Chicago Press, 1996.

71. Zoltan Hajnal, Vince Hutchings e Taeku Lee, *Racial and Ethnic Politics in the United States*. Cambridge: Cambridge University Press. No prelo. A fonte dos dados é o "Times Series Study", American National Election Study, 2016.

72. Francis Fukuyama, *Identity: The Demand for Dignity and the Politics of Resentment*. Nova York: Farrar, Straus and Giroux, 2018; Roger D. Petersen, *Understanding Ethnic Violence*, 2002.

73. "About Half of Republicans Don't Think Joe Biden Should Be Sworn in as President", *Vox*, 11 jan. 2021.

74. "Most Voters Say the Events at the U.S. Capitol Are a Threat to Democracy", YouGov, 6 jan. 2021.

75. "53% of Republicans View Trump as True U.S. President", *Reuters*, 24 maio 2021.

76. "Feelings of Political Violence Rise", Statista, 7 jan. 2021; "Americans Increasingly Believe Violence Is Justified if the Other Side Wins", *Politico*, 1º out. 2020.

77. Nathan P. Kalmoe e Lilliana Mason, "Lethal Mass Partisanship: Prevalence, Correlates, and Electoral Contingencies". Artigo apresentado na American Political Science Association Conference, 2018.

78. "Guide to the Analysis of Insurgency". Central Intelligence Agency, 2012.

79. "Active 'Patriot' Groups in the United States in 2011". Southern Poverty Law Center, 8 mar. 2012; "The Second Wave: Return of the Militias". Southern Poverty Law Center, 1º ago. 2009.

80. Seth G. Jones, Catrina Doxsee, Grace Hwang e Jared Thompson, "The Military, Police, and the Rise of Terrorism in the United States", *CSIS: CSIS Briefs*, abr. 2021.

81. "Profiles of Individual Radicalization in the United States (Pirus)". National Consortium for the Study of Terrorism and the Responses to Terrorism, maio 2020. Sinopse de pesquisa.

82. "Oath Keepers". Southern Poverty Law Center. Disponível em: <www.splcenter.org/fighting-hate/extremist-files/group/oath-keepers>. Acesso em: 28 abr. 2021.

83. "One-on-One with JJ MacNab". State of New Jersey Office of Homeland Security and Preparedness. Podcast *Intelligence Unclassified*, episódio 22, 6 jun. 2016.

Notas

84. "Guide to the Analysis of Insurgency".
85. "The War Comes Home: The Evolution of Domestic Terrorism in the United States". Center for Strategic and International Studies (CSIS), 22 out. 2020; "The Rise of Far-Right Extremism in the United States". CSIS, 7 nov. 2018.
86. "Guide to the Analysis of Insurgency".
87. "The Capitol Siege: The Arrested and Their Stories", NPR, 23 abr. 2021.
88. Tim Alberta (@TimAlberta), Twitter, 10 jan. 2021.

7. Como seria uma guerra [pp. 195-231]

1. Os especialistas discordam sobre como uma guerra civil teria início nos Estados Unidos. Para alguns, isso jamais acontecerá; outros acham que pode acontecer muito antes do que se imagina. Esta abertura é minha tentativa de imaginar, em termos dramáticos, os primeiros estágios do conflito, mas está longe de ser uma previsão científica. Há, literalmente, milhões de hipóteses possíveis.
2. Clayton R. Newell, *The Regular Army Before the Civil War, 1845-1860.* Washington, D.C.: Center of Military History, United States Army, 2014.
3. Robert A. Pape, *Dying to Win: The Strategic Logic of Suicide Terrorism.* Nova York: Random House, 2005.
4. "*The Turner Diaries*, Other Racist Novels, Inspire Extremist Violence". Southern Poverty Law Center, 14 out. 2004.
5. Aja Romano, "How a Dystopian Neo-Nazi Novel Helped Fuel Decades of White Supremacist Terrorism", *Vox*, 28 jan. 2021.
6. "How 'The Turner Diaries' Incites White Supremacists", *The New York Times*, 12 jan. 2021; "'The Turner Diaries' Didn't Just Inspire the Capitol Attack. It Warns Us What Might Be Next", *Los Angeles Times*, 8 jan. 2021.
7. "Influential Neo-Nazi Eats at Soup Kitchens, Lives in Government Housing", NBC News, 26 nov. 2019; "Atomwaffen and the Siege Parallax: How One Neo-Nazi's Life's Work Is Fueling a Younger Generation". Southern Poverty Law Center, 22 fev. 2018.
8. "Inside Atomwaffen as It Celebrates a Member for Allegedly Killing a Gay Jewish College Student", ProPublica, 23 fev. 2018.
9. "Accelerationism: The Obscure Idea Inspiring White Supremacist Killers Around the World", *Vox*, 18 nov. 2019.

10. "The Hate Store: Amazon's Self-Publishing Arm Is a Haven for White Supremacists", ProPublica, 7 abr. 2020.

11. "As Global Democracy Retreats, Ethnic Cleansing Is on the Rise", Freedom House, 25 fev. 2019.

12. "Stratton Town Report Cover Draws Attention for All the Wrong Reasons", *VTDigger*, 24 fev. 2021; Ellen Barry (@EllenBarryNYT), "Holy Moly, Stratton, Vermont's Annual Report", Twitter, 23 fev. 2021.

13. Gregory Stanton, "The Ten Steps of Genocide". Genocide Watch, 1996.

14. "Dems Spark Alarm with Call for National ID Card", *The Hill*, 20 abr. 2010.

15. Gregory Stanton, "The Ten Steps of Genocide".

16. Marianne Bertrand e Sendhil Mullainathan, "Are Emily and Greg More Employable than Lakisha and Jamal?", *American Economic Review*, v. 94, pp. 991-1013, 2004.

17. Daniel M. Butler e David E. Broockman, "Do Politicians Racially Discriminate Against Constituents? A Field Experiment on State Legislators", *American Journal of Political Science*, v. 55, pp. 463-77, 2011.

18. "A Troubling Tale of a Black Man Trying to Refinance His Mortgage", CNBC, 19 ago. 2020; Peter Christensen e Christopher Timmins, "Sorting or Steering: Experimental Evidence on the Economic Effects of Housing Discrimination". NBER, 2020. Documento de trabalho.

19. "Trump Used Words Like 'Invasion' and 'Killer' to Discuss Immigrants at Rallies 500 Times", *USA Today*, 8 ago. 2019; "Trump Calls Omarosa Manigault Newman 'That Dog' in His Latest Insult", *The New York Times*, 14 ago. 2019.

20. "Trump Ramps Up Rhetoric on Undocumented Immigrants: 'These Aren't People. These Are Animals'", *USA Today*, 16 maio 2018.

21. "What Are the 10 Stages of Genocide?", Al Jazeera, 10 jul. 2020.

22. "A Pro-Trump Militant Group Has Recruited Thousands of Police, Soldiers, and Veterans", *The Atlantic*, nov. 2020.

23. "A Guide to Rep. Marjorie Taylor Greene's Conspiracy Theories and Toxic Rhetoric", *Media Matters*, 2 fev. 2021.

24. "South Carolina GOP Censures SC-07 Representative Tom Rice After 'Disappointing' Vote to Impeach Trump", Fox News, 30 jan. 2021; "Wyoming GOP Censures Liz Cheney for Voting to Impeach Trump", NPR, 6 fev. 2021; "GOP Rep. Meijer Receiving Threats

Notas 299

After 'Vote of Conscience' to Impeach Trump", *The Detroit News*, 14 jan. 2021.

25. "The Boogaloo Bois Prepare for Civil War", *The Atlantic*, 15 jan. 2021; "Atomwaffen Division", Anti-Defamation League, 2021.

26. "One-on-One with JJ MacNab". Podcast *Intelligence Unclassified*.

27. "Documenting Hate: New American Nazis", *Frontline*, 20 nov. 2018.

28. "What Is Atomwaffen? A Neo-Nazi Group, Linked to Multiple Murders", *The New York Times*, 12 fev. 2018; "An Atomwaffen Member Sketched a Map to Take the Neo-Nazis Down. What Path Officials Took Is a Mystery", ProPublica, 20 nov. 2018.

29. "Neo-Nazi Terror Group Atomwaffen Division Re-Emerges Under New Name", *Vice*, 5 ago. 2020.

30. "He's a Proud Neo-Nazi, Charlottesville Attacker — and a U.S. Marine", ProPublica, 11 maio 2018.

31. "Documenting Hate: New American Nazis", *Frontline*.

32. Max Taylor, Donald Holbrook e P. M. Currie, *Extreme Right Wing Political Violence and Terrorism*. Londres: Bloomsbury, 2013.

33. "The Strategy of Violent White Supremacy Is Evolving", *The Atlantic*, 7 ago. 2019.

34. Ibid.

35. "Facebook's Boogaloo Problem: A Record of Failure". Tech Transparency Project, 12 ago. 2020; "The Boogaloo: Extremists' New Slang Term for a Coming Civil War". Anti-Defamation League, 26 nov. 2019; "The Boogaloo Tipping Point", *The Atlantic*, 4 jul. 2020; "Who Are the Boogaloo Bois? A Man Who Shot Up a Minneapolis Police Precinct Was Associated with the Extremist Movement, According to Unsealed Documents", *Insider*, 26 out. 2020.

36. "Why the Extremist 'Boogaloo Boys' Wear Hawaiian Shirts", *The Wall Street Journal*, 8 jun. 2020.

37. "Boogaloo: Extremists' New Slang Term for a Coming Civil War", ADL.

38. "Boss: Kidnapping Plot Suspect Was 'On Edge' Recently", Wood-TV, 8 out. 2020.

39. "FBI Charges Six Who It Says Plotted to Kidnap Michigan Gov. Gretchen Whitmer, as Seven More Who Wanted to Ignite Civil War Face State Charges", *The Washington Post*, 8 out. 2020.

40. "Boogaloo: Extremists' New Slang Term for a Coming Civil War", ADL.

300   *Como as guerras civis começam*

41. "Extremists Are Using Facebook to Organize for Civil War Amid Coronavirus". Tech Transparency Project, 22 abr. 2020.

42. Ibid.

43. Ibid.

44. "3 Men Tied to 'Boogaloo' Movement Plotted to Terrorize Las Vegas Protests, Officials Say", ABC7, 4 jun. 2020.

45. "Facebook Bans Large Segment of Boogaloo Movement", *The Wall Street Journal*, 20 jun. 2020.

46. David Zucchino, *Wilmington's Lie: The Murderous Coup of 1898 and the Rise of White Supremacy*. Nova York: Grove Atlantic, 2020.

47. "What's Inside the Hate-Filled Manifesto Linked to the Alleged El Paso Shooter", *The Washington Post*, 4 ago. 2019.

48. "The Private Militias Providing 'Security' for Anti-Lockdown Protests, Explained", *Vox*, 11 maio 2020.

49. "Where Protesters Go, Armed Militias, Vigilantes Likely to Follow with Little to Stop Them", NBC News, 1º set. 2020.

50. "The Extremist's Advantage in Civil Wars", *International Security*, v. 42, pp. 7-39, 2017.

51. Barbara F. Walter e Gregoire Philipps, "Who Uses Internet Propaganda in Civil War?". No prelo.

52. Andrew H. Kydd e Barbara F. Walter, "The Strategies of Terrorism", *International Security*, v. 31, pp. 49-80, 2006.

53. Sergiy Kudelia, *Dismantling the State from Below: Intervention, Collaborationism, and Resistance in the Armed Conflict in Donbas*. No prelo.

54. Tim Hume, "Far-Right Extremists Have Been Using Ukraine's War as a Training Ground. They're Returning Home", *Vice*, 31 jul. 2019.

55. Segundo David Kilcullen, "o indicador mais forte de que as coisas estão prestes a piorar muito não é o ódio. Há sempre ódio. Estou falando do medo"; Matthew Gault, "Is the U.S. Already in a New Civil War?", *Vice*, 27 out. 2020.

56. G. M. Gilbert, *Nuremberg Diary*. Nova York: Farrar, Straus, 1947. p. 278.

57. Human Rights Watch, "The Rwandan Genocide: How It Was Prepared". Documento informativo, abr. 2006.

58. "Americans Have Bought Record 17m Guns in Year of Unrest, Analysis Finds", *The Guardian*, 30 out. 2020.

59. Ibid.

60. "The War Comes Home: The Evolution of Domestic Terrorism in the United States", CSIS, 22 out. 2020; "In America, Far-Right Terrorist Plots Have Outnumbered Far-Left Ones in 2020", *The Economist*, 27 out. 2020.

Notas   301

61. Wikipedia, verbete "Socialist Rifle Association". Note-se que a citação foi extraída do site original do grupo, que já não está mais on-line. Ver também <www.facebook.com/SocialistRifle/about>.
62. "'If You Attack Us, We Will Kill You': The Not Fucking Around Coalition Wants to Protect Black Americans", *Vice*, 28 out. 2020.
63. "What Is Redneck Revolt? These Left-Wing Activists Protect Minorities with Guns", *Newsweek*, 27 dez. 2017.
64. Benjamin A. Valentino, *Final Solutions: Mass Killing and Genocide in the 20th Century*. Ithaca, N.Y.: Cornell University Press, 2013.
65. C. Berrebi e E. Klor, "Are Voters Sensitive to Terrorism? Direct Evidence from the Israeli Electorate". *American Political Science Review*, v. 102, n. 3, pp. 279-301, 2008; Anna Getmansky e Thomas Zeitzoff, "Terrorism and Voting: The Effect of Rocket Threat on Voting in Israeli Elections", *American Political Science Review*, v. 108, n. 3, pp. 588-604, 2014.
66. Eitan D. Hersch, "Long-Term Effect of September 11 on the Political Behavior of Victims' Families and Neighbors", *Proceedings of the National Academy of Sciences*, v. 52, pp. 20959-63, 24 dez. 2013.
67. Roberto Stefan Foa e Yascha Mounk, "The Democratic Disconnect", *Journal of Democracy*, v. 27, pp. 5-17, 2016.
68. Matthew H. Graham e Milan W. Svolik, "Democracy in America? Partisanship, Polarization, and the Robustness of Support for Democracy in the United States", *American Political Science Review*, v. 114, pp. 392-409, 2020.
69. "Public Trust in Government: 1958-2019". Pew Research Center, 11 abr. 2019.
70. "Little Public Support for Reductions in Federal Spending". Pew Research Center, 11 abr. 2019.
71. "Follow the Leader: Exploring American Support for Democracy and Authoritarianism". Democracy Fund Voter Study Group, mar. 2018.

8. Como impedir uma nova guerra civil americana [pp. 232-68]

1. Barbara F. Walter, "In Memoriam: Nelson Mandela", *Political Violence @ A Glance*, 6 dez. 2013.
2. Os leitores devem ter em mente que um risco anual de 3,4% parece baixo, mas não é. O que ocorre é que o risco de guerra civil se agrava

com o tempo, portanto um risco anual de 3% se traduz num risco de 150% num período de cinquenta anos, se as condições permanecerem iguais. Uma boa analogia é o risco de câncer devido ao hábito de fumar. No começo, o fumante tem um risco baixo de desenvolver câncer de pulmão, mas, se continuar fumando durante a vida toda, o risco aumenta significativamente. Fonte: "Polity5 Annual Time-Series, 1946-2018", Center for Systemic Peace. Agradeço a Monty Marshall por essa clara explicação.

3. Barbara F. Walter, "Does Conflict Beget Conflict? Explaining Recurring Civil War", *Journal of Peace Research*, v. 41, pp. 371-88, maio 2004; Barbara F. Walter, "Why Bad Governance Leads to Repeat Civil War".

4. Paul Collier et al., *Breaking the Conflict Trap: Civil War and Development Policy*. Washington, D.C.: World Bank/ Oxford University Press, 2003.

5. Barbara F. Walter, "Conflict Relapse and the Sustainability of Post-Conflict Peace", World Bank, 2011; Barbara F. Walter, "Why Bad Governance Leads to Repeat Civil War".

6. James D. Fearon, "Governance and Civil War Onset".

7. Barbara F. Walter, "Conflict Relapse and the Sustainability of Post-Conflict Peace"; Barbara F. Walter, "Why Bad Governance Leads to Repeat Civil War".

8. James D. Fearon, "Governance and Civil War Onset".

9. Sean Illing, "A Political Scientist Explains Why the GOP Is a Threat to American Democracy", *Vox*, 20 out. 2020.

10. "U.S. Election Integrity Compares Poorly to Other Democracies", *US News & World Report*, 7 out. 2020.

11. Sean Illing, "A Political Scientist Explains Why the GOP Is a Threat".

12. "U.S. Election Integrity Compares Poorly to Other Democracies".

13. Nathaniel Rakich, "What Happened When 2.2 Million People Were Automatically Registered to Vote", *FiveThirtyEight*, 10 out. 2019.

14. "Trudeau Breaks Promise on Reforming Canada's Voting System", BBC, 1º fev. 2017; "Canada", Freedom House, 2020.

15. "Canada", Freedom House.

16. Eric Liu, *You're More Powerful Than You Think: A Citizen's Guide to Making Change Happen*. Nova York: PublicAffairs, 2017, p. 8.

17. "Americans' Knowledge of the Branches of Government Is Declining". Annenberg Public Policy Center, 13 set. 2016.

18. "America Needs History and Civics Education to Promote Unity", *The Wall Street Journal*, 1º mar. 2021.

Notas 303

19. Tenha-se em mente que se os Estados Unidos vierem a viver uma guerra civil, os avanços em ciência, tecnologia, engenharia e matemática serão bruscamente interrompidos. Países em guerra civil veem o PIB per capita despencar drasticamente, as instituições enfraquecerem e os serviços públicos como saúde e educação entrarem em colapso; P. Collier, "On the Economic Consequences of Civil War", *Oxford Economic Papers*, v. 51, n. 1, pp. 168-83, 1999. Disponível em : <www.jstor.org/stable/3488597>. Acesso em: 19 ago. 2021; Hannes Mueller e Julia Tobias, "The Cost of Violence: Estimating the Economic Impact of Conflict". International Growth Center, 2016.

20. Entrevista da autora com Eric Liu, abr. 2021.

21. Anton Melnik é um pseudônimo.

22. Cass R. Sunstein, "It Can Happen Here", *The New York Review*, 28 jun. 2018.

23. "Labeling Groups Like the Proud Boys 'Domestic Terrorists' Won't Fix Anything", *Vox*, 19 fev. 2021; "An Old Debate Renewed: Does the U.S. Now Need a Domestic Terrorism Law?", NPR, 16 mar. 2021.

24. Janet I. Lewis, *How Insurgency Begins*.

25. Janet Reitman, "U.S. Law Enforcement Failed to See the Threat of White Nationalism. Now They Don't Know How to Stop It", *The New York Times*, 3 nov. 2018.

26. Ibid.

27. "White Supremacist Infiltration of Law Enforcement". FBI Intelligence Assessment, 17 out. 2016.

28. "The FBI Has Quietly Investigated White Supremacist Infiltration of Law Enforcement", *The Intercept*, 31 jan. 2017.

29. Janet I. Lewis, *How Insurgency Begins*.

30. "Right wing Extremism: Current Economic and Political Climate Fueling Resurgence in Radicalization and Recruitment". Department of Homeland Security, 7 abr. 2009.

31. "Domestic Terrorism Threat Is 'Metastasizing' in U.S., FBI Director Says", *The New York Times*, 2 mar. 2021.

32. "The Oklahoma City Bombing: 25 Years Later". FBI, 15 abr. 2020.

33. "The Department of Justice's Terrorism Task Forces June 2005". U.S. Department of Justice, jun. 2005.

34. "Oklahoma City Bombing: 25 Years Later".

35. "Merrick Garland Faces Resurgent Peril After Years Fighting Extremism", *The New York Times*, 20 fev. 2021.

36. David Kilcullen, *The Accidental Guerrilla: Fighting Small Wars in the Midst of a Big One*. Nova York: Oxford University Press, 2011, p. 265.

37. Evan Osnos, "Doomsday Prep for the Super-Rich", *The New Yorker*, 30 nov. 2017.

38. "Six More Defendants Settle Lawsuit Brought After 'Unite the Right' Rally", *Georgetown Law*, 16 maio 2018.

39. David Cook, "The Time Has Come for the Story of the Five Women Who Defeated the Klan", *Chattanooga Times Free Press*, 22 fev. 2020; "Attorney, Victim Share Story of 1980 KKK Shooting on MLK Boulevard", WRCB-TV, 20 fev. 2020.

40. "Donald v. United Klans of America". Southern Poverty Law Center; "Inside the Case That Bankrupted the Klan", CNN, 11 abr. 2021.

41. Carrie O'Neil e Ryan Sheely, "Governance as a Root Cause of Protracted Conflict and Sustainable Peace: Moving from Rhetoric to a New Way of Working". Stockholm International Peace Research Institute, 20 jun. 2019.

42. Matthew Yglesias (@mattyglesias), "It's kinda weird that deplatforming Trump just like completely worked with no visible downside whatsoever", Twitter, 21 jan. 2021.

43. Gregory S. Gordon, "Atrocity Speech Law: Foundation, Fragmentation, Fruition", Oxford Scholarship Online, maio 2017. Disponível em: <oxford.universitypressscholarship.com/view/10.1093/acprof:oso/9780190612689.001.0001/acprof-9780190612689-chapter-1>. Acesso em: 7 maio 2022.

44. "More Than 1 in 3 Americans Believe a 'Deep State' Is Working to Undermine Trump", NPR/Ipsos, 30 dez. 2020.

45. "Unwelcome on Facebook and Twitter, QAnon Followers Flock to Fringe Sites", NPR, 31 jan. 2021.

46. "Trends in Online Foreign Influence Efforts". Empirical Studies of Conflict Project, 8 jul. 2019.

47. "7 Out of the 10 Most Viral Articles About Angela Merkel on Facebook Are False", BuzzFeed, 27 jul. 2017.

48. "Fake Black Activist Accounts Linked to Russian Government", CNN, 28 set. 2017; "Exclusive: Russian-Linked Group Sold Merchandise Online", CNN, 6 out. 2017.

49. William C. Schambra, "Local Groups Are the Key to America's Civic Renewal". Brookings Institution, 1º set. 1997.

50. Entrevista da autora com Jená Cane, abr. 2021.

Notas 305

51. "How Citizen University Is Building an Army of Civic Leaders", Shareable, 18 mar. 2019.

52. Entrevista da autora com Eric Liu, abr. 2021.

53. Citado por Eric Liu a partir de uma conversa com Kate Tucker num sermão de Sábado Cívico, 16 jan. 2021.

54. Zoltan L. Hajnal, *Changing White Attitudes Toward Black Political Leadership*. Cambridge: Cambridge University Press, 2006.

55. "Gross Domestic Product by State, 3rd Quarter 2020". Bureau of Economic Analysis, 23 dez. 2020.

56. Note-se que o Havaí sempre foi um estado com maioria de não brancos e que o Novo México se tornou de maioria não branca antes da Califórnia. Kathleen Murphy, "Texas Minorities Now the Majority". Pew Charitable Trusts, 11 ago. 2005.

57. U.S. Bureau of Labor Statistics. Taxas de desemprego na Califórnia obtidas no Federal Reserve Bank of St. Louis (o emprego caiu de 6% em 1998 para 4,2% em 2020, antes da covid-19; subiu para cerca de 9% durante a pandemia).

58. "Prop. 187 Backers Elated — Challenges Imminent", *Los Angeles Times*, 9 nov. 1994; "Pete Wilson Looks Back on Proposition 187 and Says, Heck Yeah, He'd Support It All Over Again", *Los Angeles Times*, 23 mar. 2017.

59. "California Is Making Liberals Squirm", *The New York Times*, 11 fev. 2021.

Índice remissivo

4chan, 214

Abecásia, 89-90
Abiy Ahmed Ali, 37
Abu Ayyash, Radwan, 115
aceleracionismo, 211-2
acesso à internet: em Myanmar, 131; na África, 135; *ver também* redes sociais
Acordo de Belfast, 254
Adams, Gerry, 109
Adityanath, Yogi, 75
África: acesso à internet na, 135; democratização na, 134, 136; Facebook na, 135; *ver também países individuais*
África do Sul, 232-5
Agência Croata de Notícias, 69
Akesson, Jimmie, 148-9
Al-Assad, Bashar, 101, 111-6, 126, 234-5
Al-Baghdadi, Abu Bakr, 16-7
Al-Bashir, Omar, 67
Al-Jabouri, Najm, 23
alauitas, 111-2
Alberta, Tim, 194
Aliança Nacional (Estados Unidos), 204
al-Qaeda, 204, 214, 218
Alternative für Deutschland (AfD), 147, 185
Amazon, livros de direita na, 206
amboneses cristãos, 36
American National Election Study, 187
Amoss, Ulius, 214
anocracia: descrição da, 30; Estados Unidos como, 169-71; Filipinas

rumo à, 85-6; fraqueza dos governos na, 34-6; guerra civil e, 30-4; pacífica, 46-7; *ver também países individuais*
antifa, 227
apartheid, 232-5
aposta na ressurreição, 66
Arafat, Yasser, 49, 116
Argélia, 118, 122, 127
armadilha do conflito, 237
Arthurs, Devon, 212
Assam, 93-8
Associação dos Veteranos Confederados Unidos, 188
ataques a bomba suicidas, 16
ataques do Onze de Setembro, 230
Atomwaffen Division (AWD), 212-3, 222
Aung San Suu Kyi, 129-31, 133, 140-1
autocracia, mudanças para, 39-43; *ver também* índices de democracia dos sistemas políticos
aversão à perda, 89

Bannon, Steve, 185
Barak, Ehud, 116
Baruah, Sanjib, 97
Batalhão de Azov, 224
Bauer, Shane, 154-5
baúles, povo, 119
Bazargan, Mehdi, 223
Beam, Louis, 214
Becker, Jo, 148-9
Bédié, Henri Konan, 177
Ben Ali, Zine al-Abidine, 111
Berger, J. M., 155-6, 214
Bhattacharjee, Manash Firaq, 98
Biden, Joe, 159-60, 171, 180

306

Índice remissivo

Bin Laden, Osama, 204
Birmânia ver Myanmar
Bishop, Patrick, 107
Black Lives Matter, 155, 162, 169-70, 221, 258-9
Blackburn, Marsha, 180
Blacktivist, 258-9
Boban, Mate, 72-3
Bogside, Batalha do, 106-8, 123
Bolsonaro, Jair, 77-8, 145, 147, 151
Boogaloo Bois, 215-7
Botha, P. W., 233-4
Boynton, Jen, 260
Brady, William J., 138
Brasil, 77-8, 125, 145-6, 151
Braun, Mike, 180
Braver Angels, 261
Breitbart News, 185
Brejnev, Leonid, 49
Bremer, Paul, 24
BriteHeart, 261
Brooks, Mo, 180
Brzezinski, Zbigniew, 223
Burkina Faso, 135
Burundi, 120
Bush, George H. W., 174
Bush, George W., 21, 30, 174, 249

Cahill, Joe, 123
Califórnia, 265, 267
Callan, Aela, 132
Camp David, conversas em, 116
Canadá, 240
Cane, Jená, 260
Capitólio, insurreição no ver insurreição no Capitólio
Carlson, Tucker, 176
católicos: nas Filipinas, 81-4, 87; na Irlanda do Norte, 103-10, 127, 234
Cawthorn, Madison, 180
Cerco de Derry, 106
Cernovich, Mike, 185
Charlottesville, Virgínia, 162, 213, 252
Cheney, Dick, 170
Cheney, Liz, 211

Chenoweth, Erica, 117-8, 125, 157
Cherlin, Andrew, 181
Chiang Kai-shek, 54
China, 118, 127
CIA: estágios de insurgência e, 190, 192-3; extremismo doméstico e, 190; Força-Tarefa de Instabilidade Política e, 33; resistência sem líder e, 214
Cidadãos Unidos vs. Comissão Eleitoral Federal, 242
cingaleses, 60, 88, 183
Citizen University, 260
civis: como alvos, 16-7; ataques do governo contra, 124-5
classificação (estágio do genocídio), 208
Clinton, Hillary, 162, 186, 227
Cole, Benjamin, 56
"coletes amarelos", movimento de protestos, 157
Collier, Paul, 55
Como Educar para a Democracia Americana, 244
Conferência de Ação Política Conservadora, 179
Congresso Nacional Africano, 233
Contras, rebeldes, 224
Coreia do Norte, 135
Costa do Marfim, 118-20, 135, 165, 177
Cotton, Tom, 231
covid-19, pandemia de, 9-10, 216
Craig, James, 104
Crusius, Patrick, 205, 220
Cruz, Ted, 178, 180

Daines, Steve, 180
De Klerk, F. W., 233-5
decapitação de liderança, 252
Declaração de guerra contra os americanos que ocupam a terra dos dois lugares santos (Bin Laden), 204
Declaração Universal dos Direitos Humanos, 27
declínio democrático, 134-6, 171

democracias iliberais, 32

Democratas Suecos, 148-85, 185

democratas sulistas (Estados Unidos), 120

democratização: efeito desestabilizador da, 23-4; guerra civil e, 28-9, 33-8; ondas de, 29; *ver também* índices de democracia dos sistemas políticos

Derry, Irlanda do Norte, marcha, 106-8

desastres naturais, 101

desigualdade de renda, 99

desinformação: Putin e, 258; redes sociais e, 136, 144-5, 150-1, 157-8

desumanização (estágio do genocídio), 209

Detmer, Mike, 10

"dez estágios do genocídio, Os" (Stanton), 207, 225

Diários de Turner, Os (Pierce), 204-6, 213

Dinamarca, 134

direito ao voto: na Irlanda do Norte, 104; leis limitando, 209; limites ao, como fatos de violência, 86; politização do, 240; reafirmação do, 241; supressão do, por republicanos, 178; *ver também* eleições

DiResta, Renée, 157

Diretório Geral de Segurança (Síria), 113

discriminação (estágio do genocídio), 208-9

divisão urbano-rural, 64-5, 77-8, 111, 175, 184, 242

divisões raciais: na África do Sul, 232-3; no Brasil, 77; nos Estados Unidos, 173-6, 180-7; terrorismo de extrema direita e, 206

Dizdarević, Zlatko, 64

Domingo Sangrento, 108

Donald, Beulah Mae, 253

Donald, Michael, 252

Donbass, região da Ucrânia, 43, 92, 99, 224

doutrinação, 225

Duterte, Rodrigo, 142-3, 145, 147

Earnest, John Timothy, 205

educação cívica, 244

Egito, 111

El Paso, tiroteio no Walmart de, 205, 220

eleições: alegações de fraude eleitoral de Trump e, 170, 180, 188; decisão Cidadãos Unidos e, 242; faccionalismo/faccionalização e, 121-3; livres, 239; nos Estados Unidos, 167, 239-43; como momentos perigosos, 118-23; rebaixamento e, 119; sistemas de gestão eleitoral, 239; *ver também* direito ao voto; *candidatos individuais*

EmbraceRace, 261

empreendedores de conflitos violentos, 125, 128

empreendedores étnicos, 66-74, 78-80, 150-3, 176, 183, 185

Erdoğan, Recep Tayyip, 32, 133-4, 143

escala de ressentimento racial, 186-7

Espanha, 31, 125, 134, 143

Esper, Mark, 170

esperança, perda da, 109-10, 113-5, 120, 123, 189

Estado de direito, 238

Estado Islâmico, 156, 214, 221

Estado Livre Irlandês, 103-4

Estados Unidos: como anocracia, 169-71; divisões raciais nos, 173-6, 180-7; efeitos das redes sociais nos, 176, 185-6; eleições nos, 167, 239-43; estágio de conflito incipiente e, 192; estágio de insurgência aberta e, 193-4; faccionalismo nos, 172-80; faccionalismo religioso nos, 174; fase pré-insurgência dos, 190; Forças Armadas dos, 169-70; futura direção dos, 236; Guerra Civil dos,

Índice remissivo

120, 124; índices de democracia dos sistemas políticos e, 166-72, 239; no Iraque, 21-7; milícias nos, 190-2; mito de fundação dos, 180; mudanças demográficas nos, 181, 265-7; potência das Forças Armadas dos, 201

estágio de conflito incipiente, 192

estágio de insurgência aberta, 192, 194

Estratégia Sulista, 174

ETA (grupo separatista da Espanha), 125

Ethnic Groups in Conflict (Horowitz), 54-5

Etiópia, 37-8, 86, 135

Etter, Lauren, 143

Euromaidan, protestos, 43-4

Exército Livre da Síria, 115, 124

Exército Popular da Iugoslávia (JNA), 63, 72

Exército Republicano Irlandês (IRA) *ver* IRA (Exército Republicano Irlandês)

extermínio (estágio do genocídio), 225-6, 229

extremismo: doméstico, 190; de esquerda, 227, 229; *ver também* terrorismo/extremismo violento

faccionalismo/faccionalização: avanço de, 48-80; eleições e, 121, 123; nos Estados Unidos, 172-80; nas Filipinas, 86; fundadores americanos sobre, 172; incentivo de, por Trump, 177-8; na Iugoslávia, 48-53; em Myanmar, 130-2; nacionalismo étnico e, 65-9; natureza gradual de, 79; níveis de, 56; partidos políticos e, 55-9; protestos e, 117; provocações religiosas e étnicas para, 54; redes sociais e, 148-53, 255, 258-9; superfacções, 60-5; *ver também* faccionalismo étnico; faccionalismo religioso

faccionalismo étnico: estudo do, 54-5; na Costa do Marfim, 119; poder e, 55, 58; protestos e, 117; sistemas majoritários e, 121; *ver também* faccionalismo/faccionalização; Iugoslávia

faccionalismo religioso: aumento de guerras civis em razão de, 54; nos Estados Unidos, 175; nas Filipinas, 81-5, 87; na Índia, 74-7; na Irlanda do Norte, 103-10, 234; em Myanmar, 130-2, 141; partidos políticos e, 57-9; poder e, 55; *ver também* faccionalismo/faccionalização

Facebook: na África, 135; algoritmos do, 137-8; Boogaloo Bois e, 215-6; no Brasil, 146; crescimento do, 136; Estados Unidos e, 176; nas Filipinas, 143; insurreição do Capitólio e, 161; milícias e, 154-6; Myanmar e, 131-4, 140-1; sobre o populismo de direita, 153; postagens curtidas no, 137; na Suécia, 149

Falwell, Jerry, 174

fase pré-insurgência, 190

Fatah, 221

fatores econômicos, 98-102

Fearon, James, 54, 88, 99, 238

Filhas Unidas da Confederação, 188

filhos do solo, 90-3, 100, 183-4, 234

Filipinas, 81-5, 123, 142-3, 145; proibição de armas nas, 84, 110

Fleming, Gary, 104

Forças Armadas: ameaça de Trump de uso das, 169; recusa a interferir em eleições, 171; supremacismo branco e, 247-8

Forças-Tarefas Conjuntas de Terrorismo (JTTFS), 248-9

Força-Tarefa de Instabilidade Política, 14, 33, 55

Fox, Adam, 9-12, 215

França, 152, 157

Franco, Francisco, 92, 125

Freedom House, 40n, 118, 144, 241

Freiheitliche Partei Österreichs, 147
Frente Moro de Libertação Islâmica (FMLI), 85
Frente Moro de Libertação Nacional (FMLN), 85
Frente Unida para a Libertação de Assam (Ulfa, Índia), 96
Front National, 147
frustração, 222-3

Gab, 217
Gabunada, Nic, 142
Gaddafi, Muamar, 204
Gâmbia, 135
Gamsakhurdia, Zviad, 35
Garland, Merrick B., 249
Gbagbo, Laurent, 119, 165
Genocide Watch, 207
genocídio armênio, 225
Geórgia, 35, 58, 89-90
gerrymandering, 241
Gest, Justin, 186
Gilbert, Gustave, 225
globalização, 100
Goldwater, Barry, 173
Google, 137-8
Göring, Hermann, 225
Gorman, Tommy, 125
Goswami, Arnab, 151
governança: benefícios da governança democrática, 28; melhorias na, 238-9, 249-53
governo: desconfiança sobre, 243; educação sobre, 243-4; eficácia do, 238
Greene, Marjorie Taylor, 211
Guatemala, 123
guerra civil: americana (1861-65), 201-2; democratização e, 29, 33-8; fatores econômicos e, 238; gatilhos da, 123-8; influências internacionais na, 257-8; potencial segunda guerra civil nos Estados Unidos, 195-201, 203; provocadas por questões de classe e ideologia,

53-4; repetição da, 236-7; no século XXI, 202-3
"Guerra Civil 2: Electric Boogaloo", 215
Guerra Civil Grega, 54
guerra de atrito, 218-9, 250
guerra de guerrilha, recurso à, 16
Gurr, Ted Robert, 30-1

Habibie, B. J., 36
Hagerty, Bill, 180
Hailemariam Desalegn, 37
Hamas, 17, 125, 184, 203, 221, 251
Hamilton (Miranda), 181
Hamilton, Alexander, 172, 263
Hannity, Sean, 176
Harris, Kamala, 171
Harris, Tristan, 138
Hawley, Josh, 231
Hezbollah, 224
Hitler, Adolf, 204, 245
Hoeffler, Anke, 55
Horowitz, Donald, 54-5, 87, 93
Horton, Willie, 174
Houphouët-Boigny, Félix, 119
Htin Kyaw, 141
Hughes, Brendan, 116
Human Rights Watch, 226
Hume, Tim, 224
Hungria, 30, 39, 47, 147
Hussein, Saddam, 21, 22-4, 33-4
hutus, 29, 31, 58, 66, 177, 208, 210, 226

Ianukovitch, Viktor, 42-5, 120
imigração ver migração
Índia, 74-7, 93-8, 151, 178
índices de democracia dos sistemas políticos: da África do Sul, 232; auge do perigo relacionado aos, 41, 42fig; descrição, 31; dos Estados Unidos, 166-72, 239; faccionalismo e, 57; mudanças rápidas nos, 37
Indonésia, 36, 86, 91, 127
informações falsas, redes sociais e, 136
Inspire (revista online), 214

Índice remissivo

Instagram, 215

insurreição no Capitólio: *Os diários de Turner* e, 205; efeitos internacionais da, 257; estágio de insurgência total e, 194; investigação da, 171, 249; Partido Republicano e, 180, 189; prisões relacionadas à, 191; como risco imediato, 18; Trump e, 159-65, 169; volta do Congresso às atividades depois da, 171

intimidação, 219-20, 253

Irã, crise dos reféns no, 222-3

IRA (Exército Republicano Irlandês): apoio financeiro ao, 223; civis e, 125, 203; formação do, 108; guerra de atrito e, 250; guerra iniciada pelo, 123; perda da esperança e, 110, 116; resposta inepta do governo ao, 128; ressentimentos e, 184

Iraque: faccionalismo no, 47; guerra civil no, 26-7; invasão americana, 21-4; rebaixamento e, 88; transição política no, 30, 34, 36

Irlanda do Norte, 103-10, 116, 123, 125, 127, 234-5, 254

Iron March, 212

Israel, 115-6, 125, 230, 251

Iugoslávia: democratização e, 31; empreendedores étnicos na, 68-74, 78-80; faccionalismo e, 48-53; fatores econômicos e, 100; previsão de colapso pela CIA, 79; rebaixamento e, 88; superfacções na, 61-5

Jabhat al-Nusra, 221

Jackson, Andrew, 166

Jaime II, 106

Jay, John, 263

Jefferson, Thomas, 166

Johnson, Daryl, 246

Johnson, Lyndon, 173

Johnson, Robert A., 251

Johnson, Ron, 180

Jones, Alex, 176, 256

Kahneman, Daniel, 89

Karadžić, Radovan, 71-4, 78, 210

Kennedy, John, 180

Kennedy, John F., 117

Kennedy, Robert F., 117, 167

Kilcullen, David, 249

King, Martin Luther, 167

Kovac, Berina, 20, 70-4, 78-9

Kovac, Daris, 70-2, 78-9

Ku Klux Klan, 188, 214, 220, 249, 252

Laitin, David, 54, 88

Lankford, James, 180

Le Pen, Jean-Marie, 152

Le Pen, Marine, 152

Lega Nord, 147

Lei Antiterrorismo e Pena de Morte Efetiva (1996, Estados Unidos), 249

Lei dos Direitos Civis (1964, Estados Unidos), 173

Lei dos Direitos Civis (1870, Estados Unidos), 253

Lei dos Direitos de Voto (Estados Unidos), 240

Lei de Modernização Eleitoral (2018, Canadá), 241

lei marcial, 84, 110, 117

leis de cidadania na Índia, 76, 95

Lesch, David W., 114

levantamento de fundos, redes sociais e, 156-7

Lewis, Janet, 247

Líbano, 123

Libéria, 237-8

limpeza étnica, 65, 132, 141, 206-7, 225, 229; *ver também* Iugoslávia

Lincoln, Abraham, 120, 173, 251

língua, dominação cultural e, 92-4

Lituânia, 46

Liu, Eric, 243-4, 260

Living Room Conversations, 261

Livro verde (Gaddafi), 204

Livro vermelho (Mao), 204

Locke, Greg, 161

Lührmann, Anna, 171
Lukić, Milan, 229
Lula da Silva, Luiz Inácio, 77

Mac Stíofáin, Seán, 123
MacNab, JJ, 191, 211-2
Madison, James, 172, 263
Maduro, Nicolás, 46-7, 165
Mahgerin al-Allah, 156-7
maior oferta, 221-2, 253
Maliki, Nouri al-, 24-6, 34, 234
Mallie, Eamonn, 107
Mandela, Nelson, 233-5
Manson, Charles, 205
Mao Tsé-tung, 54, 204
Marcha das Mulheres (2017), 155
Marcos, Ferdinand, 83-6, 110
Marighella, Carlos, 125
Marshall, Monty, 31, 56, 171
Marshall, William P., 168
máscara, politização do uso da, 18
Mason, James, 205-6, 212-3
Matalam, Datu Udtog, 81-4, 87
Mathewson, Kevin, 221
Matikainen, Lennart, 150
Mattis, James, 170
Mayer, Milton, 245
McCain, John, 174
McVeigh, Timothy, 190, 192, 205, 249
mecanismos de recomendação, 139
medo, como força motivadora, 225-6
Meijer, Peter, 211, 219
Mein Kampf (Hitler), 204
Melnik, Anton, 44
Menicucci, Eleonora, 146
Merkel, Angela, 258
México, 38
mídia: controle da, 66, 68-9; oposição à, 76; *ver também* redes sociais
migração: Califórnia e, 266-7; nos Estados Unidos, 182; como estopim de conflito, 100; interna, 206-7; na Irlanda do Norte, 103; em Myanmar, 130; mudanças

climáticas e, 101-2, 267; mudanças demográficas resultantes da, 93-8; redes sociais e, 150
migração bengalesa para Assam, 93-8
Milícia do Michigan, 192
milícias: avanço de, 190-2; como característica definidora de conflitos, 16; legalidade de, 221; negras, 228; organização crescente de, 210; redes sociais e, 154-6
Milley, Mark, 171
Milošević, Slobodan: como empreendedor étnico, 66, 68; faccionalismo étnico e, 51-3, 58, 61-3, 72, 78, 80, 126; redes sociais e, 152
Minakov, Mikhail, 45-6
Minute Men, milícias, 124
Miranda, Lin-Manuel, 181
Mironova, Vera, 156
Moçambique, 237
modernização, 100
Modi, Narendra, 75-7, 143, 151, 178
Mondale, Walter, 49
Moral Majority, 174
moro, povo, 82-5, 87-8, 99-100, 110, 143
Morrison, Danny, 110
Morrison, Joseph, 10-1, 215
Moura, Nando, 151
movimento de cidadãos soberanos, 191
Movimento de Independência Muçulmana (Filipinas), 83-5
Movimento Papua Livre, 91
movimento pelos direitos civis, 117, 167
movimentos anti-imigração, 95
movimentos de autodeterminação, 126
Moyers, Bill, 173
Mubarak, Hosni, 111
muçulmanos: Democratas Suecos e, 150; nas Filipinas, 81-5, 87, 123; na Índia, 74-5, 207; na Indonésia, 37; na Iugoslávia, 49, 69, 70-4; genocídio de Srebrenica e, 79; em

Índice remissivo

Myanmar, 130-4, 140; restrições de Trump à entrada de, 177
mudanças climáticas, 101-2, 267
Mugabe, Robert, 32
Mugesera, Léon, 66
Mukhitdinov, Alisher, 212
Myanmar, 129-34, 140-2

nacionalismo étnico, 65-9
narrativa da Causa Perdida, 188
National Socialist Order, 213
negação (estágio do genocídio), 225
Nellie (Índia), massacre de, 98
Newman, Omarosa Manigault, 209
Nicarágua, 224
Nichols, Terry, 192
Nixon, Richard, 167, 174
Norris, Pippa, 239
Not Fucking Around Coalition, 228

Oath Keepers, 171, 191, 193, 210, 217, 223
Obama, Barack: divisão política e, 175; eleitores de Trump e, 186; impacto da eleição de, 181; organizações de extrema direita e, 191; terrorismo doméstico e, 248; Trump e, 177; tuítes contra, 9; Twitter e, 151
Odobasic, Vedad, 150
Oklahoma City, ataque a bomba, 190, 192, 205, 248
Olbermann, Keith, 176
Onze de Setembro, ataques, 230
Operation Spring Break, 154
Orbán, Viktor, 30, 39, 47, 147
organização (estágio do genocídio), 210
oromos, 37

País Basco, 125
palestinos, 115-6
Panteras Negras, 117-8
papuas, 91
Parler, 161

Partido de Ação Nacional (México), 38
Partido Baath, 23-4
Partido Bharatiya Janata (BJP, Índia), 75-6
Partido Comunista da China, 54
Partido do Congresso (Índia), 95-6
Partido Conservador (Reino Unido), 186
Partido Democrático Sérvio (Bósnia), 71
Partido da Justiça e do Desenvolvimento (Turquia), 179
Partido Lei e Justiça (Polônia), 39, 179
Partido da Liberdade (Áustria), 185
Partido Nacional (África do Sul), 233
Partido Nazista Americano, 205
Partido Republicano: alegações de fraude eleitoral do, 170; apoio a Trump, 178-9; classificação do, 179; demografia do, 173; eleição de 2020 e, 188-9; erosão das restrições ao Executivo e, 167-8; Estratégia Sulista e, 174; extremismo e, 211; informações falsas compartilhadas pelo, 185-6; insurreição do Capitólio e, 180, 189; polarização e, 173; ressentimentos dos trabalhadores brancos e, 184-6; ver também Trump, Donald
partidos políticos: faccionalismo e, 55-9; predatórios, 76; ver também partidos individuais
Pavelić, Ante, 50
Peace Research Institute (Oslo, Noruega), 13
Pelosi, Nancy, 9, 161, 164
Pence, Mike, 160-1, 164
perseguição (estágio do genocídio), 225
Petersen, Roger, 87
Pew Research Center, 138
Pierce, William, 204-6
Pizzagate, 185

314   *Como as guerras civis começam*

polarização, 210-1, 255
polícia, infiltração de supremacistas
   brancos na, 247-8
política de base identitária, avanço
   da, 76
Politika, editora (Iugoslávia), 68
Polity Project, Center for Systemic
   Peace, 31, 167
Polity v, 40n
Polônia, 39
Porochenko, Petro, 44, 120
Powell, Jonathan, 127
preparação (estágio do genocídio),
   225
Primavera Árabe, 29, 111, 124, 155
proibição de armas, nas Filipinas,
   84, 110
Projeto de Estudos Empíricos de
   Conflitos, 258
Projeto de Integridade Eleitoral, 239
Proposta 187 (Califórnia), 266-7
protestantes, 234
protestantes escoceses, 103-10
protestos: anocracias e, 116-7; em-
   preendedores de conflitos violentos
   e, 125; esperança e, 115-6; faccionalismo e, 117; respostas do governo
   a, 126-8; como sinal de alerta, 118
Proud Boys, 191, 205, 217, 223, 236
Putin, Vladimir, 47, 258

QAnon, 256
Quattrociocchi, Walter, 139
Quênia, 144
Quran, Fadi, 146

radicalização, redes sociais e, 139,
   155-7
Rajoy, Mariano, 143
Ramdev, Baba, 151
Ramo Davidiano, 190
Rassemblement National (antigo
   Front National), 147, 152
Reagan, Ronald, 174
rebaixamento, 87-8, 93, 119

Reddit, 215
redes sociais: algoritmos das, 144,
   157; como arma, 128; no Brasil,
   146-7; campanhas políticas e, 143-7;
   crescimento das, 136; desinformação e, 136, 144-5, 150-1, 157-8;
   empreendedores étnicos e, 150-3;
   Estados Unidos e, 176-7, 185-6;
   faccionalismo/faccionalização e,
   148-53, 255, 258-9; nas Filipinas,
   143; informações falsas e, 136;
   insurreição do Capitólio e, 161;
   interferência estrangeira e, 258-9;
   levantamento de fundos e, 156-7;
   milícias e, 154-6; modelo de negócio das, 137-40; Myanmar e, 131-4,
   140-1; QAnon e, 256; radicalização
   e, 139, 156-7; resistência sem líder
   e, 215
Redneck Revolt, 228
Reed, John, 49
registro automático de eleitores, 240
regras de financiamento de campanha, 243
remédios legais, 251-2
República Tcheca, 46
resistência sem líder, 213-5
responsabilização, 238
Ressa, Maria, 143
restrições ao Executivo, erosão das,
   168
Revolução Mexicana, 53
Revolução Russa, 53
Rhodes, Stewart, 210-1
Rice, Tom, 211
Rise Above, movimento, 224
Rittenhouse, Kyle, 210, 221
Rodésia, 58, 233
Rogan, Joe, 139
rohingyas, 130, 131-4, 140-1
Romano, Aja, 204
Rousseff, Dilma, 146
Royal Ulster Constabulary (RUC), 106
RSS (organização paramilitar india-
   na), 75

Índice remissivo

Ruanda, 31, 66, 208, 210, 226
Ruby Ridge, confrontos em, 190
Rumsfeld, Donald, 170
Rússia, 47, 258

Sábado Cívico, 260
Sadr, Muqtada al-, 24-6
Saltskog, Mollie, 224
Sarajevo, 70, 72-3, 79
Schlesinger, Arthur M., Jr., 168
Schrage, Elliot, 132
Schumer, Chuck, 164
seca, 101-2, 111
segunda intifada, 116, 230
Serra Leoa, 135
serviços de segurança, infiltração da
extrema direita nos, 246
sérvios/Sérvia: Bósnia e, 71-4; descrição, 49, 61; fatores econômicos
e, 100; como instigadores, 80;
nacionalismo e, 51-3, 57; poder de,
50; radicalização de, 126; rebai-
xamento e, 87-8; superfacções e,
61-5; Ustaša e, 50, 60; *ver também*
Iugoslávia; Milošević, Slobodan
Shaya, Kareem, 227
Siege (Mason), 205-6, 212
simbolização (estágio do genocídio),
208
Singapura, 46
Sinn Féin, 109
Síria, 101, 111-6, 124-5, 234-5
sistema de colégio eleitoral, 242
sistemas majoritários, 121
sistemas presidenciais, 121
Small Arms Analytics, 227
Socialist Rifle Association, 228
Soe Naing Win, 142
Southern Poverty Law Center, 253
Sri Lanka, 60, 88
Stálin,Ióssif, 90
Stanton, Gregory, 207
Starbird, Kate, 137
status, perda de, 81-102
Sudão, 67, 144

Suécia, 134, 148-51, 153
Suharto, presidente, 36
sunitas: no Iraque, 23-6, 36, 47, 234;
rebaixamento e, 88; na Síria, 101,
111-6, 234
superfacções: descrição de, 60; na
Índia, 74-7; na Irlanda do Norte,
105; na Iugoslávia, 61-5, 68-74;
nacionalismo étnico e, 65-9; no Sri
Lanka, 60
supremacismo branco/nacionalismo
branco: ex-militares no, 247-8;
milícias e, 191; redes sociais e, 155-6;
resistência sem líder e, 215; treinamento e, 224; violência do, 18-9
Swebbtv, 150

tâmeis, 60, 88
Taylor, Breonna, 228
Telegram, 217
Telenor, 132
teorias da conspiração, 256
terrorismo/extremismo violento:
aceleracionismo e, 211-2; antiaborto, 220; apoio a, 223-4; de direita,
192-4, 204-6, 247-8; de esquerda,
227, 229; de extrema direita, 18-9;
desenvolvido internamente, 189;
doméstico, 245-9; estratégias de,
218-23; guerra civil conduzida por
meio de, 203; inspiração para, 204;
protestos pacíficos e, 125-6; recurso ao terrorismo organizado, 16-7;
resistência sem líder e, 213-5
Tha'ir, Abu, 124-5
Thatcher, Margaret, 49
Thompson, A. C., 213
Three Percent United Patriots, 154
Three Percenters, 191, 217, 223
Tiananmen, praça, 116, 127
Tigres Tâmeis, 203
Timor-Leste, 36, 127
Tito, Josip, 48-50
Trump, Donald: alegações de fraude
eleitoral de, 170, 180, 188; apoio

dos republicanos a, 179; declínio democrático e, 168-9; desplataformização de, 255; desumanização e, 209; como empreendedor étnico, 177-8, 183; erosão das restrições do Executivo no governo de, 167-8; extremismo de esquerda e, 229; impeachment de, 168; incentivo à violência política, 162; insurreição do Capitólio e, 159-65, 169, 180; sobre plano para sequestrar Whitmer, 12; ressentimentos de trabalhadores brancos e, 183-6; seguidores no Twitter, 151; terrorismo de direita e, 192; terrorismo doméstico e, 248

Tucker, Kate, 261

Tuđman, Franjo, 61-2, 66, 68, 73, 126, 177

Tunísia, 111

Turquia, 32, 225

tútsis, 29, 31, 58, 66, 177, 208, 226

tv Pale (Sérvia), 71

Tversky, Amos, 89

Twitter, 137, 140, 146, 176, 255

Twomey, Seamus, 123

Ucrânia, 42-6, 92, 99, 120, 224

Uganda, 35

Ulster, escoceses do, 103-10, 234

União Democrática Croata (HDZ), 61-2, 69

União Soviética, Abecásia e, 89

União de Todos os Estudantes de Assam (AASU, Índia), 96-7

União de Todos os Estudantes Minoritários de Assam (AAMSU, Índia), 97

Unite the Right, comício, 162, 213, 252

United Klans of America, 252

Universidade de Uppsala, 13

Ustaša, 50, 60, 68

Valentino, Benjamin, 229

V-Dem Institute, 39, 40n, 134, 136, 171, 239

venda de armas, aumento da, 226

Venezuela, 46-7, 144, 165

veteranos, recrutamento por grupos extremistas, 247-8

violência política, incentivo de Trump à, 162

Vlaams Belang, 147

Voltaire, 256

voz e responsabilização, 238

Vukovar, ataque a, 63-4

Waco, Texas, 190

War in Eastern Europe, The (Reed), 49

Wardle, Claire, 186

Watson, Paul Joseph, 151

Weaver, Randy, 190

Weiner, Myron, 95

Whitmer, Gretchen, 9-12, 15, 17, 215, 217

Wilson, Pete, 266

Wimmer, Andreas, 59

Wirathu, Ashin, 140

Wolverine Watchmen, 10, 215, 217

Wray, Christopher, 248

xiitas, 23-6, 36, 47

Yeetalonian, 217

Yglesias, Matthew, 255

YouTube, 137-8, 146, 150-1, 157

Zakaria, Fareed, 32

Zarqawi, Abu Musab al-, 16

Zhao Ziyang, 127

Zimbábue, 32

Zuckerberg, Mark, 140

ESTA OBRA FOI COMPOSTA POR MARI TABOADA EM DANTE PRO E IMPRESSA
EM OFSETE PELA GRÁFICA SANTA MARTA SOBRE PAPEL PÓLEN SOFT
DA SUZANO S.A. PARA A EDITORA SCHWARCZ EM AGOSTO DE 2022

A marca FSC® é a garantia de que a madeira utilizada na fabricação do papel deste livro provém de florestas que foram gerenciadas de maneira ambientalmente correta, socialmente justa e economicamente viável, além de outras fontes de origem controlada.